TEATRO ESPAÑOL E
IBEROAMERICANO EN MADRID
1962-1991

PUBLICATIONS OF THE SOCIETY OF SPANISH AND SPANISH-AMERICAN STUDIES

Luis T. González-del-Valle, *Director*

JUAN MOLLÁ

TEATRO ESPAÑOL E IBEROAMERICANO EN MADRID 1962-1991

Selección e introducción
de
Luis T. González-del-Valle

SOCIETY OF SPANISH AND SPANISH-AMERICAN STUDIES

© Copyright, Society of Spanish and Spanish-American Studies, 1993.

The Society of Spanish and Spanish-American Studies promotes bibliographical, critical and pedagogical research in Spanish and Spanish-American studies by publishing works of particular merit in these areas. On occasion, the Society also publishes creative works. SSSAS is a non-profit educational organization sponsored by the University of Colorado at Boulder. It is located in the Department of Spanish and Portuguese, University of Colorado, Campus Box 278, Boulder, Colorado, 80309-0278. U.S.A.

International Standard Book Number (ISBN): 0-89295-070-6

Library of Congress Catalog Card Number: 92-64365

Printed in the United States of America

Impreso en los Estados Unidos de América

This text was prepared by Sandy Adler, Foreign Language Word Processing Specialist for the College of Arts and Sciences, University of Colorado at Boulder.

ÍNDICE

vii

Introducción

Conocido particularmente como fino poeta, el valenciano Juan Mollá ha escrito también excelentes novelas y ensayos.[1] Entre estos últimos se destacan aquéllos que por más de treinta años ha publicado sobre el teatro en la revista barcelonesa *El Ciervo*, publicación de difícil adquisición en muchas bibliotecas. Radicado en Madrid donde ejerce la abogacía, Mollá ha asistido a cientos de representaciones dramáticas, circunstancia que se refleja en sus comentarios.

La variedad de los estudios escritos por Mollá sobre el teatro es tal que en este libro sólo se rescatan ciento cuarenta que se concentran principalmente en obras españolas. Al hacerlo así, nuestro propósito ha sido compartir con los amantes del teatro las percepciones que un espectador culto y sensible ha tenido de este género entre 1962 y 1991. Es decir, creemos que en su crítica teatral Mollá no sólo le ofrece a los especialistas sus esclarecedores juicios sobre las candilejas sino que también sus opiniones servirán para alcanzar una mejor comprensión de la recepción teatral[2] durante tres décadas muy importantes en la historia social y cultural de España.

La colección de estudios que sigue a continuación es claramente heterogénea. Si bien la mayor parte de los ensayos se concentra en obras específicas que han sido puestas en escena en Madrid, otros se preocupan de montajes colectivos hechos por varios grupos experimentales mientras que, por su parte, algunos buscan darnos una visión panorámica del teatro durante ciertos años. Añádase que si bien no todos los artículos discuten las obras que les conciernen de igual forma, se observan en ellos preocupaciones recurrentes. Por ejemplo, en algunos casos se nos habla de los temas fundamentales de estas representaciones, de sus personajes, de los actores y directores de escena, de los festivales y de los premios de teatro, de los nexos que existen entre una obra y las restantes de un mismo dramaturgo, de cómo encaja una obra en la tradición teatral internacional que tan bien conoce Mollá. En todo esto es evidente que esta colección aporta datos de capital importancia, información que facilitará la redacción de una historia de montajes teatrales mucho más amplia y compleja.

Si bien predominan en la colección de Mollá los textos dedicados a autores dramáticos de la post Guerra Civil, el libro es muy útil tambien en la identificación de cómo obras previas fueron concebidas durante varios lustros. En este sentido, son muy valiosos los comentarios sobre, por ejemplo, diez obras de Valle-Inclán, el escritor a quien Mollá le dedica más atención en este tomo. Además, hay ensayos que se refieren a aspectos técnicos de las tablas --por ejemplo, el decorado--, a problemas institucionales del teatro, a adaptaciones de obras dramáticas y de otras creaciones artísticas que provienen de un género literario diferente (este es el caso con la escenificación de *Cinco horas con Mario* de Miguel Delibes). Entre los dramaturgos que aparecen más frecuentemente en este volumen figuran García Lorca, Casona, Buero Vallejo, Gala y Nieva. Entre los hispanoamericanos aparecen el chileno Jorge Díaz, el mexicano Carlos Fuentes y el peruano Alonso Alegría. Por último, también contiene la colección ensayos sobre obras del teatro español del Siglo de Oro.

En conjunto, cuando Mollá alaba o censura nos está ofreciendo algo muy importante en términos críticos e historiográficos. Sus ideas nos enriquecen al hacernos copartícipes de experiencias que sólo les son posibles a testigos tan en dominio de la materia como Juan Mollá.

LUIS T. GONZÁLEZ-DEL-VALLE
Academia Norteamericana de la Lengua Española
University of Colorado at Boulder

NOTAS

1. Entre las obras poéticas de Mollá se encuentran *Pie del silencio, Canto al Cares, País de la lluvia, Milenios, Memoria de papeles amarillos, Sombra, medida de la luz* y *Antología poética.* Sus novelas incluyen *Segunda compañía, El solar, Fuera de juego, Cuarenta vueltas al Sol, La caracola herida, Sueño de sombra, Agua india* y *Cristo habló en la montaña* (las tres últimas en colaboración con el gran novelista asturiano Víctor Alperi). Finalmente, también escribió con Alperi *Carlos Bousoño en la poesía de nuestro tiempo.*
2. Sobre este asunto el lector es referido a mi libro titulado *El canon. Reflexiones sobre la recepción literaria-teatral (Pérez de Ayala ante Benavente)* (Madrid: Huerga & Fierro Editores, 1993). Además de desarrollar mis ideas al respecto, doy en él una amplia bibliografía crítica sobre esta materia.

LA CAMISA

Sabíamos que el novelista Lauro Olmo había escrito una obra teatral y que a lo largo de un año había intentado inútilmente estrenarla. Al fin, la obra obtuvo la necesaria autorización y fue estrenada en sesión única por el Teatro de Cámara *Dido*. El estreno fue apoteósico: ovaciones continuas, clima de acontecimiento, desbordamiento final. Se atribuyó parte del éxito, claro está, a la presencia en el teatro de gran número de amigos y simpatizantes.

Sin embargo, la mayoría de los críticos madrileños se volcaron también en elogios y la obra se repuso, ya en forma comercial, en el teatro Goya. El éxito se ha mantenido: la obra va hacia las 100 representaciones, el público del Goya aplaude mucho, señoras elegantes aventuran que el ambiente descrito en la obra puede existir en realidad, otros lo niegan. Ayer, en medio de la calle, oímos hablar a dos obreros de *La Camisa*.

Lauro Olmo ha querido poner el dedo en una llaga del momento español; denunciar una situación. Y lo ha conseguido en lo principal. El problema está bien planteado. La tesis se trasluce de manera indudable; pequeñas frases dejadas caer como al azar ayudan a desvelarla. Los personajes son seres humanos y reales, y el ambiente también es realista; Lauro Olmo lo conoce bien porque ha crecido en él y lo retrata con fidelidad de novelista. El lenguaje es perfectamente teatral, con el suficiente número de palabras malsonantes para insinuar la dureza del léxico, pero sin incurrir en lo hiriente: es un lenguaje directo, cotidiano, pero muy medido, simplificado y sin excesivos prosaísmos ni lirismos, si exceptuamos una extraña conversación entre Lola y Juan, demasiado intelectual, y, sobre todo, un largo monólogo, melodramático y sentimental, casi intolerable, del viejo de los globos (uno de los pasajes, sin embargo, más aplaudidos).

Pero sorprende sobre todo la habilidad con que el autor, pese a escribir teatro por primera vez, maneja a los personajes y los hace moverse por las tablas; cómo va entrelazando las escenas y cómo dosifica las notas ásperas con las cómicas, templando y dominando las situaciones.

Los personajes que pueblan el suburbio, repetimos, son reales. Pero debemos matizar esta afirmación. Se trata de gentes que se nos aparecen como un poco esquematizadas, sin profundas intimidades, sin problemas complicados. Están ahí: hablan, se mueven, ríen, beben, se preocupan por el sustento diario, casi vegetan en su miserable existencia. Forman un mundo plano, como falto de una dimensión que nosotros vivimos; un

1

mundo elemental, un submundo. Y es que esos personajes están proletarizados, mutilados, reducidos a una existencia de segundo grado; y, pese a ellos, los vemos desenfadados, alegres, dispuestos a todo, ingenuos y atrayentes. Es algo que encaja perfectamente en la intención y el planteamiento de la obra, pensada sin duda desde una mentalidad politizada. Otra cosa es el matrimonio protagonista. Ella se nos antoja demasiado tensa, con una rigidez que subraya la actriz Margarita Lozano; y la anécdota de su marcha a Alemania dejando al marido y a los hijos adolescentes resulta, por gesto límite, casi inverosímil. Juan es un tipo más oscuro todavía; también resulta inverosímil su angustiosa inactividad, su imposibilidad de hallar una solución. Creo que la interpretación de Manuel Torremocha contribuyó a exagerar este punto, pues es un actor demasiado corpulento, dinámico y fuerte para la pasividad del personaje. Acaso éste (a no ser que lo hayan mutilado para su representación pública) tenga un carácter más simbólico que real y su situación haya sido llevada también al límite, más allá de la anécdota. De cualquier modo, me parece que Lauro Olmo no ha conseguido plenamente su objetivo; y la actitud, aunque sea simbólica, de su protagonista, no queda lo bastante perfilada, pues así resulta demasiado irreal la tragedia de ese infeliz descamisado, como dejado de la mano de Dios, para el que no hay más esperanza que el milagro de las quinielas o la huida de la tierra donde debiera poder vivir.

Teatro social, en resumen. Interesante, honesto y bien construido. Tan ideológico como narrativo. Realista, pero limitado, en su visión del mundo, y reduciéndose a instrumento exacto de su propósito.

Mayo 1962

LAS SALVAJES EN PUENTE SAN GIL

José Martín Recuerda, que obtuvo el premio Lope de Vega por *El teatrito de Don Ramón*, pretende hacer «teatro español» y «arrojar sal cáustica a los ojos de los espectadores». Su segunda obra, estenada con clamor de aplausos y protestas en el Eslava, da fe de estas pretensiones.

La situación argumental es el primer acierto: esa ínfima, casi patética compañía de coristas refugiada en el teatro pueblerino bajo el asedio de la lujuria de los hombres de la contornada y la maledicencia y la censura del lugar, representadas por sus primeras damas y su Arcipreste. Por otra parte, la peripecia, deliberadamente exasperada, provoca la deseada reacción del público, sobre todo en dos escenas: la violación de las «coristas buenas» por los bravos del pueblo y el linchamiento del Arcipreste por las «coristas bravas»; la salva de aplausos que se produce en este segundo trance tiene, sin duda, una doble motivación . . . En cuanto a la muerte, al parecer impune, de una de las «coristas buenas», negra por añadidura, nos parece excesiva. Sin embargo, la vociferante imprecación final contra los bestias del pueblo, que no hacen más que rugir mientras los señoritos se ponen las botas, mientras las adustas censoras transforman su despecho sexual en exigencias morales y mientras el inoperante cura sigue predicando una moral que sólo se practica aparentemente, provoca menos repercusión.

Desde el punto de vista teatral, el segundo acierto de la obra estriba en el movimiento de «las salvajes» por el escenario. Desde que entran hasta que salen, siempre en estrepitoso conjunto, el nivel se mantiene alto y el interés crece. Mientras Martín Recuerda intenta hacer ese «teatro español», reflejando una tremenda realidad nacional y arrojando sal cáustica a los ojos, su obra tiene indudable fuerza. Cuando cesan los gritos, los saltos, los golpes y los rugidos, para pasar al diálogo normal y a la intimidad de los personajes, la obra se hunde. Esos diálogos son flojos; su lenguaje, antiteatral; y la anécdota, cargada de tópicos, resulta pobre.

Queda en la memoria, sin embargo, su eficacia al plantear esa vieja problemática, su fondo social y su empuje.

Septiembre 1963

EL CIANURO . . . ¿SOLO O CON LECHE?

Tono, Mihura, Azcona, Mingote, la primera época de *La Codorniz*, y muchos otros precedentes resuenan en esta «farsa de humor negro», que firma otro joven autor español: Juan José Alonso Millán. Por ese camino, poco original, pero todavía rico en posibilidades, esta farsa tiene un buen comienzo y ajustado diálogo, que llega a ser gracioso en muchas ocasiones, apurando el absurdo y desafiando los convencionalismos, con ciertos ribetes de ligera crítica social, aunque sin pretensión alguna. La arquitectura teatral es floja, con algunos imperdonables errores y olvidos. La buena interpretación, el oficio del director Luca de Tena, así como la silueta de algún personaje verdaderamente gracioso, como el que interpreta con acierto Lola Gálvez, mantienen el tono alcanzado en ocasiones por el diálogo. Pero el juego con la muerte, con los cadáveres y con la familia siniestra queda en tono menor, como parado en un camino que no parece llevar a parte alguna.

Septiembre 1963

3

LOS VERDES CAMPOS DEL EDÉN

Un primer acto radiante, de pura creación, lleno de hondura, de poesía y de inteligencia. Un segundo acto que tiene todos esos elementos, pero le falta la proporción justa de ellos, por lo que no cuaja el combinado. Y un final acertado.

Hay sabiduría del mundo y conocimiento de los hombres en esta pequeña tragedia. Hay también conciencia de la limitación humana, pesimismo, tristeza, ironía y amargura. Hay, sobre todo, un aliento nostálgico por la felicidad perdida, por la pureza perdida; un deseo de redención; un humor tierno, aun al borde de lo negro y lo sarcástico.

Y, a mi entender, un exceso de sentimentalismo.

Se ha hablado de Beckett, Ionesco y Schehade al criticar esta obra. Pero en ella todo es diáfano. Las situaciones, aunque en principio entronquen con las de aquéllos en su lenguaje y en su enfoque, tienen un sentido que se ofrece ya resuelto al espectador. La simbología y la lógica de *Los verdes campos del Edén* se instalan en una visión armónica del mundo, que Antonio Gala se limita a asumir, subrayando por su parte el lado «de acá» del misterio, traduciendo a lo poético la parte «de allá» y trasluciendo lo religioso en una mística un tanto evanescente en contraste con cierto realismo quintaesenciado. El secreto, en resumen, se nos revela; aunque difuminado.

El extraordinario montaje de José Luis Alonso y la excelente interpretación—en especial, Ferrandis, Bódalo y Amelia de la Torre—ayudaron a convencernos de que con Antonio Gala surge un autor español interesante. Por lo menos, esta obra—Premio Calderón de la Barca 1963 —alcanza un nivel de creación, de originalidad y de novedad entre nosotros, que la sitúa en la avanzada de nuestro teatro.

Marzo 1964

LA BELLA DOROTEA

El primer cuadro del segundo acto, en la línea y la altura de *Tres sombreros de copa*, con la calidad del mejor Miguel Mihura, no es suficiente para entonar esta comedia, floja y de escaso interés. Algunos chistes y cierta crítica social—recitada y subrayada a todo lo largo de la pieza, como en un discurso—son los restantes méritos que consigo encontrar.

Los diálogos, prefabricados y sin alma, sin incorporarse a los personajes que debieran vivirlos. La carpintería teatral, rudimentaria; sobra casi entero el último cuadro. La situación, desaprovechada en sus posibilidades, que eran bastantes. Ha fallado la dirección también, e incluso la interpretación, salvándose Ángel Picazo, sobre todo en las mejores escenas de la comedia, y Emilio Laguna, exacto en todo su papel.

Miguel Mihura parece haber escrito *La bella Dorotea* con mucha prisa, ejecutando sin inspiración la mayor parte de una obra que, sin duda, concibió felizmente.

Marzo 1964

LA CASA DE BERNARDA ALBA

Bardem nos ofrece una versión muy medida, muy contenida de la mejor obra de García Lorca. Acierto completo en los dos primeros actos: el duelo por la muerte del padre, la tensión de la casa, el ansia de las cinco hijas cociéndose en el verano, la presencia constante del olor de hombre imantándolas, la obsesión sexual, la crítica social, la humanidad de cada una de las protagonistas . . . El acto tercero—la noche culminante, la aproximación, paso a paso, de la tragedia—también en su punto. Pero el final, para mi gusta, falla. Bardem se ha pasado de rosca. Hay demasiada frialdad, poca fluidez, excesiva lentitud, en el desenlace. Se nos antoja sin ligar. En modo alguno nos arrebata ni nos alcanza siquiera el drama, de repente adelgazado, endeble en su soporte concreto.

Por lo demás, ¿qué decir de esta obra de arte, madura, exacta como un fruto de la naturaleza? Parece fácilmente cristalizada, con la precisión necesaria y sencilla de lo perfecto. No importa que históricamente pueda haber pasado ya este argumento, ni que el problema se haya desorbitado a través de la sensibilidad especial de Lorca. Estamos ante una obra entera, clásica, rotunda en sí. Una obra llena de vida, de realidad concreta, a pesar de todo. La realidad hablando por la boca del pueblo, de «Poncia» o de la criada. O con el lenguaje poético de la abuela loca. Esto, la obra de arte en sí misma, es lo que predomina sobre lo ideológico o lo moral.

El poder de evocación es extraordinario. No pisa el escenario ni un solo hombre, pero el personaje que vemos con más viveza, incluso físicamente, es «Pepe el Romano», el mozo que ronda dos ventanas de la casa. Y los segadores que pasan cantando, o la dilapidación de la pecadora arrastrada por las calles, o el caballo del «Romano», huyendo en la noche, invaden ese escenario donde nada sucede, sobrecogedoramente.

Magnífica interpretación. Sobre todo, la de Cándida Losada («Bernarda»), María Bassó («La Poncia»), Julieta Serrano (la amante suicida) o Alicia Hermida («Martirio»).

Marzo 1964

LOS ÁRBOLES MUEREN DE PIE

Otra obra cumbre de un autor español que nos llega con lamentable retraso.

El teatro poético, sentimental, de Alejandro Casona ha sido encajado perfectamente, sin embargo, por nuestro público. Casona está de moda. Sus obras se leen ahora masivamente. El éxito de *Los árboles mueren de pie* es de los que llaman apoteósico. El público español ha quedado encantado por este mago, por este alquimista del drama menor. ¿Por qué? Tal vez por la absoluta perfección teatral de su arte: arquitectura justa, situaciones emocionantes, tensión escénica. Tal vez por sus mensajes esenciales pero simples: la bondad, en este caso. Tal vez por sus argumentos de intriga un poco infantil. Tal vez por su lenguaje. Tal vez porque el público español ha aprendido ya de memoria la lección de Alfonso Paso y se dispone a pasar a esta segunda lección de teatro, a este escalón más alto, posiblemente intermedio. O es que se apresura a recuperar el tiempo perdido, sencillamente.

Esto no es Camus, esto no es Brecht, ni Ionesco, ni Becquet, ni Sartre, ni ningún teatro de absoluta actualidad en la exigencia intelectual. Pero nos ha gustado. Todo, incluso el público, nos ha gustado en *Los árboles mueren de pie*. En buen término, la interpretación. Supongo que éste es el triunfo máximo de Milagros Leal, el mayor triunfo personal de una actriz.

6

Pero nos gustaría asistir a un estreno de Casona que no tuviera este carácter de regreso al pasado. Ojalá su actual éxito no sea también, como en el lamentable caso de Lorca, un éxito intelectualmente póstumo.

Marzo 1964

LOS INOCENTES DE LA MONCLOA

Con el estreno de esta obra, Jorge Vico se ha lanzado a una aventura que hay que aplaudir por principio. Jorge Vico es joven; ha reclutado un grupo de actores jóvenes, apenas conocidos, y, convertido en empresario, ha puesto en escena, en plan de teatro comercial, la obra de un autor joven que ataca un tema de juventud. Económicamente, la obra tenía que fracasar: la gente va al teatro a ver una comedia de un autor conocido, o una obra ruidosamente premiada y presentada, o un conjunto de célebres actores. Por eso es mejor el gesto de Jorge Vico.

A teatro vacío, la obra había de vencer esa corriente de silencio y frialdad, más palpable aún que la corriente de éxito que surge por sí misma de un teatro abarrotado. Y *Los inocentes de la Moncloa* no tenía bastante fuerza para vencerla.

El argumento, las dificultades de los graduados universitarios. Un opositor a Notarías, en vísperas del examen, prepara sus temas en una pensión sórdida, donde vive también su novia, licenciada en Filosofía y profesora en un colegio de monjas. Un compañero que ha triunfado en la oposición y se ha convertido en un notario flamante y repulsivo; un médico novel reducido a practicante, un estudiante sin nombre que llega enfermo a la pensión y delira musitando teoremas y una sugestiva ex universitaria, son los demás protagonistas.

El primer acto gira en torno al opositor desesperado; plantea bien el problema y mantiene cierta tensión teatral. El segundo acto cuenta lo que ocurre en la pensión mientras el opositor se está examinando: el estudiante sin nombre muere abandonado de todos, susurrando fórmulas, y todos meditan sobre su muerte, su figura y la falta de sentido de la vida. En el último momento vuelve el opositor: ha triunfado. Pero este final no está más que esbozado precipitadamente y no da pie para deducir sus posibilidades.

Interesante tema, sinceramente expuesto, aunque sin serenidad alguna. Los personajes están un tanto exasperados y a veces el mensaje tiene un tono panfletario; teatro social, desde luego, pero su eficacia queda lastrada, no ya por la excesiva caricaturización o simplicidad de los tipos, sino por la flojedad de la línea dramática: el segundo acto, roto el hilo que enhebraba los momentos interesantes del primero, resulta desmayado y sin consistencia.

Queda el mérito del intento y el propósito de escribir un teatro actual, realista—en pos de Sastre y Lauro Olmo, por ejemplo, de problemas palpitantes. Y cierta hondura en la intuición de la vida. Anotemos el nombre de este autor nuevo: José M.ª Rodríguez Méndez.

Abril 1964

EL PROCESO DEL ARZOBISPO CARRANZA

He aquí un gran tema: proceso al Arzobispo de Toledo, «Martillo de la herejía», que acabó cayendo a su vez en manos de la Inquisición acusado de hereje, de adoptar ideas y expresiones luteranas. La España de Felipe II, el Concilio de Trento, las relaciones con el Vaticano, la Reforma, la postura ante el error, la intransigencia . . . Todo aparece en torno a este proceso sensacional.

Un tema actualísimo, en fin, para esta hora nuestra, de Concilio, de acercamiento a los hermanos separados, de ahondar en lo que nos une, de búsqueda de un lenguaje más expresivo para transmitir los Misterios; cuando pugna por imponerse un talante antagónico al de aquella España terrible empeñada en condenar a su Primado, aquella España tan vigente todavía.

Pero en la elección del tema termina, desgraciadamente, el mérito grande de Joaquín Calvo Sotelo. Porque todo queda en relato anecdótico. Y aun falto de vida, de humanidad en unos personajes que no hacen sino recitar frases prefabricadas, palabras redondas que no buscan respuesta, sentencias grandilocuentes sin posibilidad real. Todo suena a hueco, a escayola, en esta alicorta lección de Historia.

Los problemas de fondo los adivinamos nosotros, no están en la obra; apenas se traslucen en algún momento. El vuelo bajo de las ideas, la escasa perspectiva, quizá se deban a timidez o acaso a mera limitación de su autor; no importa. El tema era para un gran creador, para un hombre con mentalidad de nuestro tiempo. Lástima. Hubiera podido cuajar una pieza de eficacia formidable, de interés extraordinario para los cristianos españoles que siguen casi con angustia la marcha del actual Concilio y de la Iglesia de Roma.

Teatralmente, también el resultado es negativo. La obra tiene escaso interés como teatro. Nada se desarrolla por sí solo ante el espectador.

Las palabras y las acciones de los personajes vienen dictadas desde el papel y no responden a estímulos internos ni a la dialéctica de lo que sucede en escena. El proceso mismo es absurdo: el Fiscal habla en un plano; el Defensor perora en otro; el Reo interviene para adoptar posturas que raramente encajan en la situación. Nadie replica en realidad a nadie; la incoherencia es absoluta. No hay, en resumen, verdadero «proceso».

Un montaje excelente, eso sí, el de José Luis Alonso, uno de los mejores directores escénicos con que contamos. Y buen esfuerzo el de los pobres actores, que han de luchar por encarnar lo inencarnable. Así, Amelia de la Torre queda peor que una desafortunada principiante; Bódalo, con sus zancadas y su aire de Cirano, no es más que una sombra, un esquema; y Manuel Dicenta, con su extraordinaria voz y sus grandes cualidades, parece un actor solitario que realiza difíciles ejercicios de interpretación. Bien, Ferrandis, en un tipo más acertado y fácil.

Aplausos y protestas—abajo y arriba, respectivamente—fueron las reacciones del público. Nosotros salimos defraudados, pero no sin pensar muchas cosas; no sin sentirnos iluminados por esas luces apenas entrevistas que se nos quedan dentro aleteando. Ya es algo.

Mayo 1964

LA CASA DE LOS SIETE BALCONES

Otra obra vieja de Alejandro Casona. Otra obra que obtiene el éxito a muchos años de ser escrita. Otra obra poética, bien trazada, transida de bondad y de dulzura.

¿Bondad? Sí. Casona se nos presenta como un hombre bondadoso, lleno de piedad por los personajes desgraciados. Por los seres frustrados, débiles, marginales. Si la bondad contagia, el espectador debe sentir resucitar su bondad viendo estas comedias, como si vibraran por sintonía sus fibras de ternura, de piedad. Los espectadores, sin duda, se sienten mejores al salir del teatro.

Pero se me antoja que esta bondad, esta piedad, son virtudes también débiles, también marginales. Porque creo encontrar en todas las obras de Casona algo que vulgarmente se llamaría «piadosa mentira». Y un pesimismo decisivo, una sensación de impotencia.

Por una parte, Casona enfrenta a sus «personajes desgraciados» con un mundo cruel y triunfante. Pero a aquéllos acaba colmándolos de poesía, de belleza, hasta convertirlos a la postre en seres superiores, que deben satisfacerse con su carga de verdad, de belleza y, sobre todo, de bondad. No cabe duda de que la bondad enriquece y puede satisfacer al hombre, dándole un triunfo íntimo, pleno. Aquí podía radicar la gran aportación espiritual de Casona.

Pero hay algo más en su teatro. Y es su aparente deseo de dulcificar la realidad, de paliar el dolor, de querer «dorar la píldora» a los que sufren. El olvido, la poesía cegadora, el afán de borrar lo que molesta demasiado, se unen a cierta vaga esperanza en una paz ultraterrena que tiene algo de mera elucubración mental, de mera exigencia lógica.

Y así, el choque violento, pero tal vez revulsivo, se le ahorra al espectador que, si se ve enriquecido en su bondad interior, en modo alguno se siente impulsado a la acción. El teatro de Casona, claro está, no es teatro «social».

Al decir todo esto pienso especialmente en *La casa de los siete balcones*. En ella habitan dos seres «superiores»: una mujer de cuarenta años, que no quiere saber que los tiene, que no quiere creer que su novio la abandonó veinte años antes, que pretende ignorar todo lo que la hiere; un personaje cargado de poesía y de locura. Y un muchacho sordomudo, puro y delicado, sensible ante la crueldad que le rodea o ante la impureza que le roza; un ser que se siente distinto del mundo, incapaz de vivir en él y luchar. La loca y el sordomudo hablan entre sí, se comprenden y saben rodearse de una atmósfera de bondad y de poesía que les aísla cuando están unidos. Pero el egoísmo y la crueldad de los seres normales, de los seres crueles, consiguen separarlos, destruir su sociedad excepcional. Es aquí donde la piedad de Casona se colma, dejándonos ese regusto de engaño: ella se refugiará en sus sueños donde el novio la aguarda; y el muchacho traspasará el sutil umbral de la muerte y entrará en el reino de la paz, con sus muertos amados.

Por lo demás, teatralmente la obra está bastante pasada. Sin negar su excelente carpintería y sus méritos. Hay verdaderos hallazgos poéticos y momentos de hondura. También, excesos de sentimentalismo y demasiadas explicaciones. Todo se nos explica una y otra vez; no queda un cabo suelto. Incluso el misterio de la muerte se despanzurra para mostrarnos un mundo fantasmal, casi de ectoplasmas, con cierto sabor espiritista, cuyos personajes nos lo aclaran todo; su presencia en el escenario, especialmente en su última aparición, llega a ser excesiva y antipoética. Casona parece hablar a espectadores de dudosa inteligencia. Tal vez de ahí su gran éxito.

La interpretación, buena. Amelia de la Torre, sin embargo, abusa, a mi entender, de su tonillo cómico; la encuentro un poco encallada en sí misma. Manuel Galiana llenó su difícil papel de sordomudo que pasa toda la comedia hablando. La música y los efectos musicales—de Cristóbal Halffter—, acertados. Y la dirección, del propio Casona, a tono con el texto.

Junio-julio 1964

DIÁLOGOS DE LA HEREJÍA

Una España de viudas, de hombres ausentes, a la sombra de la Inquisición, bajo el ala de la Iglesia y el resplandor del rey. Los hombres marcharon a la aventura de la conquista y en vano espera su regreso un pueblo de mujeres inquietas. En ese ambiente árido florece el milagro de los *iluminados*. En el caso concreto del relato, un joven deslumbrante, con fama de santidad, en comunicación directa con Dios, pasa por un lugar de tantos; por un lugar con su coro de mujeres ansiosas, su hidalga —Doña Tristeza de Arcos—, su convento con monja también iluminada ... Doña Tristeza, desesperada en la misma soledad de varón que las demás mujeres, queda fascinada por el peregrino, quien la hace concebir un hijo «por obra del Espíritu Santo». Interviene la Inquisición. La hidalga encinta no quiere reconocer su error; por soberbia, según se nos dice. «¡Yo soy la madre de Dios!», grita frente al inquisidor. El peregrino y una mujer que le acompaña preparándole el ambiente mantienen su postura de iluminados. Los dos son «entregados al brazo secular» y quemados vivos, casi ante los ojos del espectador; no se nos ahorra el horror de sus alaridos en la bárbara hoguera. A Doña Tristeza la salva, de momento, su estado. Pero, si no se retracta, tendrá el mismo fin en cuanto dé a luz. En la última escena, ella insiste en el milagro y en su maternidad divina; no se doblega, como lo hicieron los otros dos ya en la hoguera. Y el inquisidor pide luz y piedad para ella a un Cristo enorme, colgado sobre el escenario con inmovilidad de esfinge; con una inmovilidad que parece la clave de la historia.

Este tema, tan valleinclanesco, que sirvió hace años de argumento a una película italiana, ha sido desarrollado por Agustín Gómez Arcos con cierta soltura narrativa. Nos interesamos por la historia; incluso nos prenden las palabras, no siempre adecuadas. Se habla tal vez demasiado; el vocablo «histerismo colectivo» nos hiere en algún momento, como otras voces anacrónicas. Pero el relato llega a apasionarnos.

En cuanto al problema de fondo, no ha sido aflorado con fortuna. Se le escapa al autor o no se atreve con él. Pero su envoltura tiene ya bastante fuerza dramática. Y, aunque tampoco está planteado claramente ese «diálogo de la herejía», el asunto deslumbra por sí solo.

11

Nadie sale bien parado en la obra: Ni la Iglesia, incapaz de dar un alimento espiritual a su pueblo. Ni los iluminados, con su equívoco comportamiento y su espiritualidad desorbitada. Ni la Inquisición, con su dureza. Ni el rey, con sus empresas de gloria y oro. Sólo se nos muestra una España sombría, con los fuegos fatuos de su fantasía insatisfecha y su enmascarada hambre de realidades.

Desde el punto de vista escuetamente teatral, *Diálogos de la herejía* queda en obra de tono menor, por el peso de lo anecdótico, que desequilibra el conjunto, y por la rudimentaria construcción. No obstante, revela un autor interesante cuya timidez puede desaparecer en el futuro.

He querido destacar el argumento porque me parece significativa la actualidad del tema, la coincidencia en esta época de tantas obras sobre la Inquisición, procesos a monjas, a arzobispos, a herejes, a santos, a delincuentes espirituales . . .procesos a las conciencias. Algo hay en nuestra atmósfera que se agita y se tensa evocando esos temas. Como un tantear de dedos buscando una llaga que sordamente duele. Y sin acabar de hallarla.

Octubre 1964

NINETTE Y UN SEÑOR DE MURCIA

Miguel Mihura ofrece esta vez al público una comedia muy divertida. Su inteligencia, su gracia y su dominio de los resortes teatrales se asocian para conseguir una pieza brillante, de seguro éxito. Gracia un poco gorda a veces, que provoca esas características carcajadas de connivencia con las que se desenmascara el gusto secreto de los españoles.

El tema parece muy «atrevido»: Un típico «señor de Murcia», español joven y provinciano, que en su ciudad regenta una librería religiosa, va a París a divertirse, ansioso de contar luego en el casino sus experiencias. Pero he aquí que cae como huésped en casa de un matrimonio de españoles exilados, presidida por los retratos de Lenin, Lerroux y Pablo Iglesias. Ninette, la hija de aquéllos, educada a la francesa, hace una exhibición de amor libre y de falta de prejuicios, entregándose desde la primera noche al recién llegado, quien ya no sale de la casa en sus prolongadas vacaciones, dedicado exhaustivamente a Ninette. El embarazo de la chica derrumba el castillo de «libertad y modernidad» donde el de Murcia se cree encantado. En París todo pasa como en Murcia . . . Los exilados resultan españoles de pura cepa que le amenazan con degollarle si no se casa y regresarán con él a la Patria; y Ninette procura el matrimonio igualmente, bajo una apariencia de naturalidad. La obra termina

12

con un rasgo sintético de toda la historia: la noche última, ya con las maletas dispuestas para el viaje a España, donde se celebrará la boda «por la Iglesia», el murciano intenta dar una vuelta por París, la primera y la única; pero suena una música, comienza a bailar en casa con Ninette y acaba por entrar con ella en el dormitorio que ha estado imantando siempre la escena, quedándose por fin sin ver París.

Frases escabrosas, alusiones de efecto seguro a la actualidad política, un entramado hábil de los distintos episodios y una ironía superficial, colaboran al clima hilarante con pocos altibajos.

Aparte de todo ello, hay una certera caricatura del celtíbero hambriento de sexo que sueña con Pigalle. El «hombre de derechas»—así se autodefine el protagonista—dispuesto a contrapesar sus creencias formales con alguna cana al aire que le proporcione una dosis de «realidad». Y la aventura de París vuelta del revés. El tema aún es actual, aunque no sea ya el característico del momento.

Otro aspecto que pudo ser importante, es el choque entre la mentalidad del «señor de Murcia»—venta de catecismos, charlas en el casino, ideas tópicas sobre la vida y la moral, viajecito a París . . .—y la mentalidad de la muchacha francesa—«l'amour», «la liberté», amoralidad y naturalismo.

Pero en verdad la comedia no pasa de pura diversión, con algunos atrevimientos y hallazgos poco habituales, pero sin ninguna trascendencia.

Falta el ambiente poético, la «ultrarrealidad» de otras obras de Miguel Mihura. Falta la búsqueda de un camino nuevo y distinto, la ambición de escribir un teatro importante. Se diría que el autor fracasó en su último intento—*La Bella Dorotea*—y se ha entregado con su gran capacidad a este género menor, que le viene indudablemente corto.

Por otra parte, el tema de los exilados se le ha ido de las manos también. Excelente trazado de sus tipos, pero luego éstos se acartonan, caricaturizándose en exceso. Sus tópicos y sus verdades, que debieran doler—con el rasguño oculto del humor verdadero, en todo caso—, sirven a fin de cuentas para aumentar el caudal de risas gruesas, dejando sólo una amable e inofensiva imagen. Como si el autor se hubiera creído obligado a echar una de cal y otra de arena, en detrimento de la claridad. No obstante, tampoco pretendió ahondar en el problema, sino jugar con él.

Ninette y un señor de Murcia es, por tanto, una comedia ligera, cuajada, graciosa, desenfadada e intrascendente. Buen bocado para el gran público español de hoy, cuyos gustos halaga en definitiva, sin inquietar su comodidad, y cuya tendencia vital estimula. Teatro «burgués», próximo ya al de Alfonso Paso, como ha dicho un crítico, pero con mejor calidad. Ojalá Mihura acertara otro día por el surco de la creación para darnos un teatro de veras original en la fértil parcela del humor.

Dirigió él mismo la representación de su obra, subrayando los efectos cómicos. Los actores—Aurora Redondo, Juanjo Menéndez, Somoza, Alfredo Landa y Paula Martel—sirvieron al texto a maravilla, supliendo a veces con eficacísimos berridos hispánicos la vulgaridad de las frases menos ingeniosas.

Noviembre 1964

LAS RATAS SUBEN A LA CIUDAD

Es éste un alegato político de Emilio Romero, representado en forma aparentemente teatral.

Aquí—ya nuestro tiempo—toda la ciudad es bajo fondo. Las ratas suben, pero también los burgueses bajan, y todos mezclados a medio camino componen un fenómeno social de indudable sentido.

El lenguaje es el de Emilio Romero, periodista, puesto casi al azar en boca de unos u otros personajes; frases felices muchas veces, intencionadas siempre, importa que se digan, pero no parece importarle al autor quién las dice. Sólo el protagonista me parece un tipo logrado, aunque sea muy literario. Debo destacar también algún monólogo de rotunda belleza expresiva.

Por lo demás, la obra no consigue arrastrar el interés. Cierto que, al final, parece revalorizarse toda ella, por el golpe verdaderamente teatral que la vuelve del revés: Nada de lo que vimos ha acaecido; todo fue una visión extrañamente lúcida del protagonista. Las escenas iniciales se repiten, ya sin la derivación de los episodios centrales de la obra: el trasfondo de tiburones y ratas que, en los hoteles y en las cloacas, encubre la ciudad. El truco es el mismo que ya empleara Priestley en *Esquina Peligrosa*.

La dirección de Fernán-Gómez no contribuyó a dar vida a la historia. Los decorados, ramplones, tampoco. Nuria Toray es una actriz excelente y Arturo Fernández dio a su papel el tono necesario, así como Carlos Casaravilla y Manuel Díaz González. Me extrañó ver su poco éxito de público.

Enero 1965

14

EPITAFIO PARA UN SOÑADOR

Premio «Lope de Vega» 1963, estrenada a bombo y platillo en el Español, teatro oficial, con derroche de medios escénicos, de intérpretes, de masas y coros, es una obra teatral lamentable.

Sus pretensiones—reverso de *Fuenteovejuna*, «recreación de Valle Inclán y Bertolt Brecht», «tragedia social», «realismo hispánico», etcétera —quedan en puros esquemas sin realidad escénica, toscos, trasnochados. pero sobre todo ateatrales. Nada fluye naturalmente en escena. Los actores sueltan sus frases, se mueven cuando se agrupan o desfilan, como si realizaran un cuadro gimnástico mal concebido. Las palabras son tópicas, con latiguillos «sociales», indecibles.

La tesis: las masas abandonan al Héroe en la derrota. El Poder Público se une a esa masa para elegir su víctima y salvar los grandes intereses económicos—y la gestión política—frente a los particulares. Tesis turbia, equívoca en su planteamiento. En el fondo, el Héroe defendía una causa equívoca también, y lo hacía sin convicción: accedió a acaudillar al pequeño pueblo que se rebela contra la amenaza de verse anegado por la construcción de una presa; sus convecinos, que le forzaron a actuar, acaban linchándole. No faltan, repito, frases «atrevidas», «valientes», «sarcásticas», pero no encajan en el contexto y resultan simples. Tal vez en 1930 la obra se hubiera considerado de vanguardia.

Su autor, Adolfo Prego, crítico teatral ya veterano, ha realizado una tarea muy cerebral, pero le ha fallado la encarnación teatral de la historia y, a mi entender, la idea central de ella. Ha tenido también, desde luego, muy favorables críticas.

La interpretación fue incapaz de dar verosimilitud a la acción. Perfiero no citar nombres. Sólo quiero precisar que no vi actuar a Carlos Lemos, sino a su suplente Arturo López. Y atestiguar que Marisa de Leza, en su papel de rapaza de vida airada, hija del rústico pastor, luce elegantísimos zapatos, dignos de la famosa actriz. La dirección de José María Loperana, mala.

Debo anotar también que el Premio «Lope de Vega» 1963 fue acogido con sordas protestas en los pisos altos del teatro.

Abril 1965

AUTO DE LA COMPADECIDA

El teatro Beatriz, convertido en «Teatro Nacional de Cámara y Ensayo», ha iniciado su nueva vida con el *Auto de la compadecida* de Ariano Suassuana, en adaptación de José M. Pemán, que nos llega con un poco de retraso, pues triunfó en el «Primer Festival de Aficionados Nacionales» de Río de Janeiro, en 1957.

Se trata de una farsa que pretende seguir la línea de Gil Vicente y del primer teatro ibérico: sencillez, pureza, primitivismo, ingenuidad. Modismos e historias populares del Brasil dan su propio color a esa línea. Un aire circense—de payasos clásicos y payasos indígenas a lo Cantinflas —anima la pieza. Y un soplo de libertad, de saludable crítica, la empuja nada más levantarse el telón, ofreciéndonos una bocanada de oxígeno.

La primera parte muestra una graciosa sátira de la sociedad brasileña: La Iglesia, apegada al poder, al dinero y al formulismo, representada por un cura, un sacristán y un secretario episcopal, aunque no falta el fraile simple, franciscano, a quien los otros tienen por loco; el cacique, los burgueses y el pueblo miserable completan el cuadro. Dos pícaros van enredando la trama y descubriéndonos los torpes hilos que mueven a todos esos personajes. La irrupción de un bandido, sanguinario pero justo a su modo, hace culminar la historia en una matanza general de la que no se libra ni él mismo.

En la segunda parte presenciamos el juicio de sus almas por Cristo: un Cristo negro, brasileño, integracionista. Naturalmente, la Virgen—«la Compadecida»—es el Abogado que va encontrando excusas y atenuantes a todos, desde el bandido al eclesiástico, pasando por la mujer adúltera, el sacristán o el explotador.

A mi entender, esta segunda parte hace caer la comedia; resulta más manida, demasiado convencional. Su dosis de sencillez y puerilidad no alcanza un nivel estético suficiente. Y las notas humorísticas, a base de alusiones de actualidad o familiaridades con «Manuel», el Juez, tampoco ayudan a mantener la línea pretendida.

El resultado es pobre, en resumen. Quizá se deba a la mediocre dirección de Modesto Higueras, que no ha conseguido cuajar la obra en las tablas. No acaba de ligar el tono con el fondo y la forma. Por otra parte, encuentro mucho de Pemán en el texto; no sólo sus puntadas inconfundibles, sino incluso su posición intelectual, en la crítica a medias y en la ironía sin consecuencias.

Junio 1965

TEMPORADA 1965

La temporada teatral ha comenzado en Madrid con muchas obras españolas en cartel. Unas, pertenecientes a nuestro pasado: *La celestina, Los intereses creados, Las tres perfectas casadas*. Las demás, productos actuales: Cuatro nuevas comedias de Alfonso Paso—que redondea la cifra de cien estrenos—; *Un paraguas bajo la lluvia*, de Víctor Ruiz Iriarte; *Mayores con reparos*, de Alonso Millán—reposición—; *El último tranvía*, de Jaime de Armiñán; *El poder*, de Joaquín Calvo Sotelo; y un puñado de revistas, amén de los ballets de Antonio. Un panorama completo del teatro español, como vemos. Un buen pasado, un presente mediocre y ningún indicio del porvenir. Nuestro teatro actual se agota en sí mismo, carece de proyección y de trascendencia. Inútil detallar la crítica de todas ellas. Elijo dos títulos representativos:

EL PODER

«He querido analizar en *El poder* la pasión de mandar, esta abrasadora pasión que tiene diseminados por el ancho mundo tantos adeptos como el más numeroso de los partidos políticos, de los clubs de fútbol o de las compañías de seguros», nos advierte el autor queriendo marcar el tono de su obra.

La pasión de mandar, la vocación del poder, aun para el bien de los súbditos, vence todos los obstáculos, por todos los medios, sin el menor escrúpulo. Esta tesis, bien clásica, aparece muy subrayada en toda la pieza, a través de las propias frases del protagonista, un príncipe inválido, el menor de cuatro hermanos, el quinto en la línea sucesoria, que va eliminando a los que le preceden hasta obtener el trono.

No obstante, el tono y el ambiente de la historia es más amable que violento. La misma voz «en off» que nos explica a priori cada acto ya da la medida de ese aire simpático, casi humorístico, que envuelve la historia. Y la historia misma resulta un curioso cuento, donde sólo lo anecdótico importa. Casi un cuento para niños, pese a esas escenas de amor dentro del lecho con que el autor quiere robustecer la trama. Es una peripecia efectista excesiva: El astuto príncipe envía a su amada al lecho del rey enfermo para minar la salud de éste y precipitar su muerte . . . La escena culminante, cuando hace matar al último hermano, el preferido, consiguiendo al fin el poder, tiene reminiscencias calderonianas: «El traidor no es necesario siendo la traición pasada». Maquiavelo tiene también su cita. Y el prólogo, colocado al final, subraya el tono irónico del

17

cuento, al mostrarnos el miedo del príncipe inválido y el juramento prestado por todos sus hermanos para ayudarle, al morir el padre.

La decoración grandiosa de Emilio Burgos contribuye eficazmente a plasmar la historieta regia, simbólica. Excelentes figurines y lujo en los elementos plásticos. El aspecto exterior y la concepción teatral y simplista de la pieza, sí justifican el apelativo, un poco estilizado, de «Crónica del Renacimiento». Lo demás, repito, pura anécdota demasiado simple. La calidad teatral, dramática, de *El poder* es escasa, a mi entender. Sobran explicaciones y apriorismos de la «voz en off». Y falta densidad y hondura. Falta un contenido que nos diga algo interesante, algo importante. Queda eso: un cuento brillante, bien contado desde luego, pero intrascendente y nada convincente.

¿Cómo hablar de la interpretación? La mayoría de los personajes, marionetas, no salen de lo convencional. ¿Y el protagonista? Para interpretar al príncipe inválido, ambicioso y cruel, se ha buscado a José Luis Ozores, inválido de verdad. El público, que había ido a verle a él en gran parte, le aplaudió mucho; creo que más para expresarle su simpatía por su desgracia que por la labor efectiva, ya que el papel no era el más adecuado para él. Un espectáculo que se prestaría a consideraciones extrateatrales.

EL ÚLTIMO TRANVÍA

Es una comedia sentimental, con el calorcillo íntimo que suele dar el autor a sus obras.

El mundo de los protagonistas—dos hermanos viejos y solteros, ella y él—está bien cuajado. Piadosos, quisquillosos, un poco maniáticos, con el recuerdo constante de la guerra civil y el temor a la próxima. Un mundo plácido, lento, empantanado, que de pronto se revulsiona al escuchar la plática radiofónica de un cura que habla sobre el deber de ser prolíficos y les induce a adoptar a una prostituta y a un estudiante que resultan vulgares ladrones.

Situaciones y frases graciosas—hasta una alusión al Opus Dei—dan brillo a la peripecia, demasiado morosa. La mujer tiene un último regusto a Alejandro Casona, a alguna de sus románticas solteronas; la dosis de ternura no es excesiva. El hermano, sin embargo, tiene una gran fuerza y carácter; acaso por la estupenda interpretación de Pedro Porcel, actor extraordinario. Los dos protegidos-ladrones resultan más vulgares, más convencionales, sin más contextura que la de producir situaciones cómicas, a costa de su más indispensable verosimilitud.

18

Teatro amable, sin fuerza, con cierto aliento entrañable, al margen de toda originalidad, de mensaje bondadoso, demasiado fácil, con rasgos de humor. Los problemas de nuestro tiempo quedan lejos, como más allá del balcón, y sólo llegan confusos ecos de temas de actualidad. El golpe de más efecto sentimental, al final, lo da la «Tuna» irrumpiendo con su homenaje en la casa de la vieja solterona.

Con esto creo que queda reseñado el tono del comienzo de la temporada teatral. Sólo faltaría, a fuer de sincero, hablar de alguna de las cuatro comedias de Paso, recién estrenadas . . .

Noviembre 1965

LA ZAPATERA PRODIGIOSA

Toda la gracia, todo el talento, toda la poesía de Federico García Lorca, en esta farsa deliciosa, multicolor, polifacética. ¿Un Lorca menor, en comparación con el de *La Casa de Bernarda Alba*? No. Hay aquí también una plenitud, una sazón de obra perfecta en su género. De obra para siempre.

La dinámica fascinante de la acción, el juego delicioso de la zapaterita y el viejo enamorado, el fondo erótico e ingenuo a un tiempo, el lirismo y el dramatismo de las situaciones, el lenguaje exquisito, la poderosa raíz popular, todo se conjuga en esta pieza maestra de teatro puro, vivo y singular.

Treinta años después de su nacimiento, conserva una fragancia sorprendente; o quizá se ha multiplicado con el tiempo.

La versión que nos ofrece Alfredo Mañas ha colaborado eficazmente al éxito, animando el ritmo de la farsa y destacando los elementos de mayor vigencia. Luminotecnia, figurines y decoración suman su acierto para dar rotundidad al espectáculo.

Amparo Soler Leal, espléndida en su vivacidad, su gracia y su fidelidad a la protagonista de Lorca. Y Guillermo Marín, igualmente adecuado.

Un estupendo remate del año teatral 1965, no demasiado generoso para con el espectador un poco exigente.

Febrero 1966

EL SOL EN EL HORMIGUERO

Los verdes campos del Edén abrió un amplio crédito a su joven autor, Antonio Gala, doctor en Derecho, Teología, Filosofía y Ciencias Políticas, premio Adonais, Calderón de la Barca y no sé cuántas cosas más.

Su *Sol en el hormiguero* ha tenido mala crítica en Madrid. Demasiado mala, a mi entender.

Porque ciertamente es una obra confusa en su resultado, con una tesis que no se plasma teatralmente y un tanto desvertebrada. Pero con indudables valores de talento, de ironía y de belleza.

Un acierto teatral de principio: el tema de Gulliver. Releyendo la estupenda creación de Jonathan Swift comprobamos la enorme actualidad de sus visiones, la experiencia de la relatividad del espacio, de las dimensiones y del realismo, su fondo político. Gala ha tomado el personaje y lo ha asumido teatralmente, aunque su valor como símbolo no le ha cuajado como pretendía.

Otro acierto es la «salsa» de la pieza: las menudas anécdotas del pueblo, los diálogos llenos de humor y gracia, la perfección del lenguaje, las frases de efecto. Quizá esa facilidad le ha perdido un poco, aprisionándole en una dialéctica superficial, de comentarios, pequeñas ideas sin engarce suficiente, alfilerazos un poco anárquicos.

Sobra mucha hojarasca, se pierde el hilo teatral entre tantas agujas, falta un eje profundo, una luz unitaria que anime y dé exacto sentido a la multitud de detalles. Falta una síntesis interna, una idea central clara. Antonio Gala, por lo que demuestra en esta obra, no ha alcanzado una visión madura y personal del gran problema que quiere abordar y por eso queda en confusas intuiciones yuxtapuestas, en actitudes negativas, fragmentarias. Lo otro, lo importante, se le emborrona o lo suple con palabras huecas, sin trascendencia teatral ni emocional.

Su «Gulliver», su redentor, resulta un gigantón sin inteligencia ni sentido, como un fenómeno ciego de la naturaleza; su valor simbólico no está cuajado: no parece un sentimiento gigantesco nacido del amor de la reina y del pueblo, como Gala desea; no es «un hijo del pueblo, que ha crecido demasiado de prisa»; no es el Verbo cuya muerte redime al mundo. Y no los es, porque no bastaba idearlo como tal: era preciso crearlo teatralmente y que esa idea dominara la escena. Aquí el gran fallo.

Elementos teológicos, jurídicos, filosóficos, políticos y administrativos entreflotan en la gran salsa que rodea el corpachón inerte de este

Gulliver, retratando fielmente al autor, el personaje más presente de la obra. Su tono irónico, esquinado, acaba por resultar inconfundible.

El sol en el hormiguero ha sido montada fabulosamente bien por José Luis Alonso, que ha derrochado cariño, esfuerzos y talento para lograr el gran espectáculo. Luces, decorado, trajes, efectos especiales, todo se ha puesto al máximo en busca de la perfección. Una interpretación excelente apuntala la comedia: Narciso Ibáñez Menta, Julia G. Caba, Rafaela Aparicio y un largo reparto acertaron a dar vida y a subrayar el diálogo.

Antonio Gala no ha caído con su Gulliver. Cabe confiar en su ambición y en su cultura. Lleva un indudable impulso y tiene veintiocho años.

Febrero 1966

LAS MONEDAS DE HELIOGÁBALO

Tan recientes Brecht, Dürrenmatt, Camus y el propio Buero Vallejo, exigimos al teatro que, al plantear un tema histórico, lo haga como trasunto de un tema actual o, al menos, con un enfoque plenamente moderno, traduciendo la anécdota antigua o enmarcándola en las coordenadas de una visión ideológica de la Historia. El teatro meramente histórico no interesa.

Las monedas de Heliogábalo de Marcial Suárez quiere afrontar el tema siempre vivo del tirano. Pero la historia que nos cuenta es una historia inerte, sin una dinámica trascendente. Carece de importancia que Heliogábalo se mantenga en el poder o sea asesinado; todo nos queda en pura anécdota, como teatro de Colegio. La generalización sobre la tiranía de Heliogábalo es excesiva, y no nos alcanza. Y su «lógica» no impresiona.

Algunas ideas certeras, como el peso del miedo sobre los afectos, el contagio del poder tiránico, o la «actitud-límite» de poner en las monedas la efigie de los ejecutados, no llegan a alcanzar un vigor dramático suficiente. La ambientación es también pobre. Y el desarrollo de la acción y del movimiento, bastante torpe.

Carlos Larrañaga no hacía más que recordarnos—para su mal—a Rodero en su estupenda interpretación de *Caligula*, obra que—también para mal de *Las monedas de Heliogábalo*—tuvimos igualmente en la memoria. Los demás actores declamaron sus papeles con menos pretensiones, pero con parejo resultado. Quizá contribuyó a que el espectáculo no cuajase la mala dirección de Modesto Higueras.

Abril 1966

AGUILA DE BLASÓN

Se cumple el centenario del nacimiento de don Ramón del Valle-Inclán, figura original y mágica en nuestra literatura. El personaje, el poeta, el escritor, el creador, tendría ahora cien años. Su obra ha traspasado, pues, el horizonte del tiempo y queda atrás, estática y entera. Casi hace falta ya un conjuro, un prodigio, para revivir su mundo estético.

Algo de linterna mágica tenía el Teatro María Guerrero, al poner en escena *Águila de Blasón*. Mucha maquinaria, mucha carpintería, mucho truco en la decoración. Magníficos bocetos de Mampaso, luminotecnia decisiva, efectos sonoros. Cincuenta actores, vestuario sin tasa, lujo y derroche de medios. Adolfo Marsillach, director, ha cuidado el detalle con precisión de joya. Y los cuadros comienzan a sucederse, sin prisa, dejando largos intermedios de oscuridad para dar tiempo al cambio de decorados o para que el espectador paladee cada fogonazo de la historia.

Ante todo, nos cautiva la belleza del lenguaje; la armonía del diálogo, la concisión popular de las frases, el milagro de las palabras que pueden expresarlo todo con sencillez de música.

Después, comprobamos que estamos espiando escenas aisladas de una historia amplísima, sin límites, de la que apenas conoceremos unos cuantos trazos más o menos relacionados. Una leyenda enorme, vastísima, completa sin duda y extendida en otro siglo, en otro mundo ya. Pero un mundo real, histórico. Lo vislumbramos fragmentariamente. Adivinamos sucesos, pasado, futuro, aventuras, hechos que no vemos, que no se nos muestran; pero que han existido.

Los personajes de *Águila de Blasón* son historia, aunque la obra sólo nos muestre una espuma, un halo o un retrato físico de ellos. En realidad, la acción transcurre fuera de la pieza. El autor sólo quiere montar un cuadro con sus cualidades adjetivas: sus caracteres, sus situaciones, su significado. Una síntesis, no del argumento de sus vidas—que sólo parcialmente y a trazos conocemos—, sino del talante de su existencia, de su ambiente.

Poesía, pues. La poesía que se separa de una gran epopeya.

¿Tiene alguna relación este teatro con el teatro moderno? Apenas. Y, sin embargo, salta la certidumbre de hallarnos ante una cumbre de la creación estética y dramática.

Porque no todo se estiliza y se traduce a belleza, a artificio, a síntesis poética. Bajo la forma perfecta y delimitada de Valle-Inclán, hay una posición espiritual ante el espectáculo humano, reflejado en el contorno gallego que elige.

Escepticismo y respeto a los valores populares, a los valores de los hombres y de sus afanes y creencias; aunque, para Valle-Inclán, no tengan más contenido que un poco de aliento, de vida o de belleza.

Teatro de otro tiempo, de otro planeta ya. Pero, nunca, un teatro envejecido. Porque la impresión de distancia, la sensación de estatismo y el tono evocador que se perciben al ver la obra, se deben en gran parte al ritmo lento con que se han encadenado los distintos cuadros, que nos permite ligarlos, que nos obliga a cada momento a situarnos otra vez fuera de la obra, en nuestro siglo, en nuestro teatro actual, para volver a mirar luego de una pausa, a hurtadillas, otro paisaje de la obra; sin hilación, sin permitirnos sumergirnos del todo en el fondo de mar que es el teatro de Valle-Inclán.

Valle-Inclán apenas es ya un fantasma. Imposible imaginarle en nuestros días. Imposible imaginar tampoco un autor de su personalidad entre nosotros. Con su ambición, su ingenio creador, su sinceridad.

Pero, sobre todo, con su valor máximo: el don del lenguaje, completamente perdido por nuestros autores nuevos. Aunque todo pasara en Valle-Inclán, una cosa perduraría para salvarle: la lengua del pueblo literariamente asumida por él, dando fe de todos los testimonios de vida y de espíritu.

Junio 1966

OFICIO DE TINIEBLAS

Desde que Sastre estrenó *La red*—a mi entender la más conseguida de sus obras—, han transcurrido seis años de silencio que se rompe ahora con el estreno de *Oficio de tinieblas*, en el teatro de la Comedia, dirigida por su antiguo compañero de afanes teatrales José M.ª de Quinto.

La referencia religiosa que apunta el título es más metafórica que directa. *Oficio de tinieblas* roza el tema religioso de un modo casi sólo anecdótico: es Jueves Santo; tres individuos repugnantes, dos prostitutas y un muchacho tímido amanecen en un chalet de la Sierra; al muchacho le achacan un crimen. Pero el misterio de lo sucedido no constituye el principal factor emocional del drama, sino lo que decidirá el muchacho y lo que le sucederá a él y a las dos prostitutas, que constituyen el trío noble de la obra. Ésta, pues, subraya el plano de lo moral, de la respon-

23

sabilidad personal, y ahí radica la mayor proximidad a una perspectiva cristiana.

El tema es interesante y los personajes son nuevos entre nosotros, testimonio de la preocupación de Sastre por ambientes universales y actuales. Sobre todo, en el caso de la prostituta que evoca la atmósfera de Orán durante la Revolución, y en el del *pied noir* venido también de Argelia, donde se ha distinguido ametrallando a los enfermos de un hospital. Ambos traen un aire de violencia, una realidad fantástica en contraste con nuestra quietud. «En España estamos en la luna», viene a decir Sastre por boca de una de sus protagonistas.

La realización de la idea es desigual. El primer acto se nota concienzudamente elaborado, pero carece de clima. El clima surge en el segundo acto, toma fuerza y alcanza un punto crítico a mitad del tercero. En estos dos últimos actos, el cerebralismo de Sastre no se apodera del diálogo, sino que permanece en el fondo de la trama, dejando el diálogo un poco más libre y echando mano de recursos y resortes que hacen brotar más espontáneamente la emoción.

El fondo es la tiniebla, la muerte del inocente, la carraca que reza al final su oficio trágico.

Esta simbología de Semana Santa y una cita irrespetuosa a San Juan de la Cruz en boca de dos invertidos, completan la alusión religiosa.

En resumen: el autor consigue contagiarnos un horror inmediato hacia el ambiente moral que respiran los personajes: hacia ese oficio de tinieblas que ejercen. Pero en conjunto la obra repele por eso mismo; es lógico que el público no sienta grandes deseos de aplaudir cuando el telón cae.

No me gustó la puesta en escena. Faltó cierta fluidez, cierta naturalidad de conjunto. Y la interpretación fue pobre, enfática, poco convincente.

Marzo 1967

LA CABEZA DEL BAUTISTA, LA ROSA DE PAPEL Y *LA ENAMORADA DEL REY*

Las tres piezas cortas que se estrenan en el María Guerrero, de Madrid, componen una visión completa del teatro de Ramón del Valle-Inclán.

La cabeza del Bautista y *La rosa de papel* reflejan al Valle-Inclán fantástico de lo macabro, del esperpento, de la exasperación esteticista, de la necrofilia. *La enamorada del rey* sirve de contrapunto a ambas

24

obras, con su tono de farsa dieciochesca, su humor chispeante, su intención política republicanizante y sus deliciosos ripios. Como siempre, por encima del tema, el lenguaje creador, prodigioso. Y el pseudorrealismo estético de Valle, que nos ofrece una realidad quintaesenciada, una sublimación de lo popular, en una gran lección. Porque la realidad—la anécdota, los modos del pueblo—se hace literatura no mediante una copia textual de lo cotidiano, sino mediante una artificiosa elección de giros y gestos que reflejan y aun copian esa realidad, pero son siempre síntesis, esencias.

Con todo, lo que más me ha impresionado en esta representación de Valle-Inclán ha sido la compenetración del público con la escena. La gente ríe, corea, aplaude, grita, se estremece y añade a las voces de los personajes un eco constante que da vida a este teatro, lo pone en pie, lo mete en su ámbito popular indispensable. Fenómeno atrayente, después de comprobar la reserva, la distancia del público, aun admirativo, ante teatro más moderno, más extraño, cual el de Brecht o el de Pinter.

Importante factor del éxito es la puesta en escena de José Luis Alonso, que ha cuidado los efectos plásticos y el ritmo de las tres distintas piezas, de manera perfecta. Expresionismo, contrates, visiones de Solana y de Goya, efectos luminosos. Perfecto.

Antonio Ferrandis encabezó con enorme esfuerzo y buena fortuna un largo reparto, en el que destacan Manuel Gallardo, Alfonso del Real, Florinda Chico, Rafaela Aparicio y Margarita García Ortega.

Marzo 1967

REQUIEM POR UN GIRASOL

En el Teatro Nacional de Cámara y Ensayo se ha estrenado, con pretensiones de «primer espectáculo 'pop' que se realiza en España», esta obra de Jorge Díaz, chileno, joven y vanguardista.

Requiem por un girasol tiene indudables valores junto a ciertas puerilidades. Hay inteligencia y ambición, incluso bastante imaginación, en la historia y en el diálogo. Hay un mensaje social y humano y una ternura poética, aunque ya un poco manidas. Hay un humorismo constante, en la vía del humor negro, pero con fin social. Humorismo social, ésta es quizá la originalidad de la obra, que transcurre en torno de una casa de pompas fúnebres para animales, y llega a ofrecernos el espectáculo de que no pueda ser sepultado, ni en el cementerio de animales, el cadáver del último hombre puro, sencillo y pobre.

Fabio León interpretó, con aire de mimo, el papel de ese poeta que muere de hambre. Carlos Mendy, el del brutal triunfador, empresario de pompas fúnebres. María Paz Molinero, graciosísima y eficaz en un extravagante ataque de histeria.

Marzo 1967

EL TRAGALUZ

Acontecimiento en nuestro teatro: después de cuatro años de silencio, vuelve a estrenar nuestro primer autor dramático. Cuatro años para pensar, para estudiar, para vivir. En ellos, ha compuesto su versión de *Madre Coraje* y ha escrito su nueva obra: *El tragaluz*.

Antonio Buero Vallejo, dicen, ha cambiado; emprende un nuevo camino. Entiendo que no: su mensaje sigue el mismo y sólo ha variado la forma de su técnica.

Crítica permanente del mundo actual; del hombre que empuja y arrolla para conseguir su medro, su automóvil, el «triunfo televisivo»; de una sociedad lanzada al lujo a toda costa, al juego de envilecerse con tal de participar del botín del siglo; del hombre que traiciona sus ideales, que transige y se instala en el tren de la insolidaridad. Enfrente, o debajo de ese mundo, en el sótano con ilusorio tragaluz, los pocos hombres puros que quedan; el que se empeña en seguir siendo hombre y buscar sólo al hombre; o el escritor que «elige la pobreza» y se niega a comprar un automóvil . . .

En *Las Meninas* o *Un soñador para un pueblo*, Buero buscaba el contraste mediante una trasposición de tiempos, orientada a enfocar los problemas actuales colocándolos en el pasado para obtener así una chocante y fecunda perspectiva. En *El tragaluz*, hombres del futuro examinan con mentalidad de futuro la realidad prehistórica para ellos del siglo xx: España, 1939 y 1967. La mecánica viene a ser semejante, pues: una mirada atrás para sacar consecuencias provechosas.

Sólo que, en su nueva obra, Buero ha profundizado en la idea del tiempo, la ha matizado con elementos más universales. Y, me atrevo a decirlo, más religiosos: el autor busca la «visión de Dios». Todo está presente ante un ojo intemporal, nada del pasado se pierde, ni el movimiento de una hoja, ni el más fugaz pensamiento del hombre más oscuro pueden quedar ignorados. Todas las conductas serán examinadas, juzgadas a la postre. Nada se pierde en el vacío. Aunque el «tiempo de Dios» que se intuye viene sustituido por el tiempo de los grandes cerebros electrónicos del futuro, que resucitarán todo lo desaparecido, desvelarán lo oculto en su búsqueda incesante. Nuestros actos serán juzgados, convertidos en tiempo presente, en cualquier momento. Asumamos nuestra responsabilidad, vienen a decirnos los dos científicos del futuro que nos muestran el experimento y son el coro trágico pasado por el filtro de Bertolt Brecht.

Hay mucho Brecht y mucho de los demás renovadores, en la nueva fase de Buero. Teatro didáctico, experimental, donde se invita al espectador a distanciarse de la historia que ve, a analizarla y a sacar consecuencias.

En el primer acto, los personajes no hacen más que expresar dócilmente ideas; su lenguaje es retórico; los movimientos escénicos, convencionales; no cuaja el aliento dramático. En la segunda parte, más tensa, hay considerables aciertos, como el del tragaluz mismo, con el misterio elemental de la cámara oscura que nos emocionó de niños, o el silencio de la prostituta cuya presencia turba a la protagonista.

Como lastre principal, la anécdota elegida para servir de base al experimento: demasiado melodramática, la sombra de la niña «Elvirita», muerta de hambre; demasiado extremada, la actitud del hijo «puro»; demasiado esquemática y pueril, la figura del «hijo desertor»; demasiado liviano, el marco de la Editorial que refleja la sociedad cruel. El teatro didáctico precisa, desde luego, una esquematización. Pero el esquema que se nos ofrece no es enteramente válido: ¿Quién puede sentirse identificado, para bien o para mal, con cualquiera de los tipos que se presentan a nuestro examen de conciencia? ¿Cómo, entonces, rectificar?

Pieza, en síntesis, malograda. Concebida sin duda con inteligencia y ambición, pero cuajada sin bastante inspiración. Un paso adelante por el camino de la renovación. Un paso atrás, en el camino de la perfección concreta.

Lola Cardona, en su simple papel de secretaria seducida y atemorizada; Jesús Puente, el que quiere vivir a toda costa, aun pisoteando a los débiles y transigiendo ante el poderoso; José María Rodero, el implacable y puro; Francisco Pierrá, el padre loco por la muerte de la hijita; Amparo Martí, la madre abnegada y animosa . . . Todos los intérpretes ponen su personalidad al servicio de la trama.

Ni la decoración de Burman ni la dirección de Osuna tuvieron suficiente fuerza para cristalizar dramáticamente el experimento de Buero Vallejo, a quien deseamos todos, de verdad, un acierto rotundo en su próxima experiencia, que constituirá también, como ésta, un acontecimiento de nuestro anquilosado teatro.

Noviembre 1967

LA COMEDIA ESPAÑOLA EN 1967

1967 no ha sido un gran año para el teatro español. Cierto que casi todos los autores de primera fila han estrenado alguna obra en estos doce meses: Antonio Buero Vallejo, *El tragaluz*; Alfonso Sastre, *Oficio de Tinieblas*; Antonio Gala, *Noviembre y un poco de yerba* . . . Lauro Olmo no ha conseguido estrenar *La Condecoración* y Carlos Muñiz tampoco ha escapado este año de la T.V. para hacer teatro. No hemos visto ninguna pieza dramática excepcional.

¿Y la comedia? Ha resbalado por la vía estrecha de los últimos años, sin innovaciones. Alfonso Paso, cuesta abajo con su facilidad; Alonso Millán, ascendiendo fácilmente también en la escala del éxito mediano; Miguel Mihura, agotando su filón de superficie; Ruiz Iriarte obtuvo el Premio Calderón de la Barca con *La muchacha del sombrerito rosa*, dentro de su línea de siempre; Luca de Tena repuso *¿Quién soy yo?* a treinta años de su estreno; Gila dio su talla conocida en su *Contamos contigo* . . .

He aquí algunos botones para muestra de cómo va la comedia ligera española:

De Alfonso Paso, vimos *Desde Isabel con amor*, porque nos habían dicho que marcaba un nuevo ritmo, un empuje distinto, en la producción de Paso. No notamos novedad alguna. Facilidad exclusivamente. Personajes de papel, frases eficaces, gracia gorda, un tono de cinismo acaso más acusado que en otras historias, ironía . . . Pero todo sustentado en la más endeble arquitectura, sin renovación, sin oxígeno. Yo me aburrí como pocas veces.

De Alonso Millán, elijo *La vil seducción* por muchas razones. Su primer acto es realmente muy gracioso y la situación que plantea constituye un hallazgo: una actriz de revista, de vida más que alegre y de lenguaje ínfimo, abandona una pequeña compañía teatral en gira por Castilla y, vestida de «Doña Inés», va a caer en un pueblo castellano, donde la toman por una monja «posconciliar». El equívoco da pie a un sinnúmero de frases y situaciones cómicas en torno al «aggiornamento». También, a cierta sátira sobre la versión española de la renovación conciliar: el cura que sigue imponiendo su interpretación del Concilio, la vieja beata abierta a lo nuevo, el anticlerical . . .Luego, el problema deriva hacia el protagonista masculino, extraordinariamente interpretado por Fernán-Gómez, un autodidacta de pueblo «seducido» por la artista. Hay mucho ingenio, precisión y dominio teatral en este primer acto. El segundo baja de tono y pierde cohesión y fuerza: se dispersa. Al final, Alonso

Millán cae en lo fácil, prolonga el desenlace, y deja que se le escape el acierto entre las manos. Pero hay vigor y talento en su humor. Alonso Millán es capaz de más.

De Miguel Mihura, se ha estrenado *La decente*, comedia policíaca con un curioso planteamiento, dos asesinatos con una sola víctima, cierta dosis de gracia, un personaje muy acertado (el inspector de policía) y la temática común del último Mihura. Pero, en conjunto, la obra queda en un tono menor decepcionante; los personajes se diluyen, las situaciones se alargan o se hinchan, no aparece la poesía y el auténtico misterio o la magia de aquel otro Mihura que seguimos echando de menos. Hasta hacer reír a lo largo de dos actos empieza a parecer difícil. Hacer reír, siquiera hacer reír. No es pedir demasiado a nuestros autores de comedia. Es fácil arrancar cuatro carcajadas momentáneas con cuatro frases inesperadas. Pero conseguir una risa que dure, una risa que se nos quede dentro cuando cae el telón . . . ¿Se ha perdido el secreto?

Febrero 1968

ESTADO CIVIL: MARTA

Juan José Alonso Millán ha querido escribir su primera «comedia dramática». Después del éxito de público obtenido por sus farsas, sainetes o «comedias cómicas», este propósito es digno de atención, por el riesgo y por el afán de superación que denota. Ojalá fuera el síntoma primero de un fenómeno general.

Estado civil: Marta está construida en dos actos que son como el haz y el envés de una hoja. La primera parte nos presenta una serie de versiones desconcertantes sobre un hecho: la entrada sospechosa de una mujer desconocida en el chalet de un abogado especialista en separaciones matrimoniales. Predomina sobre la intriga la tendencia a un humor que oscila entre lo simple y lo intelectual. Abuso de las frases prefabricadas, tanto en boca del abogado—más justificadas—como en boca de la mujer—inadmisibles—. Humor con tendencia al cinismo y al sarcasmo, con citas de Wilde y recuerdo de Jardiel.

El segundo acto deriva rápidamente hacia lo dramático. Se rompe la corteza del humor y se penetra en la intimidad de los personajes, hasta el momento final en que ambos se quitan las máscaras y se descubre un crimen, un gran amor, un caso patológico. Pero, sobre el dato de la aberración sexual o la madeja del asesinato, Alonso Millán ha querido plantear el divorcio entre el corazón y la carne, entre el amor espiritual y los sentidos.

29

El logro no ha cuajado la obra. Lo artificioso envara la historia y sobre la ambición de la última parte cae la memoria de los dramas policiacos americanos, al estilo de *Trampa para un hombre solo*, que disminuye la emoción y la altura del drama profundo que la obra intenta ofrecernos.

Ismael Merlo, mejor como actor que como director de escena. Creo que no supo dar verosimilitud a la escena culminante de la trama, aunque sí transmitió la emoción final. Vicky Lagos ha progresado mucho como actriz.

Esperamos que Alonso Millán no abandone el empeño de superación y de busca, porque nos parece un autor que puede dar de sí mucho más de lo que hasta ahora viene dando.

Mayo 1968

SÓLO EL AMOR Y LA LUNA TRAEN FORTUNA

La última producción de Miguel Mihura nos demuestra cómo se puede escribir una discreta comedia sin inspiración, sin esfuerzo y sin ambiciones, cuando se tiene un centón de medios y una experiencia teatral amplia.

Para quien ha escrito *Tres sombreros de copa, Maribel y la extraña familia, Melocotón en almíbar* o incluso *Ninette y un señor de Murcia*, debe resultar muy fácil—demasiado fácil—cerrar los ojos y dejar que surjan frases, ecos, recuerdos, componiendo una historia cualquiera, como ésta por ejemplo, en torno a la superstición de la buena y la mala suerte.

Sólo el amor y la luna traen fortuna parece escrita como dormitando, en el sopor de una siesta, con ecos de la primera *Codorniz* y trasuntos de situaciones graciosas de distintas comedias. Un halo de humor, de leve misterio y de ya muy lejana poesía, perdura en el aire; o quizá sólo en la memoria. Ciertos resortes siguen funcionando automáticamente en el diálogo. De cuando en cuando surge un chispazo de gracia, un rasgo de humor fino. Se dibuja la silueta de algún personaje chocante . . . Pero todo se embota en el sopor, en el fluir sonámbulo de la trama sin pulso.

Una interpretación que agudiza las voces y las situaciones (Mompín, Margot Cottens, Paula Martel, Guillermo Marín, este último en una caricatura muy acertada) mantiene la atención. Y, como el director es el propio Mihura, nos convencemos de que, inteligente, el autor ha pretendido poner en la música lo que faltaba en la letra. Pero faltaba demasiado.

Febrero 1969

TE ESPERO AYER

El Premio «Lope de Vega» tiene una trayectoria intermitente. Reveló a autores de la talla de Casona o Buero Vallejo, pero otras veces se ha otorgado a obras grises y con frecuencia se ha declarado desierto. En los últimos diez años, sólo se ha concedido dos veces; el último, el de 1963, correspondió a Adolfo Prego por *Epitafio para un soñador*.

Por eso, el de 1968, concedido a un escritor tan conocido como Pombo Angulo, pudo despertar cierta legítima expectación. Pero nos ha defraudado.

Te espero ayer carece de valores escénicos apreciables. Sólo los diálogos iniciales interesan y tienen gracia. El segundo acto es una evocación sin la menor fuerza ni siquiera imaginación ni lirismo. Y el tercero no consigue cuajar la historia, con su pretendido dramatismo.

El tema de la fantasía como refugio contra la realidad hostil tiene una tradición literaria que no puede olvidarse. Su apoyatura patológica, lírica o dramática, ha sido abordada por el teatro del presente siglo por autores tan dispares como Lenormand, Giraudoux, Casona o Albee.

Las dos viejas locas de Pombo Angulo, que inventan una hija ideal porque la verdadera las ha abandonado, se mantienen sin embargo a costa de su crimen, su humor negro y sus gestos chocantes; su contextura no resiste el análisis. Mary Carmen Prendes y Luchy Soto pugnan en vano por mantenerlas en pie. José Luis Pellicena pone el contrapunto de una cordura bondadosa y sonriente, pero sin eficacia.

El Premio «Lope de Vega» debió quedar también desierto este año. Nos resistimos a creer que esta obra marque el índice de nuestro nivel teatral; mucho menos de nuestro nivel cultural 1968.

Abril 1969

MAL AÑO

Otro mal año teatral en Madrid.

Los autores españoles siguen cociéndose en su salsa, o quemándose ya cuando la salsa se les acaba. Ninguna sorpresa, ninguna revelación.

Alfonso Paso ha continuado con sus títulos en torbellino (*Anda, idiota, cállate; Yeyé, pero honrada; Rodríguez y a mucha honra; El casado, casa quiere*, etc., etc.). Su *Nerón-Paso*, con más pretensiones, no cuajó.

Alfonso Millán sigue sin alzar el vuelo. *Estado civil, Marta; Pepe; Amor dañino* . . .

Los grandes éxitos de público: *La casa de las Chivas*, de Salom, y *¿Quién soy yo?*, de J.I. Luca de Tena.

Otro Luca de Tena, Torcuato, se ha iniciado en el teatro con *Hay una luz sobre la cama*. Esta obra y las de Salom constituyen buceos dramáticos en lo psicológico y social, sin excesivos atrevimientos.

Las aportaciones de Mihura, Pombo Angulo, López Aranda, Roberto Romero, Diego Serrano, y otros, han dado una talla más bien corta.

En cuanto a los autores extranjeros, tampoco nos han deslumbrado este año.

Plaza Suite, de Neil Simon, *A mitad de camino*, de Peter Ustinov, *La locomotora*, de Roussin, *Sueca para todo*, de Berreby, *La hora de la fantasía*, de Ana Bonazzi, son obras de escasa trascendencia.

El teatro israelí nos ofreció un intento de asimilación de las modernas corrientes, a lo Pinter, con *Interpretando a Karin*. Frustrado.

De Sean O'Casey se ha estrenado un viejo drama, de texto profundo y bien adaptado por Alfonso Sastre: *Rosas rojas para mí*.

Otra adaptación que ha tenido mayor resonancia es la de *El Tartufo* de Molière. Adolfo Marsillach la ha traducido al lenguaje y a la problemática socio-económico-político de la España 1969, con alusiones y sobreentendidos que han removido muchos comentarios. Quizá constituya el acontecimiento de estos meses.

Por último, dos alardes de puestas en escena: *Las Criadas*, de Genet, estrenada en Madrid ya hace nueve años por «Dido» y convertida en fascinante espectáculo ritual por Víctor García, y *Biografía*, de Max Frisch, en donde los efectos especiales y los métodos escénicos deslumbran hasta borrar las hipótesis intelectuales de la obra.

Bueno, una novedad: la aparición del primer café-teatro de nuestra capital, «Lady Pepa».

Diciembre 1969

EL SUEÑO DE LA RAZÓN

Diciembre de 1823. Goya, casi octogenario, sordo y enfermo, sufre la opresión de Fernando VII. El Goya indómito, franco y violento, se ve perseguido y amenazado por sus ideas liberales. En la «Quinta del Sordo», cercado de silencio, con sus alucinaciones y sus visiones, pinta aquelarres, disparates y sombras. Buero Vallejo nos lo quiere mostrar así: El genio bajo la arbitraria tiranía de un Rey que borda mientras desarbola el espíritu del país. El desesperante triunfo de la reacción. La luz que se pudre. Tiempo de oscurantismo y negrura. La impotencia ante la fuerza ciega del poder. El indómito, el entero, el intransigente Goya, ha de verse humillado, cornudo y apaleado. Será vencida su rebeldía; su miedo y su desesperanza le podrán y acabará cediendo y sometiéndose a la indulgencia del Rey para escapar a Francia.

El tema encaja plenamente en la trayectoria ideológica de Buero. Sus hombres vencidos, rebeldes o puros, oprimidos bajo un orden aplastante; sin esperanza o con una vaga esperanza más allá de lo personal; la fe en la justicia de la Historia. Cien años más adelante, nuestra obra o nuestro sacrificio, nuestra actitud al menos, serán reconocidos como válidos.

Este fundamento aparece muy claro en la última obra de Buero, que ha ganado en humanidad y en comprensión hacia el fallo del hombre concreto. El Goya que claudica por miedo, la mujer que no es fiel porque sus sentidos la fuerzan, nos son presentados en su debilidad última para que les juzguemos con indulgencia. No son ellos responsables, sino las fuerzas superiores que los obligan y los derrotan.

Teatralmente, la idea ha sido muy trabajada y medida. El diálogo se ciñe al tema estrechamente y está cargado de sentido; ni una frase aparece desviada del fin y la intención de la obra. Cada palabra va imantada por la idea que la justifica; incluso en exceso a veces, en detrimento de la fuerza puramente dramática de lo que acontece en escena. Así, el diálogo entre Fernando VII y Calomarde y la entrevista del médico de Goya con el clérigo.

En este aspecto, lo más convincente es la actitud y maneras de la amante de Goya, Leocadia de Weiss, un personaje de carne y hueso interpretado con mucho acierto por María Asquerino. Por otra parte, al centrarse el tema en el mundo interior de Goya—en una interpretación de José Bódalo que subraya lo patético—se evita la proliferación de tipos de una pieza, o quedan un poco al margen, como sombras o peleles en torno al pintor.

Siguiendo la tradición de Buero, que gusta de jugar con la falta de un sentido corporal (recordemos *En la ardiente oscuridad, Hoy es fiesta, El concierto de San Ovidio*), aquí la sordera total de Goya pone en juego un resorte teatral de mucha eficacia: Mientras él está en escena, el silencio le rodea; no se oye el sonido de la campanilla que agita, los demás actores se reducen a gesticular y sólo se escuchan los pensamientos y las voces internas del pintor, o su monólogo tenso que traduce los ademanes de los otros.

Muy importante papel desempeñan por eso los efectos sonoros. Y, sobre todo, la proyección constante de diapositivas con los cuadros negros de Goya que sirven de inmenso fondo a la obra; sin ellas, todo quedaría en una trama de palabras. Las frases que interpretan y enmarcan esos cuadros constituyen el mayor esfuerzo literario del autor, junto con el tono poético de la voz de la niña muerta, de lejanos ecos lorquianos.

Abril 1970

ROMANCE DE LOBOS

A Ramón del Valle Inclán, en 1970, le han ahuecado más la voz para ponerlo al día.

La España del noble calavera y sus hijos feroces, amortajamientos espeluznantes, plañideras, turbas de tullidos, leprosos y mendigos, robos sacrílegos, clérigos degradados, ritos, maldiciones, odio y miseria, se ve potenciada en el montaje grandilocuente de José Luis Alonso.

Para mí, *Romance de lobos*, en cuanto «comedia bárbara», pierde fuerza por falta de cohesión teatral. El lenguaje no basta para mantener la tensión dramática. Las atrocidades a secas, tampoco. Hace falta un choque de situaciones o un encadenamiento emocionante de escenas que enciendan o transmitan un fuego.

En *Romance de lobos* hay una gran hoguera final. La desatan las turbas de desheredados frente a la puerta de sus opresores. Resuenan voces proféticas: «Cuando todos los miserables del mundo se unan para romper las cadenas» . . . José Luis Alonso ha puesto un énfasis desmesurado en esas palabras fantasmales que se elevan intemporalmente sobre los harapientos, amotinados y al fin vencidos, pulsando un resorte político de gran efecto, pero que suena a postizo.

Porque la hoguera de Valle Inclán—acaso con algunos excepcionales resplandores de anticipación—no es más que una fogata. Sus llamas se desmenuzan en fuegos fatuos, se amagan en los cirios de la «santa compaña» o escapan hechas símbolo hacia un confuso futuro o hacia un paraíso de espejismo.

Así, al menos, en esta versión que se nos ha dado en el Teatro Nacional María Guerrero, demasiado barroca, orquestada en sus acentos lóbregos y en sus ecos de leyenda, con coros multitudinarios y ese «solo» último, aparentemente tremolando con intención de «aggiornamento», que resulta aquí un tanto sorprendente.

Enero 1971

LA ESTRELLA DE SEVILLA

La España de Lope de Vega o Calderón o Tirso se desborda en este drama que Tamayo ha puesto en el Teatro Español, con gran riqueza de vestuario, decoración espejeante y rebuscada, música de Luis de Pablo y mediocres intérpretes.

La fidelidad al Rey, el honor, la lealtad al amigo, el sacrificio y el amor se entremezclan profusamente. Dogmas, mitos, símbolos y mandamientos pugnan en el plano de lo absoluto.

Cierto que, entre los sonoros versos, asoma un intento de crítica a la tiranía, un planteamiento del problema de la ley injusta, un ataque al poder regio—fácil cuando se trata de un rey como Pedro el Bravo—; pero la armonía de la estructura social no se quebrantará, el origen divino del poder no quedará en entredicho, la resistencia de los jueces frente a la presión real nos da una seguridad de que el orden sobrevive a la contingencia de un rey injusto y las voces del pueblo ni llegan a clamor ni cuajan en rebelión. La firmeza de las instituciones proyecta su seguridad sobre lo anecdótico.

Se ha puesto en duda la autoría de Lope sobre esta obra. Y realmente hay en ella ciertos enfrentamientos de conciencia que ya nos aproximan a las tesis morales de Calderón y hasta nos recuerdan *El Cid* de Corneille.

Pero *La estrella de Sevilla* queda en una superabundante exhibición (subrayada por el ritmo, plástica, sonido y luminotecnia de Tamayo) de los tópicos deslumbrantes del Siglo de Oro, que crepitan como un castillo de fuegos artificiales, un gran fin de fiesta o un torneo literario expresado en versos rotundos, en metáforas brillantes que se prodigan como las múltiples incidencias de la trama.

Todo sale a relucir, aun en signos o esquemas, dentro del exuberante intento. Más que un paradigma, una concentración masiva; el rompecabezas casi completo de una España que nos ha llenado de reflejos, de gestos y de rimas.

Enero 1971

MEDEA

Más difícil todavía: el tema de Medea, en versión de Séneca, traducido por Miguel de Unamuno y adaptado por González Vergel. La adaptación de González Vergel ha revuelto la obra con un complejo juego de cuatro tiempos: el de raíz clásica, imposible de extirpar sin destruir la tragedia, el tiempo de la conquista de América, a cuya época ha sido trasladado el argumento; el de 1898, sugerido por el nombre y el lenguaje de Miguel de Unamuno y subrayado con alusiones ideológicas y fingidos espectadores de fin de siglo, y el tiempo actual, desde cuya perspectiva se nos invita a juzgar la combinación.

Planos teóricos, «distanciaciones», visiones irremisiblemente anacrónicas. El simbolismo constante del baile de los coros (el «antiguo» y el «actual») parece dar la clave o el mensaje. Los tiempos se entremezclan, de la dispersión surge la unidad, dialéctica de la historia que une los pueblos. Todo, muy bien en pura teoría.

De hecho, la obra resulta confusa, pese al gran esfuerzo intelectual. Con gestos y con símbolos, por muy esenciales y sintéticos que sean, no puede desbrozarse un texto bello pero disparatadamente dislocado. Se pide demasiado al espectador.

Medea es una princesa no sé si inca o azteca, con ciencia de hechicera. Jasón, un conquistador español parejo de Hernán Cortés. La toponimia americana, la mitología «india», los héroes y las leyendas precolombinas, enmascaran la tragedia clásica. Y el problema de España, dominadora del Nuevo Mundo, gigante con los pies de barro desengrándose por el oro y la fe de las Indias, por el vellocino de oro de los Argonautas, etc. etc., penetra el texto. Pero lo amazacota, lo apelmaza. Y el simbolismo añade más oscuridad y hermetismo al espectáculo, que tiene, por otra parte, momentos felices, recursos y efectos de considerable valor.

El esfuerzo por mantener una fórmula teatral moderna y trascendente se hace notar del principio al fin. Los resortes y ejes de teatro «nuevo» han sido puestos en juego. Canciones, coros espléndidos, montaje audaz, movimientos masivos en el escenario, elementos «distanciadores» de grado diverso . . .

El más destacado me parece la presencia en la sala de esos espectadores decimonónicos que, al final de la primera parte, muestran su desa-

36

grado por el espectáculo y no vuelven en el segundo acto (los focos denuncian su ausencia aparatosamente). Intentan crear la sensación de que estamos ante una farsa, esbozan una actitud crítica ante ella y, a la vez, nos invitan a formular nuestra crítica y establecen la distanciación. Pero todo resulta excesivamente intelectual, sobradamente teórico. Demasiado rizar el rizo.

Esta Medea, al menos como teatro, es abstrusa y queda falta de claridad y de emoción. Pese a los gritos enronquecidos y la voz cavernosa de Nati Mistral que, eso sí, está muy guapa y luce mucho sus preciosas manos y el relampagueo de sus ojos.

Mayo 1971

TIEMPO DEL 98

Después de *Castañuela 70*, espectáculo vivo, desenfadado y certero del momento político actual, *Tiempo del 98* desanda un paso en la línea del teatro crítico del patriotismo español.

La «generación del 98», en su contexto histórico y desde la perspectiva de hoy, ofrece un extenso filón como primera corriente desmitificadora. Pero el contraste es evidente: donde aquéllos pusieron dolor, dramatismo y paradoja, hoy se pone más ironía, desgarro y, sobre todo, humor, desmitificando a los mismos desmitificadores.

En esta pieza de Juan Antonio Castro, los mejores momentos corresponden a este nuevo tono desenfadado y aparentemente ligero, que encubre una fuerza profunda. Cuando el autor reproduce los mitos o los símbolos de las grandes figuras del 98, el respeto o el énfasis hace más moroso el espectáculo, especialmente vivaz en su primera parte.

La irregularidad es el defecto de la obra. Junto con rasgos directos y universalmente válidos, aparecen—sobre todo en la segunda parte— insistencias sobre temas excesivamente prolongados, como la escena del ajusticiado en la que el autor o el director se alargan demasiado, y explicaciones innecesarias para subrayar lo que está sobradamente entendido.

Los personajes centrales (Baroja, Azorín, Valle-Inclán, Maeztu, Unamuno y Machado) son tratados también con irregular fortuna o intención. Si en los primeros se esboza la caricatura, en Antonio Machado el autor se acompasa y aploma, identificándose de forma clara.

Fragmentos de discursos, de artículos y de poemas, canciones, romances de ciego y juegos y bailes de la época se entretejen con eficacia. El simulacro de la guerra civil carlista marca su intención. Y la reproducción de un drama de Echegaray consigue el efecto de máxima comicidad.

Teatro juvenil, universitario. La compañía consta de quince actores que interpretan con coraje y fortuna más de cincuenta personajes. Sólo Juan Jesús Valverde evoca las figuras—sin caracterización física—de los cinco maestros de la «generación». Terele Pávez, muy expresiva y segura en su también múltiple interpretación. Cabe destacar el mérito del director de escena, José Manuel Garrido, sobre todo en el espléndido primer acto.

Y el fervor, incluso el entusiasmo con que el público sigue, en el tratro de la Comedia de Madrid, esta muestra de teatro político.

Ha dicho Tamayo recientemente, en unas declaraciones al diario *Arriba*, que el público español no acepta el teatro politizado. «Lo ven inoportuno. Una obra digamos abierta, liberal, con cierta tendencia izquierdista, le molesta al público de hoy . . . No quiere que le expongan problemas políticos. Y yo pienso, que es porque los espectadores son tan agudos que asocian inmediatamente el planteamiento escénico al Régimen. Y empiezan a identificar personajes y situaciones. No, no es un éxito . . .»

Sin embargo, obras como *El círculo de tiza caucasiano* o *Castañuela 70*, retiradas en pleno apoteosis de éxito, por no hablar de *Tartufo* de Marsillach, ejemplo del teatro aludido, y los aplausos vehementes con que el público subraya cada día innumerables veces las alusiones políticas de *Tiempo del 98*, desmienten a Tamayo.

Y es que hay un teatro político posible aquí y ahora, capaz de ser asimilado por el público habitual—aunque para ello se revista de humor o cinismo—y celebrado por amplios sectores juveniles deseosos de aire libre y desenmascaramiento.

Agosto-septiembre 1971

LUCES DE BOHEMIA

Luces de Bohemia, de Valle Inclán, es ciertamente un perfecto cuadro esperpéntico de la España de los años veinte. Arriba, la corrupción, la mordaza, la represión para mantener el poder. Abajo, la lucha de los obreros—el mártir catalán es un símbolo patético en el que Valle Inclán desnuda su pluma de todo juego literario para rendir el testimonio más duro—en la calle y en la cárcel; la oposición ciega y desarticulada; los intelectuales de izquierda en triste caricatura; los poetas modernistas, jugando sobre la cuerda floja de la ironía ante los espejos deformantes del Callejón del Gato; y el Madrid sórdido, miserable y macabro. El tema es conocido.

Sin embargo, qué nuevo, qué vivo, en estas escenas relampagueantes, eslabonadas en cinematográfica o en periodística expresión. En la primera parte, Tamayo ha acertado a ofrecernos un documental apasionante sobre una época con proyección actual bien subrayada. En la segunda, el ritmo se remansa para ahuecar la voz del esperpento: la agonía y muerte del poeta ciego, la danza en torno al ataúd, las prostitutas, el chulo, el arrastrar lo humano en la abyección.

Se ha dicho que esta obra de Valle no puede tomarse como una diatriba contra el poder, porque el ataque a la oposición—a los ciegos intelectuales de izquierda, a los frívolos poetas modernistas—es tan duro como el ataque al poder. Pero la obra entera es «oposición», es denuncia, es grito y fustigamiento. Sólo la muerte—por aplicación de la Ley de Fugas—del líder obrerista vale por una profesión de fe revolucionaria.

Y, por encima de todo, la libertad de expresión del autor. Aquí no hay que leer entre líneas, no es preciso conjeturar, adivinar, traducir. Un aire de limpia libertad mueve el lenguaje, el formidable lenguaje de don Ramón. Y se evoca un tiempo de esa libertad que casi nos resulta irrespirable. La crítica al gobierno, la crítica social, la crítica del hombre miserable, restallan con claridad de látigo.

La puesta en escena es valiente, cuidada en los detalles. Carlos Lemos y Agustín González pintan minuciosamente sus personajes, haz y envés de un mismo tipo, el exaltado y el cínico.

Una gran lección.

Diciembre 1971

LLEGADA DE LOS DIOSES

Llegada de los dioses, de Buero Vallejo, me ha parecido la antítesis, como réplica de nuestro tiempo, de ese esperpento de Valle Inclán.

Creo que Buero Vallejo ha dicho que su obra está escrita en sánscrito, y hay que traducirla por consiguiente.

Lo que sí hay en *Llegada de los dioses* es una exacerbación de los símbolos, aparentemente fáciles de descifrar, que tal vez oculten un segundo misterio, un doble fondo, pero que se presentan cerrados, elementales, en su masiva sucesión. El truco de las luces que se apagan cuando su ciego entra en escena, las máscaras, las cuernos, el ataúd anticipado, las visiones, los fantasmas, los aviones cargados de bombas atómicas, la contaminación atmosférica, la sociedad de consumo, los dioses griegos, el enfrentamiento de generaciones . . .

39

Un cuadro completo de nuestra sociedad, es cierto, pero reducida a signos, a logaritmos, a un cerebral jeroglífico.

En el primer acto, es preciso reconocer la destreza de Buero al poner en juego todos sus recursos dramáticos y escénicos. Quiere mostrarnos simultáneamente el mundo real o físico y el mundo mental de su ciego; los apagones de luz nos dan la clave. A la vez, puede pensarse que el ciego radiografía la realidad aparente y convencional, ve dentro de la trama. Sin embargo, esta segunda teoría queda en entredicho porque el ciego resulta ser un enfermo; o nos parece demasiado psicópata, deforma la verdad, se equivoca en su visión profunda. Y esto crea una confusión que resta fuerza al proyecto.

El segundo acto, por desgracia, nos mete en un derrumbadero de símbolos de aluvión, nos abruma en ellos. Símbolos sin emoción, sin misterio aunque tengan secretos, sin interés. Los últimos minutos de la pieza me resultaron frustrantes: Explicaciones que no nos importan, que creemos ya oídas cien veces, que tratan pesadamente de remachar el mensaje o la contraseña.

Críticos excelentes han señalado esta obra como la mejor de Buero Vallejo. Signo de contradicción: otros han protestado violentamente.

Yo sólo quiero dejar apuntado ese paralelismo entre ambas obras: Con su profeta ciego (uno, iluminado y el otro neurótico); con su ataúd siniestro (uno, simbólico y el otro de atroz realismo); con su enfoque de una sociedad en bloque (la primera, a brochazos de vida; la segunda, en paradigma algebraico).

La de Valle Inclán está sencillamente escrita en castellano. Buero Vallejo ha pretendido—sin duda sus razones tenía—escribirla en sánscrito.

Diciembre 1971

MISERICORDIA

Alfredo Mañas, el autor de *La Feria de Cuernicabra*, nos ha ofrecido una dramatización muy moderna de la capital novela galdosiana. Teatro esperpéntico, teatro de ceremonia, teatro del absurdo, teatro de la crueldad, en la idea de Mañas.

Algo de todo hay, porque Galdós fue evidentemente un anticipado, y en lo profundo de su obra pueden hallarse raíces de muchos hallazgos y muchas posturas contemporáneas. Luis Buñuel puede dar fe y la ha dado en testimonios únicos.

Misericordia encierra, como *Nazarin*, claves importantes de una actitud religiosa y social que hoy se ha afirmado. La bondad natural y a la vez evangélica de buen samaritano que brota de un personaje tan tierno y entrañable como esta «Santa Benina», que mendiga para su vieja señora y reparte su pan y su corazón con cristianos y con judíos, con señoritos y con proletarios, se enfrenta por igual al escepticismo de la sabudiría popular de los mendigos, al despotismo del canónigo y a la ingratitud de los señores que darán con sus huesos en el siniestro Hospital de la Misericordia.

Se diría que un aliento brechtiano ha empañado el cuadro costumbrista. Pudiera atribuirse a la adaptación de Mañas y a la puesta en escena de José Luis Alonso, cuya dirección de *El círculo de tiza caucasiano* se mantiene aún fresca en la memoria. Pero no. Acaso ellos han subrayado más bien el tono valleinclanesco de la obra, Brecht está más hondo en esta pieza de Galdós.

Antes que Brecht, Galdós nos había anticipado este contraste entre la bondad individual, luminosa, que brota incontenible en el fondo humano, y la experiencia pesimista de la colectividad. Ambos se asientan sobre un realismo vivo—cada cual a su propio aire—para transmitirnos su fe en el hombre que irradia sobre el pesimismo del entorno.

Quizá el esquema dramático en que *Misericordia* se pone en escena, su sistema de coros, canciones y voces, ayudan a darnos esta visión actualísima de Galdós. Pero ahí está, repito, el otro testimonio de Buñuel; y nuestra propia experiencia al releer su obra, que se agiganta y templa con los años.

La versión de Alfredo Mañas es válida, pues. Tiene gran fuerza teatral, y una certera dosificación de toques dramáticos, de humor, de desgarro, de ternura, de crudeza y de esa luz intemporal que sitúa la obra en un contexto ideológico no demasiado ceñido pero tampoco equívoco.

Sobre el fondo sombrío del coro de mendigos que recita su lección histórica, el amor de «Benina» con el sarnoso «Almudena» y su entrega a quien la necesita traspasando toda frontera de clase o de raza, nos inundan de una tierna esperanza, emergen de lo oscuro hacia una salida que apenas se esboza.

A todo ello contribuye la interpretación de María Fernanda d'Ocón, de José Bódalo y del conjunto de actores ya maestros en estos juegos escénicos. Un decorado de viejas maderas por cuyos remiendos aparecerán panderetas o ataúdes, mendigos o ángeles, cierra el ruedo ibérico con siniestra solidez; lo ha creado Manuel Mampaso y constituye otro puntal del acierto con que *Misericordia* de Galdós se asoma a nuestro endeble panorama teatral.

Abril 1972

A DOS BARAJAS

A dos barajas es—por decirlo rápidamente—la historia de un cura que se casa. Así la presenta José Luis Martín Descalzo. Y así es cara al gran público, al deseado gran público del teatro. Un cura que se casa y que termina mal, que se arrepiente cuando ya es demasiado tarde.

Para el público es también una obra en que se dicen cosas fuertes, sobre la Iglesia, sobre los curas, sobre los obispos. Críticas que encuentran eco seguro, que barrunta un éxito comercial, evidentemente buscado, quizá a costa de demasiadas cosas.

Porque hay en *A dos barajas* un gran tema de nuestro tiempo, sobre todo en nuestro país. Lo que no sé es si ese gran tema puede exponerse hoy en un teatro de nuestro país sin enmascararlo más allá de los conveniente.

Martín Descalzo ha forzado hasta el máximo los límites impuestos por estos «aquí» y «ahora». Ha jugado para ello con el equívoco y a veces con la ambigüedad. Los problemas de la Iglesia y el Poder, de la libertad, de la división interna, de la nueva moral, del compromiso temporal, de la felicidad o el sacrificio, del riesgo de mancharse las manos, de la situación del sacerdote en el mundo, y luego los problemas más pequeños del sexo del sacerdote, de su amor, de la frustración del celibato, de la secularización y del conflicto de los ex-sacerdotes con nuestra sociedad; todos esos temas son tratados en la obra de modo esporádico, en frases felices, en alusiones a veces casi poéticas y otras veces acres; de modo revuelto, ocasional, formando la atmósfera en que el drama ha de desarrollarse, pero sin constituir el drama mismo.

El drama concreto se fija en la persona de un sacerdote un tanto extraño, especialmente excepcional, en quien se desarrolla la constante obsesión por jugar "a dos barajas"—Dios y el mundo—, en la angustia permanente de tener que elegir cuando quisiera quedarse con ambos extremos. No hay en la obra el menor atisbo de pérdida de fe, ni en Dios ni en el Sacramento del Orden, cuyo carácter va impreso en el protagonista tan profundamente como en el sacerdote en la célebre película *Le defroqué*, reflejo del problema en otra época no tan superada.

No se encuentra el protagonista en el callejón sin salida que confiesa Blanco White en sus Cartas de España. Este sacerdote de Martín

Descalzo se mueve lejos de la hipocresía que le pudiera imponer la práctica de ritos en los que ha dejado de creer. El cree, él ama a Dios sobre todas las cosas. Apenas podríamos encontrar ciertos rasgos comunes: la crítica a la formación del Seminario, la denuncia de la inmadurez del sacerdote, de su falta de libertad intelectual, de los tabús impuestos por el Rector, de su deforme actitud ante el sexo, ante la vida.

Pero al fin el acento viene a quedar sobre las fibras sentimentales de un tipo muy esquinado: El niño que quiso ser feliz y murió. El hombre que, mientras era ordenado sacerdote, esuchaba el llanto de los hijos que no podría tener y a los que ya nunca olvidaría. En el amante que fracasa en su primera noche de amor, porque en su conciencia no puede separar sexo y pecado. El marido frustrado.

Esto, en cuanto al tema. Como pieza teatral, este «Requiem en dos actos» quiere ser una especie de debate, y no juicio, en torno a aquel fracaso. No hay pues, una realista hilación cronológica. Los personajes discuten entre sí cómo sucedieron los hechos, por qué, cuáles eran los móviles que impulsaban a ese sacerdote en que se centra abusivamente la atención del autor. Todos los demás personajes son leves esquemas—el catedrático «comunista», el sacerdote fiel, el Rector, el Obispo, el vividor, la mujer casi fantasmal con quien se casará el protagonista no sabemos muy bien por qué—.

Como teatro, el resultado es pobre. La construcción de las escenas, absolutamente arbitraria en general, al servicio de exigencias retóricas o a veces por puro amontonamiento de datos para la discusión. Y el final— la muerte repentina del fracasado sacerdote—no es convincente ni produce el menor efecto patético, aunque se pretenda montar todo el debate de la obra sobre esa muerte. Porque lo que en verdad interesaba era la encrucijada del protagonista, no su fin físico, realmente convencional.

Sin embargo, la obra tiene momentos de hondura, de contraste dramático, de planteamientos inquietantes. No se echa de menos el talento del autor. Y hay multitud de vivencias, de datos, de pensamientos y experiencias que se adivinan reales, conocidas, y que tienen un valor testimonial importante. Como tiene valor cierta audacia contenida, no sé si medida o recortada, que no parece sólo cebo para el éxito.

Los intérpretes luchan por dar vida a las palabras y los gestos. El planteamiento específico de la acción, ambiguo en el tiempo, en el espacio y en el significado, hace su esfuerzo imposible. Fernando Delgado— entre líder apasionado y mártir dubitativo—mantiene un tono transido e intenso en mezcolanza con cierto aire brutal y desesperado, como para sublimar al personaje central y colocarlo en un nivel inasequible. Lola Cardona tiene que forzar lo verosímil en decisiones, actitudes y frases poco imaginables; Enrique Vivó esculpe un Obispo encallecido y flexible a la vez. Enrique Cerro, Pedro Sempson y Arturo López tienen cometidos más fáciles, porque sus personajes son planos, sin matices. La dirección de Vicente Amadeo no puede juzgarse: la obra podía ponerse en escena de mil modos distintos, y no sabríamos cual sería el más acertado, porque todas sus escenas, pendientes de las palabras más que de los impulsos, se desarrollan al margen de lo real, en ese debate intemporal de varias conciencias que no parecen coincidir alrededor de un mismo eje.

Octubre 1972

DESPUÉS DE PROMETEO

Mucha ambición, mucha pretensión en el espectáculo colectivo montado por el T.E.I. de Madrid, «Abrimos un camino nuevo».

Y veinte jóvenes actores, con entusiasmo y fiebre, se lanzan a un duro ejercicio de saltos, gritos, jadeos, contorsiones, parloteos, silencios. Veinte actores entre el público. No hay escenario. Como si el público en realidad participase. Como si se improvisara sobre la marcha. Como si brotara espontáneamente la reacción.

¿Novedad? Acaso en la mezcla de muchos elementos de vanguardia, que se han hecho famosos por su perfección en otras latitudes. Expresión corporal, voces inarticuladas, ruidos humanos de la más amplia variedad, onomatopeya ideológica, característicos procedimientos de Roy Hart trasplantados a una temática global, ajena a un hilo argumental; remedo del rumor del mundo, de la ciudad, de las oficinas, de los pasillos hirvientes de la Universidad, de los campos de concentración, de las iglesias, de los estadios, de las discotecas, de los calabozos, de los lupanares.

Ese rumor de fondo es el protagonista único; ese entremezclarse de los cuerpos, ese unirse y disgregarse de las conductas personales, la confusión y la contradicción de monólogos y diálogos simultáneos. Las voces oscilan entre el grito, el bisbiseo, el chirrido, el sollozo, la queja, las palabras cotidianas, el discurso olímpico, la arenga totalitaria, los versos de Miguel Hernández, los bramidos reivindicatorios del pueblo revolucionario, el sermón baratamente preconciliar, el Padre-nuestro y el insulto.

El tema: la esclavitud y rebelión del hombre. Se pretende presentar un personaje colectivo, masivo: la Humanidad. Pero en definitiva la apelación al hombre completo, la exaltación del individuo, sobresale extrañamente. El mito de Prometeo sirve de excusa o de introducción, pero sin ánimo alguno de fidelidad a la idea clásica.

44

El espectáculo no me parece logrado. Acaso los ensayos hayan sido más interesantes que la representación estrenada, en cuanto tuvieran de verdadera creación, de adición de aportaciones personales, en un juego atrayente en el que han colaborado al menos cuatro autores y donde veinte actores han ido añadiendo determinados gestos, detalles y sugerencias.

Falta un gran texto, ya que el espectáculo no constituye un ensayo de improvisación. Falta una dirección del tema, de la idea. La deliberada confusión masiva del espectáculo no debiera ser paralela a una evidente confusión ideológica de fondo que hace quebrar el montaje total.

Es imposible evitar el recuerdo del *Oratorio* del Teatro Lebrijano, modelo de espectáculo colectivo, en que también lo ritual, la expresión corporal, la orquestación de voces y la violencia de los intérpretes tenían plena importancia. Pero en *Oratorio* había una unidad medida y tensa, una intención clara, una ordenación meticulosa. Los actores no eran actores, sino campesinos, obreros, hombres concretos que ante nuestros ojos eran azotados, torturados, esclavizados; que se rebelaban y nos insultaban desnudamente; provocándonos las lágrimas o el sonrojo. La eficacia del conjunto era formidable. Inevitable también recordar *Quejío*, eco aliviado de *Oratorio*.

En *Después de Promoteo*, la mezcla que quiere ser síntesis de tantas experiencias, viene a quedarse en una acumulación a modo de ensayo, en un rudo ejercicio para actores, en una apertura a subsiguientes filtros. El texto es endeble, los temas se rozan por la superficie, abundan las puerilidades y las caricaturas demasiado fáciles.

En todo caso, aunque no hayan conseguido emocionarnos ni transmitir el fuego de los dioses que Prometeo debiera entregar a los hombres, esos veinte actores desesperados e ilusionados, que se destrozan y se esfuerzan ante nosotros, representan una valiosa intentona de abrir brecha al torrente dramático que hoy se embalsa, en nuestro inmediato panorama, aprisionado entre tan pesados telones.

Noviembre 1972

LOS BUENOS DÍAS PERDIDOS

Desde *Los verdes campos del Edén*, Antonio Gala se ha convertido en uno de los pilares del teatro español en creación.

Los buenos días perdidos mantiene la imagen de Gala. Su diálogo chispeante, sus hallazgos poéticos, sus sarcasmos realistas. La obra es brillante, jugosa, amena. Cuatro personajes que nos van revelando su

45

otra cara conforme la trama se desenvuelve. Una permamente atmósfera de humor, con vistas a lo maravilloso y alguna concesión a lo esperpéntico. Y la tesis de que «la verdad y el dolor, por enormes que sean, nunca nos asesinan; nos asesinan los falseados sueños y el engaño».

El ritmo de la comedia es variable, dentro de las constantes señaladas. El realismo levemente desgarrado, que intenta compensar los elementos poéticos y las licencias líricas, se quiebra al fin en favor de lo maravilloso en el feliz aunque fácil final, con su milagro. Pero aun entonces, mientras cae el telón, llega a tiempo el Gala sarcástico para poner su contrapunto de realismo al triunfo de la fantasía.

El tema religioso persiste. La escenografía nos lo plantea plásticamente; la acción transcurre en un viejo altar lateral de una iglesia, convertido en hogar del Sacristán, con sus electrodomésticos, sus imágenes y la cuerda de la campana, que representa su papel. Los dos protagonistas masculinos son ex-seminaristas. Las motivaciones de sus abandonos rozan problemas sustanciales de la Iglesia de hoy. Casi todo los problemas eclesiales al alcance del público se tocan en alguna puntada del diálogo. Desde los fundamentales hasta los más pintorescos, como el expolio de las iglesias, los adornos de plástico, las tómbolas y la falta de campaneros. Pero siempre en el tono ligero, suelto y superficial que caracteriza a Gala. Gran parte de las frases más celebradas con risas basa su gracia en una «tolerable» irreverencia, muy del gusto de nuestro público teatral.

Hay mucho de halago a ese gusto en esta comedia de éxito, bastante liviana a la hora de la reflexión y tópica en sus líneas generales. La interpretación de Mari Carrillo constituye un factor decisivo; la obra parece escrita para ella y a veces con su colaboración. La dirección de José Luis Alonso contribuye por igual a este éxito.

Creo que a Gala no se le puede pedir más. Así es y así hay que tomarle.

Marzo 1973

MARY D'OUS

«Els Joglas» se han presentado en Madrid con su espectáculo más perfeccionado: *Mary d'Ous* («Variaciones sobre un mismo tema») un montaje de imágenes y sonidos con estructura musical, que pretende ofrecernos, en bloque, una síntesis de nuestra situación social, sin palabras, sin explicaciones, sin interpretaciones definidas.

La labor de los actores—marionetas de guiñol, muñecos de una caja de música, saltimbanquis, maniquíes—resulta impecable; su dominio del movimiento corporal es absoluto; y la dirección escénica de Albert Boadella alcanza una perfección verdaderamente rara.

Como en *Yerma*, hay en *Mary d'Ous* además un elemento físico que acaba convirtiéndose en protagonista—o mejor, en antagonista—del cuadro escénico: esa membrana elástica que envuelve a los títeres, los engloba, les da figura de fantasmas, de fetos, o de palpitantes corazones, y les aprisiona, les estrangula, les devora.

Sus autores nos aseguran que no se trata de un teatro literario o «de ideas»; no quieren prejuzgar, para que el espectador quede en libertad de deducir sus propias conclusiones. Pero evidentemente esto no es exacto. *Mary d'Ous* nos mete por los ojos y por los oídos una versión ya digerida de nuestro entorno social. Hay algo más que pantomimas o caricaturas en su reflejo de la realidad. La música muchas veces nos da ya la clave. O una palabra significativa («¡La estructura, la estructura!»). O, en último término, los gestos mismos. Entre bastidores, nos guiñan el ojo casi con descaro.

Cierto que el argumento está sintetizado y las imágenes componen un cuadro global bastante abstracto. Pero hay datos muy explícitos: la procesión, el combate de boxeo, el tambaleo de la «estructura». Datos que nos vienen impuestos, ante los que no cabe, por su concreta representación, libertad para interpretarlos.

La crítica de nuestro comportamiento sexual, el amor o el matrimonio, la crítica de la lucha por el poder y la realidad de la opresión, son los cimientos profundos sobre los que se levanta el juego escénico alrededor de la escueta estructura de hierro y la multiforme membrana.

El público, muy bien predispuesto, advierte de inmediato esa intención crítica. Y, *además*, adivina otras intenciones, interpreta detalles equívocos, seguramente encuentra matices imprevistos. Repentinas carcajadas intrigan a los no iniciados, cuando menos se esperan. Los espectadores se convierten así en colaboradores; la autoría se extiende, se multiplica. Una corriente de complicidad fluctúa entre el escenario y el patio de butacas. Acaso, como tantas veces, el público va más allá que el actor. Y así lo pretenden sin duda los creadores de este espectáculo vivaz y ambiguo, buscando vías subterráneas contra los diques reales o imaginarios.

Un espectáculo, en fin, muy sintomático del tiempo que vivimos.

Mayo 1973

47

ARNICHES SUPER-ESTAR

Una cooperativa de actores («Dieciséis Actores asociados, Dieciséis») ha emprendido una insólita aventura. Renunciando a su rango individual, se han igualado unos a otros, comprometiéndose en una labor teatral de envergadura, para repartir riesgos y beneficios a partes iguales. El espectáculo que han elegido, bajo el paródico título de *Arniches Super-estar*, demuestra la compenetración, la cohesión y el entusiasmo de esos dieciséis actores.

Arniches Super-estar resucita el teatro de Arniches, actualizándolo en buena medida, en base a una selección de escenas, principalmente de sus obras *El Señor Badana* y *La Estrella de Olimpia*. En la primera parte, se plantea el ambiente de arribismo y adulación de la burocracia española del siglo pasado, como una caricatura delirante de lo que hoy también está vigente. La segunda parte constituye una versión a la española del relato de Guy de Maupassant *Bola de Sebo*; la presencia de un abate picaresco, que centraliza la actitud hipócrita de los burgueses que se enfrentan a la mujer alegre de Maupassant, hace derivar el sarcasmo moralizante de éste hacia un anticlericalismo de típica raiz hispánica, de chascarrillo y carcajada, que parecía pasado de moda.

El director uruguayo Taco Larreta ha acertado a imprimir al espectáculo un ritmo muy especial, coreográfico, con un montaje sencillo, componiendo muchas veces imágenes de ilustraciones «camp» y encajando las ingenuidades y la malicia del desempolvado autor, sin omitir los chistes más facilones, pero enmarcándolos en el contexto irónico de la representación.

Canciones, bailes, movimientos de opereta o de comedia musical engastan el texto sólidamente en un conjunto muy fluido y ligero, con multiples aciertos de escenografía y de humor de fondo, por debajo de la máscara sonriente que disciplina el espectáculo.

El personaje del sacerdote untuoso y pícaro, en caricatura y burla bastante medidas, resulta insólito y desconcertante en el teatro español comercial de la posguerra. Sus danzas y canciones por el escenario, con su hábito y sus ademanes eclesiásticos, atraen las risas y también el asombro del público, poco acostumbrado todavía a este desempacho que puede parecerle irrepetuoso y hasta irreverente, rota la tradición que viene de los *Cuentos de Canterbury, el Decamerón* o nuestros primeros clásicos, pasando por las comedias más ramplonas del siglo diecinueve. ¿Buena salud moral o síntomas de cambio en actitudes críticas y censoras?

Pero, por encima de todo ello, destaca el «modo», el estilo entre desgarrado y metafórico, que el director ha conseguido plenamente y que los dieciséis actores han asimilado con absoluta fidelidad.

Septiembre 1973

ANILLOS PARA UNA DAMA

Desde Brecht, la desmitificación de la historia ha llenado un amplio espectro en la temática teatral contemporánea. La Historia de España no podía salvarse, y ahora le toca el turno de perder su halo sagrado a la cabeza del Cid.

El Cid, visto desde la esposa insatisfecha. Una Ximena «muy mujer», enamorada de Minaya Alvarfáñez, sexualmente frustrada y en compensación dotada de una penetrante visión histórica, un sentido realista que pone los puntos sobre las íes, enmendando la plana a los historiadores futuros, con perspectiva siglo XX. El tipo lo encarna espléndidamente María Asquerino.

Doña Ximena, viuda de rompe y rasga, sin demasiado respeto a la figura de su difunto marido («El Cid era un snob; si no, ahí están las cuatro bodas de las chicas»), parece que va a dar al traste con el gran mito y enarbolar la bandera de la libertad.

La crítica personal del Cid, muy graciosa, parte de supuestos negativos («de tanto matar moros, éste quiero, éste no quiero, que era lo suyo, le quedaban pocos arrestos a la hora de acostarse», viene a ser en síntesis el reproche principal de Ximena). La crítica microhistórica es brillante: el Cid no hacía más que representar el grandioso pero excepcional papel del Cid; componer una gesta para la Literatura y la ética de un tiempo. La crítica militar, aunque no sea original, es más afinada: Las hazañas del Cid no sirvieron para nada, fueron un paréntesis, un lujo inútil, intrascendente en el desarrollo de la Reconquista. En el fondo, el cazurro Rey don Sancho tenía razón.

Estas livianas críticas, unidas al desenfado y a la interpretación sanchopancesca de nuestras glorias, a la burla del engolamiento de nuestras grandezas patrias, a su reducción al plano humano y del sentido común, al desenmascaramiento de las guerras y la política, mantienen su fuerza mientras Gala se mueve en el ámbito de su indiscutible ingenio, ágil y brillante.

49

Pero, cuando quiere ahondar la voz, aplomarse en filosofías y hacer de verdad tesis histórica, su brújula se desbarata y cae hasta en lo reaccionario, además de caer en lo trivial.

La Ximena última, desmelenada y dramática, aceptando encajar su papel histórico, con la esperanza de que algún día—siglos más tarde—un joven autor andaluz la sepa comprender, enmienda la plana y en definitiva contradice a la Ximena desmitificadora y rebelde del principio.

Los otros dos personajes femeninos (la hierática hija del Cid y la maliciosa dueña) están tratados con expresivos trazos: la primera es el halo del Cid; la segunda, la sombra de Ximena, con su realismo tan enraizado en la tradición teatral hispana. Entre ambas, doña Ximena resulta el fiel de la balanza.

En cuanto a los personajes masculinos, apenas tienen existencia, como es constante del teatro de Antonio Gala: Son ideas lejanas, inalcanzables. Así, el Cid—héroe y macho menospreciado—y Minaya—hombre objeto, deseado e inerte—.

El valor más sustancioso de la obra, pues, lo constituyen la gracia y el desenfado de Gala, aunque a veces se deja llevar por el camino fácil del humor de ocasión, con juegos de palabras dignos de Muñoz Seca. Cuando el humor pasa a segundo término, se descubre la escasa textura dramática de la obra.

Y ésta queda, por desgracia, en un espectáculo ameno y en su mayor parte divertido, muy del gusto de un público que juega al atrevimiento, sólidamente instalado en la butaca del orden establecido.

Octubre 1973

EL TEATRO EN 1973

Algunas cosas nuevas nos ha traído el año teatral que termina, aunque se ha distinguido más por las reiteraciones. La crisis del teatro permanece estacionaria, si se autoriza la frase.

Algunos éxitos de taquilla permanecen en cartel meses y meses, desde el año anterior; ha habido pocos estrenos fugaces; algunas reposiciones; bastantes insistencias sobre caminos trillados; muchas comedias lanzadas a la busca del público de masa; y poco más, aunque algo más.

Porque se ha mantenido también la lucha de algunos por mantener un teatro de vanguardia, de creación, acorde con el momento que vivimos. Junto a ellos, el teatro oportunista con pretensiones de atrevimiento ha hecho su agosto entre el buen público burgués.

Entre los autores ya clásicos, pero adaptados con mayor o menor fortuna a la óptica de nuestro tiempo, han destacado: Strindberg: *La señorita Julia* y *Los Acreedores*; Monterlant: *El país donde reinaba un niño*; Sean O'Casey: *Cuento para la hora de acostarse* y *Canta, gallo acorraldo*; Colette: *Gigi*; Bertoldt Brecht: *La boda de los pequeños burgueses*.

De los que pudiéramos llamar «maestros de la penúltima generación», hemos visto *Los peces rojos* de Anouilh; *El matrimonio del señor Mississipi*, de Dürrenmatt; *Macbett*, de Ionesco; y algún otro título que no me viene ahora a la memoria.

Junto a ellos, los «jóvenes airados», los «jóvenes ya maduros» y los últimos jóvenes han tenido también sus oportunidades. Arnold Wesker ha venido al estreno de *La cocina*, que sigue en cartel con su exhibición de ritmo y de crítica social estereotipada. De Peter Handke hemos aplaudido su impresionante *Gaspar*, un prodigio de representación que ha de centrarse en José Luis Gómez. Dos obras antagónicas en su concepción; ambas, exponentes de dos formas de utilizar el teatro, como arma social y como revelación. *Un ligero dolor*, de Pinter, pasó casi inadvertida en el Pequeño Teatro.

De los autores españoles, Antonio Gala ha ocupado este año el primer plano, con los éxitos de *Los buenos días perdidos* y *Anillos para una dama*. También en su versión de *Canta, gallo acorralado* pone sus frases desenfadadas y castizas, de seguro eco en el público. Con la prohibición de su *¡Suerte, campeón!* se colma la noticia del autor de moda.

Lauro Olmo ha estrenado una pieza de teatro infantil: *Los Leones*. Buero Vallejo ha guardado silencio.

Pero lo que ha caracterizado más especialmente nuestro año teatral como acontecer, ha sido la reiteración en buscar el espectáculo complejo, de crítica social y de humor, con números musicales y mayor o menor aparato escénico, en el camino abierto por *Castañuela 70*.

Este común carácter han tenido obras muy diversas en sus textos originales; unas, tomadas de viejos autores; otras, incluso improvisadas. Así. la versión que ofrecieron «Los Goliardos» de *La boda de los pequeños burgueses*, y *Arniches SuperEstar*, espectáculo que desempolva al Arniches satírico para proyectarlo sobre la conciencia de problemas actuales.

El *Sócrates* de Llovet y Marsillach se inscribe en la misma órbita de crítica dura pero adecuada al aguante del público que suele llenar nuestros teatros.

Mención especial merece el espectáculo quintaesenciado y medular de *Els Joglars*, *Mary D'Ous* imagen musical, sin palabras, del rostro social de nuestra burguesía.

51

Y la misma proyección sobre la sociedad española actual, a través de alusiones de lenguaje, de guiños, incluso a través de la escenografía, pretende *Canta, gallo acorralado*, convertida por Marsillach en un espectáculo entre circense y musical, con la colaboración de los modismos de Gala y de la imaginación de Fabià Pulgcerver, que multiplica las «lonas» de *Yerma* y crea un montaje y un espacio escénico excelentes, al servicio de una intención no disimulada de romper lanzas por la libertad frente al oscurantismo, las represiones y el egoísmo de una sociedad, aunque sea partiendo de un texto tan superado ya como el de Sean O'Casey.

Esta búsqueda de las fibras vivas de los problemas sociales o políticos de hoy en forma más o menos solapada o ambigua, con mensajes entre líneas y contando con la solidaridad o complicidad o complacencia de un público ya habituado a guiños, medias palabras y ambigüedades; el deseo de hacer triunfar tesis «atrevidas» ante el gran público de la forma más impune y exitosa posible (es sintomático que una buena parte de las diatribas de este año hayan sido de tema anticlerical, cuando no antireligioso), marcan todavía este momento de la escena española. Lo que no deja de ser un poco triste.

Diciembre 1973

LA FUNDACIÓN

Una obra dramática sustancialmente cuajada, y lo es *La Fundación*, no puede diseccionarse al modo de la autopsia, sino contemplarse en bloque, como organismo vivo, por más datos periféricos que sobre ella se acumulen. La peripecia concreta no es más que la superficie agitada de un cuerpo profundo, casi ilimitado, como un mar.

En *La Fundación* la anécdota es igual de importante que la hondura de la meditación que nos provoca. La compenetración de todos los elementos de la obra es su mérito principal. Una unidad que sólo se alcanza con la plenitud de la madurez. Al salir del teatro nos llena una serenidad profunda, pero también una agudizada actitud de respeto y de atención hacia el autor.

Antonio Buero-Vallejo nos muestra un panorama desolado: la vida es una prisión, por muchos adornos que le inventemos. Para muchos, una prisión real. Para todos, la prisión inadvertida de la alienación. Y quizá si logramos salir de una prisión, otra prisión más amplia nos acogerá.

Pero la lucha por la libertad—y aquí pone el énfasis Buero—es el deber esencial del hombre, lo que le salva. Aunque luche sin esperanza lógica: sólo con la profunda intuición de que hay una lejana, infinitesimal posibilidad de escape. Con la seguridad final de que el «paisaje maravilloso» de nuestros sueños existe en algún lugar, en algún tiempo.

Buero se pregunta, a ciegas, por el sentido de la vida, por lo que espera al hombre, por lo que gravita sobre él y por el abismo que pisa.

Pero—en lugar de teorizar sobre ello—toma sus propias dudas, sus propios fantasmas, sus interrogantes y sus enigmas y hace cargar al hombre con todo ello para enfrentarlo ante un deber medular: la obligación de seguir adelante, aun contra toda esperanza, aun con esa carga indeclinable, en la lucha por la liberación.

Predominan así los valores éticos sobre los especulativos. La condición humana es frágil, sus alucinaciones y sus traiciones la minan. La base física fallará la primera. Pero es preciso asumir toda esa debilidad, solidarizarse con todo el género humano, incluso con uno mismo. Piedad, comprensión, estoicismo, la serenidad de quien ve los avatares sociales y personales desde una cima donde hay cansancio, pero no hay miedo.

Así, el planteamiento de la alienación, de la violencia y la crueldad, de la represión y la revolución, se ve matizado por una pátina de sabiduría, de duda, de ponderación.

Buero sigue identificándose con los oprimidos, los vencidos, los prisioneros, los condenados a muerte. Pero parece pensar que, al fin y al cabo, todos los humanos están oprimidos, todos ocultamente vencidos y todos condenados a muerte. Acaso los oprimidos de hoy serían verdugos mañana, llega a insinuar. Pero ese mañana difícilmente se producirá.

En lo anecdótico, *La Fundación* tiene una raíz vivencial y un tanto autobiográfica. La historia de los cinco condenados a muerte, en su celda siniestra (disfrazada de hotel confortable, de «Fundación», a los ojos de uno de los prisioneros), tiene resonancias de autenticidad y de dramatismo.

Los temas de la tortura y la delación, la miseria y el hambre, la lucha revolucionaria, el ambiente carcelario, el proyecto de huida, la convivencia y el remordimiento están tratados con sobriedad. No aparece el odio más que en forma marginal, y el tema de la muerte apenas se insinúa, pese a que los presos están condenados a la última pena y que sólo dos de ellos llegan al final, para enfrentarse con la ejecución o el «espantoso túnel de la libertad». Todo ello aumenta el ambiente contenido y sereno de la historia.

Desde el punto de vista teatral, *La Fundación* está rigurosa y matemáticamente elaborada, con maestría y con imaginación de gran creador, que marcan la cumbre del arte de Buero.

El primer acto, en que vemos la prisión endulzada por la mente esquizofrénica del protagonista, consigue un clima tenso, de absurdo y de inquietud. Luego, dosificadamente, conforme los ventanales cobran su verdadera apariencia de rejas, conforme se descubre que la confortable residencia es una prisión, conforme el paisaje maravilloso se transforma en sórdido panorama carcelario, la lógica se adueña de la escena y no quedará enigma sin solución.

Poco a poco, la trama se hace más directa, más perentoria. Los «trucos» escénicos dejan el paso a la eficacia de la palabra y por último la acción irrumpe triunfando sobre sueños, dudas y diálogos.

El paradigma queda así completo, estructurado y sobreestructurado en la apoyatura escénica y su significación ideológica. Trucos, efectos especiales, sonidos, voces, movimientos y decorados responden al sentido que va cobrando el drama conforme avanza su desarrollo.

La Fundación, siendo teatro puro, quizá el teatro más serio que ha hecho Buero, es algo más que teatro: es un testimonio intelectual, una aportación humilde y por eso más valiosa al análisis de la moral humana.

Febrero 1974

ANFITRIÓN, PON TUS BARBAS A REMOJAR

La constante labor de búsqueda y ensayo a que se entrega sin desmayos el«Pequeño Teatro», de Magallanes, 1, Madrid, ha dado de nuevo otro fruto redondo, como lo fuera *Historia del Zoo*, de Albee, o bien *Oh, Papá, pobre papá, mamá te ha metido en el armario y a mí me da tanta pena . . .*

Ultimamente nos había ofrecido una representación popular pero demasiado elemental y gruesa de *La Moscheta*, de Ruzante, por un grupo catalán dirigido por Ventura Pons, con el nombre del decorador Fabià Puigcerver como señuelo. Y tiene en cartel todavía un espectáculo para niños, con pretensiones de «happening», *El niño y la locomotora*, no demasiado conseguido.

Pero ahora, con *Anfitrión, pon tus barbas a remojar*, el «Pequeño Teatro» alcanza el nivel de sus mejores logros.

Se trata de un espectáculo colectivo. El más «colectivo» que se ha visto hasta ahora. El Grupo «Ensayo Uno—En Venta» ha recreado el tema «Anfitrión», sobre textos de Plauto y Molière. Escenografía, maquillaje, vestimenta, canciones, interpretación y dirección, también se han abordado en forma colectiva, mediante sucesivos ensayos, estudios, aportaciones y hallazgos, que han desembocado en un fenómeno verdaderamente acertado y original.

Anfitrión, pon tus barbas a remojar, recoge del tema clásico la historia de la suplantación de Anfitrión y de su esclavo Sosias por los dioses Júpiter y Mercurio, mientras quéllos hacen la guerra, con objeto de seducir a Almena, la mujer de Anfitrión.

Pero el texto clásico está desbordado por la intención de absoluta desmitificación, de burla cruel de las convenciones humanas, de corrosivo de la moral burguesa, de crítica despiadada y amable a la vez del comportamiento social y del hombre mismo.

Ante todo hay que advertir que se trata de un espectáculo regocijante sobre cualquier otra característica. Circo, cabaret, humor a lo hermanos Marx, mimo, comedia primitiva, juego, magia y carnaval sirven a la idea demoledora y profunda con rotunda eficacia.

El espectáculo pretende mostrar «una sucesión de conductas arquetípicas en su constante adecuación al entorno» y lo consigue plenamente.

Los actores, vestidos casi igual, con sus ridículas ligas y sus coloretes detonantes, tres hombres y una mujer, desarrollan los papeles de los cinco personajes en forma rotativa, sin más que cambiarse el nombre que llevan a la espalda, incluso ante el público. Así, cada cómico pasa de Júpiter a Almena, de Sosias a Mercurio o a Anfitrión, en un paroxismo de despersonalización. «¡Al cuerno con la identidad!» es el lema.

La psicología se desintegra en meras actitudes cambiantes, como máscaras, como gestos. La humanidad se reduce a posturas, a movimientos significativos. No existen ya ni siquiera tipos. Sólo hábitos, lugares comunes, rutinas que resultan ridículas y provocan la carcajada.

Los personajes recitan los textos clásicos (plagados de latiguillos y alusiones de última hora), tan pronto remedando a payasos, como a jugadores de base-ball como a acróbatas, prestidigitadores o coristas, domador y león, o bien fingiendo los ademanes más comunes de la gente, en los diversos estratos sociales.

El efecto inmediato sobre el público es de hilaridad y de aceptación del planteamiento. Quizá los efectos regocijantes, de gran fiesta popular, desbordan las intenciones o el sentido más hondo del espectáculo, la ironía sobre el poder, el escarnio de las posiciones sociales, la lección de humildad rayana en la humillación que de la historia podría deducirse. Pero nadie podrá negar su calidad teatral, la validez escénica de la brillante fórmula.

La simplicidad parece la pauta a que el grupo se ha ajustado. No hay más decorado que una lona tras la que ocultarse cuando conviene y una gran tela que sirve para todo. Ahora bien: tanta sencillez está medida al milímetro; la aparente improvisación se ha estudiado minuciosamente; el ritmo ligero y rápido, los cambios de tono de voz, las canciones repentinas, las aspavientos y cabriolas, el continuo manejo de los movimientos corporales más chocantes, todo se hace a un ritmo cronométrico sabiamente calculado.

Esta precisión es lo que da brillantez de gran espectáculo al fresco y desenfadado revuelo de los actores. Así como la inteligente incitación de su sátira está basada en el complejo y ajustado montaje del juego de la desidentificación.

Abril 1974

LA MURGA

Se trata de un intento más de continuar la hasta ahora inimitable *Castañuela 70*. El tema español se agudiza. La historia de un Ulises español, pobre, apaleado y perseguido. Un Ulises que quiere ser libre, escapar de los moldes impuestos por una moral dogmática e implacable. El mito del hombre puro, que acaba corrido y toreado, fusilado o descuartizado, por los poderosos o por la superstición.

La intención crítica se proyecta sobre todo en lo plástico: Esa bandera nacional, colocada con la excusa del palco de honor del ruedo, que preside todo el espectáculo; el miserable cuadro flamenco cantando el *Viva España*, de Manuel Escobar; la escenificación de los fusilamientos del tres de Mayo; el entierro de la sardina; o la aparición de la comisión judicial que ejecuta un embargo.

El texto de Alfonso Jimenez Romero y Francisco Díaz Velázquez, roza a voces lo melodramático, cae en algunos lugares comunes e ingenuidades y se queda a medio camino de sus pretensiones.

Sin embargo, en el montaje se ha derrochado esfuerzo, ilusión y ambiciones. Todos los actores, encabezados por Malla, encajan en el conjunto con notable mérito. Se toman muy a pecho aquel texto, lo intentan servir con fervor.

La participación del público es desigual. Ciertas escenas satíricas y humorísticas provocan justas carcajadas. Otras incitaciones más directads levantan ovaciones de adhesión. Incluso ciertos pasajes convencionales y lentos son aguantados con generosidad por ese público complaciente que quiere aprovechar la oportunidad para hacer su mínima manifestación.

Lástima que globalmente el espectáculo deje un cierto tufillo a naftalina. Razones comprensibles han localizado la historia en una España y en un tiempo que ya no son los nuestros. El esperpento, la simbología y los espantajos que se nos muestran, aluden sobre todo a la

España vieja que grabó Goya y llegó hasta Machado. Pero ya ni sus voces ni sus ambientes están vigentes. Los temas de hoy son otros; y los problemas, o quizá sus enfoques políticos, muy distintos.

En el aspecto religioso, por ejemplo: El anticlericalismo indiscriminado de la obra, o su irreligiosidad, con incienso en escena y alusiones generalizadoras, resulta ahora, cuando parte de la Iglesia adopta posiciones progresivas y lo más reaccionario del país arremete contra ella, un tanto desfasado. Por una parte es crítica demasiado fácil y bien vista en estos días. Por otra, puede hacerse el juego a quienes se pretende combatir más sustancialmente. A veces, gallardeando de atacar a todo un sistema de cosas, nos integramos en él, encajando en sus objetivos o en sus tolerancias.

Mayo 1974

EL BEBÉ FURIOSO

La Compañía Morgan de Teatro ha iniciado esta temporada una valiente y ambiciosa aventura al hacerse cargo de la programación y dirección artística del Teatro Alfil, de Madrid. Teatro español de vanguardia, teatro infantil, de cámara, recitales; amplio haz de objetivos.

Se inauguró con una obra, *El bebé furioso*, que pasó un tanto inadvertida en sus primeras representaciones— acaso por lo temprano de la temporada—, pero poco a poco ha ido tomando vuelo hasta constituir un éxito ganado a pulso por sus propios valores. Se interrumpió su programación para dar lugar a un espléndido y nutrido Festival de Teatro Independiente, donde se han visto espectáculos tan importantes como *La Cena*, de «La Comuna» de Lisboa, o tan polémicos como *El pasodoble*, de Romero Esteo, del Grupo «Ditiramo» de Madrid, por sólo citar dos. Terminado el Festival, continúa con creciente éxito *El bebé furioso*.

Y, sin embargo, se trata de una obra que llega al estreno casi de milagro. Su autor, Manuel Martínez Mediero, después de diecisiete años de escribir teatro sin llegar a estrenar, lo ha conseguido al fin.

La define como «tragedia vodevilesca al western» y declara su intención de hacer pasar al público «el rato más amargo y divertido de su vida». No llega a tanto.

Puesta en las tablas, la obra tiene un ritmo algo desequilibrado, con un final de «western» bastante discutible. Pero su fuerza y su latido son de lo más vivo, de lo más despierto y fresco que han estrenado los nuevos autores españoles.

57

Su personaje insólito, un bebé crítico que contempla y desprecia la realidad que rodea su cuna mientras fuma en pipa o lee el periódico, sirve de piedra de toque, de piedra de escándalo, de pedrada mortal por último, al desorden, a la incoherencia externa de la acción.

La historia se sitúa en Inglaterra, pero hay una portera nazi que canta «Margarita se llama mi amor» (y no canta «Montañas Nevadas» por impedimentos administrativos de última hora); el estilo de la televisión nos es entrañablemente familiar y hasta se descubre el «Calendario zaragozano». Los personajes trepan y se despeñan por un escenario formado por barricadas de muebles viejos, agitándose y gritando en una aparente superficialidad bajo la que fustiga un látigo incansable, un desafío pequeño pero contínuo, una burla disimulada precisamente por el lenguaje descarnado, por las frases desenfadadas, por el tono grotesco del envoltorio.

Teatro-denuncia, pero con un contrapunto constante de retórica. Porque el final repentino y melodramático que impone el «bebé furioso» es un aparte, un además, algo impuesto desde fuera del drama, algo que no encaja en el contexto, sino que escapa de él; que es sentencia, pero no proceso.

Teatro vivo, al nivel de cierta comedia crítica americana (*Oh, papá, pobre papá*. . .), en una línea irónica, descarada, que arrambla con todo (la llamaríamos ahora «desmadrada»), por la que irrumpe buena parte de nuestros jóvenes.

La dirección escénica de Angel García Moreno espolea el ritmo descoyuntado de los personajes «reales», en contraste con la lúcida seriedad del bebé monstruo. Los intérpretes realizan una buena labor.

Y es que no se trata de buscar originalidades, sino de expresar por los medios posibles y al uso una repulsa, un escepticismo, una desesperanza, que ya ni pueden tomarse en serio.

Diciembre 1974

MAGNUS & HIJOS, S.A.

Gran experiencia la que nos brinda al T.E.I. con el primer estreno comercial en España de un conjunto teatral latinoamericano.

Toda la problemática sociopolítica de la América situada al Sur de Río Grande. Con su acento, su tensión, sus nuevas formas expresivas, su temperamento y su fuerza exuberante. *Magnus & Hijos, S.A.* arroja sobre los espectadores una catarata de palabras, de gritos, de violencia, de ideas, de problemas. Hierve y se arremolina torrencialmente, inunda todos los terrenos, sacude, desborda, sumerge.

Y con valor universal, porque el tema hondo de la obra trasciende a estructuras generales, a la situación masiva del hombre en esta sociedad de dominadores y esclavos, de verdugos y cómplices, de víctimas culpables y de tiranos paternales.

El tema del Poder, de la opresión, del sueño de la libertad, del enigma de la rebelión.

En una familia se simboliza una Sociedad, un continente, un universo con sus tramas de Orden y sumisión, de Injusticia e impotencia. Los colonizados, los tiranizados, los explotados, son asumidos en el Orden que crea continuas soluciones de recambio, en una sucesión de círculos viciosos, de posibilidades engañosas, de revoluciones que se transformarán acaso en nuevas formas de orden injusto. No se puede asegurar que la rebeldía final, el tiranicidio, dará a los oprimidos el valor para ser libres. Acierto último.

El enorme tema es abordado con cierta retórica ingenua, con atrevimiento, sin miedo a caer en esquemas pretenciosos.

Pero dominan la explosión expresiva, el barroquismo vital, la fuerza inagotable, el derroche de violencia. Teatro que acumula el simbolismo y la ceremonia, el absurdo y la crueldad, el lenguaje corporal y la plástica más agitada, el juego de los personajes que representan a su vez otro juego.

El texto, del autor argentino Ricardo Monti, ha sido desarrollado por el Grupo venezolano «Rajatabla» de manera apasionada, un tanto insólita entre nosotros. Carlos Giménez, el director, no ha ahorrado palabras sino que las ha potenciado desencadenando o multiplicando una energía que se convierta en incesante acción sobre el escenario. Agotadora labor de los espléndidos intérpretes, que gritan esas palabras con delectación, que saltan, luchan, se agreden, se contorsionan y pasan de un plano a otro de la ficción—de lo narrativo a lo ritual, del realismo a la doble «representación»—, con esfuerzo de gladiadores.

Es un verdadero asalto a nuestra tranquilidad de espectadores. Tras el diluvio de frases, de imágenes, de escenas feroces y de constantes sorpresas dialécticas, nos queda una visión bronca de la lucha profunda de la raza humana, un olor al animal humano, a los cuerpos, con sus mecanismos fisiológicos; una intuición de nuestra especie en su global palpitación.

La civilización, no tanto como conquista del espíritu, sino más bien como conjunto de reacciones vitales ante el acoplamiento de los poderosos y los débiles. Una lección muy saludable, en suma.

Marzo 1975

ANTÍGONA

La verdad es que la pobre Antígona no ha tenido suerte. Desde que Sófocles esculpió el teorema de su vida y de su muerte con esa misteriosa plurivalencia de las tragedias griegas que subyace en su desnudez esencial, la abnegación de Antígona, su amor filial, su fidelidad familiar hasta la muerte, su insobornable sentido del deber hasta el extremo de la rebeldía, han sido pasto de múltiples devoradores de símbolos. Mendelssohn, Saint-Saëns, Alfieri, Rotrou y tantos otros han querido cantar o explotar la personalidad de aquella hija que todos desearían para su vejez.

Annouilh estrenó su particular interpretación del tema en 1944. En ella puso toda su experiencia vital de aquella época, su trasfondo ideológico y sus ideas literarias a un nivel que hoy resulta un poco pasado. Escepticismo político, relativismo rayano en el cinismo, leve apelación a una rebeldía sin esperanza, tensión entre el orden injusto de los seres satisfechos y la solidaridad con los rebeldes solitarios; tales son los rasgos más vivos de la obra de Annouilh.

Así, Creonte, el gran tirano, resulta un político realista, uncido fatalmente al duro oficio de mandar en un reino de componendas y falsos símbolos. Polínice y Eteocles, los hijos de Edipo, serán un par de gamberros de igual laya. Y no se sabe siquiera de cuál de ellos es el cadáver que Antígona enterrará piadosa y desesperadamente, desafiando la prohibición de Creonte. Antígona queda en una mujer original y pura, insolidaria con el «establishment» y reacia a instalarse en la rutinaria vulgaridad que la espera si lo acepta. Como otras mujeres de Annouilh (*La sauvage*, por ejemplo) se niega a ser feliz en el mundo de los satisfechos. Y este es el elemento más profundo, en su individualismo, de la trama moral que extiende Annouilh, sobre la que no ha caído en vano el polvo de los últimos treinta años.

Pero en la *Antígona 1975* que se ha estrenado en Madrid, en versión de Lauro Olmo y dirección de Miguel Narros, se han introducido nuevos elementos que dislocan más aún el tema clásico. El texto parece forzado en algunos momentos cruciales hacia actualizaciones muy loables, pero que chocan con los pilares maestros de la construcción de Annouilh. La descripción del panorama social, el énfasis en la rebeldía de Antígona, su enfrentamiento con el Poder, la fraseología de última hora, la plástica de algunas escenas sintomáticas, la presentación del asunto, en suma, aumentan la ambigüedad ideológica del conjunto.

Por ejemplo, el cadáver de Polínice se proyecta sobre el escenario con grandilocuencia de gran mito, como el «poster» oficial de un mártir revolucionario. Y sin embargo, el rebelde de *Los siete contra Tebas*, que murió en el ataque contra su ciudad, resulta un personaje aún más equívoco que Antígona en los textos de Annouilh, que no se hurtan en esta versión, y que lo convierten en un símbolo falso, incluso en el paradigma de la mentira de los mitos.

Aparte de esto, merece destacarse el acierto de Lauro Olmo en el lenguaje prestado a los personajes, a la altura del de *La Camisa*; especialmente en el tratmiento dado a los guardias, que con su aire barriobajero y su espíritu instrumental van dominando de hecho la escena poco a poco hasta convertirse en los verdaderos protagonistas, quienes siguen y mantienen la realidad después de que los héroes mueren, el tirano se retira a su torre de mando y el espíritu de Antígona se cierne como una interrogación agigantada.

Con sus maneras cotidianas, su indiferencia ante el dolor ajeno, su miedo al jefe y su sometimiento a la máquina de la que parecen ciegos pero necesarios resortes, ellos continuarán jugando a las cartas en su tarea rutinaria, mientras la Historia cambia sus flamantes mayúsculas. «Siempre habrá guardias», es la moraleja final, con resonancias igualmente ambiguas.

En fin: la exaltación de esta *Antígona* tenaz, inconformista y un tanto arbitraria, resulta una aportación bastante dudosa a la celebración del Año Internacional de la Mujer.

Marzo 1975

ASÍ QUE PASEN CINCO AÑOS

Estreno en España de esta pieza del teatro lorquiano que contiene en germen o en velada anticipación todos los temas que luego se desarrollarían en obras sucesivas, especialmente en *Yerma, Bodas de Sangre* y *La Casa de Bernarda Alba*.

Las dificultades de representación y el tono intimista del texto, como de experiencia de laboratorio, han ido impidiendo su puesta en escena, desde que en julio de 1936 iba a ser representada por el Club Anfistora.

Escrita en 1931, *Así que pasen cinco años (Leyenda del tiempo)* está fuertemente traspasada por las corrientes literarias de aquel momento, aunque con intuiciones hacia adelante que brillan en múltiples escenas y hasta en su concepción global.

El tema del tiempo es tratado en forma difusa, oscura, con métodos surrealistas y un lenguaje poético ambiguo, dentro de una construcción también dispersa que mezcla el misterio con los juegos líricos. Pero las alusiones al tiempo son generalmente eclipsadas por la obsesión de la muerte y de las frustraciones sexuales, las dos constantes que predominan en el teatro de Lorca.

Era interesante comprobar la consistencia dramática de esta obra—sólo leída hasta ahora—puesta sobre las tablas. Y la ocasión nos la ha deparado el Liceo Francés de Madrid, que nos ha ofrecido una representción muy pura, con la visión directa de sus jóvenes actores. Federico García Lorca, representado—y con tanto entusiasmo—por adolescentes, muestra más su delicadeza y frágil contextura poética, su toma de posición, original, valiente, elemental, ante los temas que lleva dentro: su liviana carga ideológica.

Interesante experiencia, como un salto atrás, hacia 1931, la de estos jóvenes dando a Lorca su voz más quebradiza, más ingenua, sin distanciamientos, sin aditamentos actuales. La desnudez, la indefensión de las palabras del poeta, cobraban en escena un patetismo histórico: la vivencia de ese estremecimiento del tiempo, que precisamente quiere transmitir *Así que pasen cinco años.*

Abril 1975

ALICIA Y LAS MARAVILLAS DEL PAÍS

El grupo «Teatro» ha realizado un «montaje colectivo, musical, para adultos», del cuento de Lewis Carroll. Yo subrayaría la palabra «colectivo» y añadiría el adjetivo «españoles» a la palabra «adultos», para que la calificación fuera más exacta.

Porque lo «colectivo» sobrepasa en este caso, a mi entender, el ámbito de la colectividad de grupo «Teatro» para alcanzar a una más amplia colectividad de creadores dramáticos que a lo largo de los últimos años han ido aportando ideas, experiencias, métodos e intenciones que van desde lo puramente escenográfico hasta lo político.

Alicia y las maravillas del país puede considerarse uno más de los ya muchos espectáculos críticos, autocríticos, que han originado una corriente colectiva, con evidentes denominadores comunes, que tienden a lavar, o a airear, tanto nuestro teatro como nuestra atmósfera social. En este montaje, encontramos así elementos ya sugeridos en otros anteriores, tanto en el fondo como en la forma. No se trata de plagios ni de imitaciones, sino de expresión de un lenguaje común propio de estos años, producto de aportaciones diversas y que ciertamente ha de calificarse como obra colectiva, en su mayor y mejor producción.

Y digo que está destinada específicamente para «adultos españoles» y no sólo para adultos, en cuanto que este adjetivo nacional no sólo rebaja la edad de la «adultez», sino que también ciñe su perímetro.

Sólo españoles, en la inmadurez de edad que ocasiona la coyuntura, pueden sacar algún partido de las intenciones de esta obra menor de aquella importante corriente.

La desmitificación de nuestra Historia, el análisis crítico de nuestras costumbres, de nuestra moral tradicional, de nuestras instituciones, se realiza en este espectáculo mediante un humorístico uso de la lógica, con el que se destripan tópicos y se reducen al absurdo.

Aprovechando varios pasajes significativos del cuento de Lewis Carroll, se llega a esa síntesis pretendida por los responsables de este espectáculo: «Todos están en el juego: Aceptan lo irracional cotidiano como si fuera racional. Sólo el enigmático gato Cheshire, el único personaje marginado, tiene una visión de la irracionalidad general».

A partir de esta idea, empieza el juego de las identidades («Anfitrión») y de la domesticación de Alicia («Gaspar»). Pero enseguida pasamos a la versión colegial de nuestras glorias patrias, cantadas con el correspondiente retintín para desembocar fácilmente en situaciones como la cena política, el proceso de la «participación asociativa» o la cómica estolidez de la Reina despótica.

Los elementos teatrales utilizados no son, repito, originales; pero su familiar lenguaje es grato y contiene hallazgos propios y experiencias interesantes, dentro de los límites máximos prevenidos para adultos españoles.

Mayo 1975

TAUROMAQUIA

Tiempo del 98 fue la obra de Juan Antonio Castro que le abrió un cierto margen de crédito, por su habilidad al elegir y ensamblar textos y gestos de la «generación del 98» en unas coordenadas, un tanto ambiguas, del panorama español contemporáneo.

«Corral de Comedias» pone ahora en escena, con gran esfuerzo de intérpretes, un esquema pretendidamente intelectual del tópico taurino: *Tauromaquia*, presentado como «espectáculo a modo de corrida y pasodoble», donde se intenta abstraer «la sustancia del carácter nacional», y «las raíces de nuestra psicología», patiendo de la postura de que «somos visceralmente taurinos y racionalmente antitaurinos».

La fiesta se presenta como « participación». Todos «atoreamos» con el diestro, todos cortamos las orejas, todos salimos en hombros hasta el hotel ... o el pilón de la plaza; todos hemos aguantado sobre los hombros posaderas ajenas y triunfales.

Esto es el propósito. Para realizarlo, el autor ha jugado a una ambivalencia poco convincente. Desde una parodia, con medido desgarro, de los tópicos taurinos va pasando a una revalorización de esos mismos tópicos, hasta ofrecerlos al final ya sin parodia, sino como sublimaciones.

El coro de vestales, público de toros o comparsas del diestro, se encarga de transmitirnos la síntesis que ha hecho Juan Antonio Castro del sentido de la «fiesta nacional», a través de todos los textos, críticas y anécdotas que ha podido agavillar.

Desde los sarcasmos antitaurinos, leves «atrevimientos» políticos y observaciones sociológicas elementales, hasta las frases más sonadas, como la inevitable de «más cornás da el hambre». Al final, salimos con la impresión de que se nos ha dado gato por liebre. Lo que empieza con ritmo y maneras de la ironía teatral vanguardista, acaba en apoteosis digna de un «cuadro artístico colegial».

El ceremonial último, con sus letanías al astado y su «misa taurina», el sacrificio del toro víctima y dios, no llega a un nivel mínimo aceptable.

Remedo de concepciones dramáticas más o menos en boga, *Tauromaquia* no contiene valores teatrales sustantivos. Es, en su definitiva exaltación de los símbolos patrios, pura retórica en su mayor medida, tediosa sucesión de frases y cuadros plásticos. Como una aburrida tarde de toros, sin fiera y sin valentía.

Junio 1975

NACIMIENTO, PASIÓN Y MUERTE DE . . . POR EJEMPLO: TÚ

Desde las representaciones de *Oratorio*, la impresionante creación del «Teatro Lebrijano» que pocos privilegiados pudimos admirar, varios han sido los intentos de continuar aquel camino interrumpido. Ojalá hubiera sido una brecha por la que irrumpiera una corriente de auténtica renovación del teatro español.

La corriente existe y es muy estimable. Pero una cosa es integrarse en ella y otra seguir la corriente y domesticarla como propia—para impulsar artificialmente veleros sin envergadura.

Jesús Campos, autor nacido en 1938 y, al parecer, acaparador de premios, ha estrenado en Madrid un espectáculo pretendidamente ambicioso, en el que quiere quintaesenciar la «desolación» de la vida española, el vacío de su oscuridad, la aceptación de la esclavitud, la renuncia a la protesta, la sumisión, etc.

Escenas simbólicas, imágenes fugaces como ejemplos, juegos de guiñol, danza, canciones y música, efectos especiales dramatizadores, silencios largos, ejercicios de voz, expresión corporal y parlamentos literarios hasta lo farragoso, con más retórica que dialéctica.

El autor ha digerido diversos trucos, maneras y hallazgos de éxito en este género de teatro crítico y los ha amalgamado en una síntesis desnaturalizadora.

Oratorio ha sido la principal víctima. Los más eficaces momentos y medios de aquella emocionante lección de teatro nuevo han sido trasladados, aunque reducidos y vaciados lamentablemente, a este ligero «puzzle»: hasta la acongojante invasión final del patio de butacas por los actores acusadores se ha traducido en un absurdo paseo con farolillos al son de versos enfáticos que aspira a darnos la impresión del vacío de la oscuridad que nos rodea . . .

Como el montaje y la puesta en escena son dignos y los actores de «Taller de Teatro» se esfuerzan hasta el máximo, el producto queda bien envuelto y su aspecto exterior da el tono requerido. Pero nos hallamos ante un producto de segunda mano y ese tono resulta grandilocuente porque enmascara una trivialidad de fondo y una crítica aguada.

Julio 1975

DE LA BUENA CRIANZA DEL GUSANO

La corriente de teatro nuevo español, de la que tanto venimos hablando y que tiene sus puntos cardinales en obras tan dispares como *Oratorio, Castañuela 70, Mary d'Ous* y *Anfitrión, pon tus barbas a remojar* (por reducirme al número de cuatro), se ha diversificado en múltiples caminos, callejones sin salida algunas veces, pasos únicos otras, vías libres y con horizonte en bastantes ocasiones también.

Si con más frecuencia se trata de experimentos o intentos de autores aislados, van proliferando también las «espectáculos colectivos», donde no hay un autor individual, ni siquiera del texto e incluso donde todos, autores, creadores, técnicos y actores renuncian a airear su nombre y se encuadran en un nombre colectivo.

Entre las últimas muestras de este «nuevo teatro español», satírico o crítico pero con decisión de clavar su aguijón o su escalpelo en el «aquí y ahora» que nos incumbe, destacan *Pasodoble* de Romero Esteo, un proyecto muy audaz de procesar el matrimonio a la española, con estilo duro y valiente, con hallazgos considerables en su juego de desentrañar lenguaje y situaciones, aunque excesivamente hinchado en su conjunto, y *De la buena crianza del gusano*.

Quiero referirme especialmente a ella porque, entre tantas obras de este género teatral, se ha abierto paso de manera arrolladora. Lo que comenzó en representaciones minoritarias propias del género ha terminado en gran éxito de público, interrumpido por la necesidad de iniciar en el local de estreno el Festival Internacional de Teatro.

De la buena crianza del gusano, espectáculo colectivo que presenta el grupo «El Espolón del Gallo», discurre por un cauce simplista, popular, muy intencionado.

Su nervio es lineal, como las más elementales historias teatrales de cualquier época. No pretende barajar circunstancias de tiempo o de espacio. Ni coros, ni música, ni circo, ni mimo. Sólo historia cronológicamente contínua, con tipos muy definidos y en un contexto pintoresco pero sin relieve especial. Lo que importa es la fábula, el símbolo constante, el paralelismo entre lo que ocurre en escena y lo que pretende parodiar de la vida real.

En síntesis: Un alto funcionario de espíritu imperial, ascético y castrense, pleno de retórica y de ademanes heróicos, es «cesado» por el influjo de otra ola menos heroica y ascética. El personaje se encastillará con su familia en un reducto inasequible al desaliento, donde se dedicará a la cría de gusanos de seda, con el mismo espíritu imperial y la misma retórica, hasta acabar aislado y encerrado como una crisálida, porque hasta en su propio reducto surge la tecnocracia que lo diviniza pero que lo utiliza.

Este tema simple tiene una fuerza que es preciso reconocer: su eficacia. Quizá no nos hallamos ante un teatro original ni demasiado inteligente. Pero su capacidad de llegar al público traspasando las obvias barreras que insinúa el texto, es un valor que a mí me parece importante.

Es el valor del teatro político, del teatro popular no didáctico sino satírico, que no desvela realidades ni pronuncia tesis, sino que señala con el dedo, guiña el ojo y da un codazo significativo.

La precisión de la puesta en escena, el excelente trabajo de los anónimos actores y el ritmo impuesto a la obra hacen que «El Espolón del

Gallo» acierte en su intención y en su logro. Ojalá siga adelante con igual fortuna.

Octubre 1975

HISTORIA DE UNOS CUANTOS

¿Qué fue de «Mari-Pepa», la alegre «Revoltosa»? ¿Qué fue de «Felipe» o del «Julián» de «La Verbena de la Paloma»? ¿Qué fue de tantos otros, ligeros personajes de nuestra zarzuela, pero gentes del pueblo al fin, del pueblo español?

Por ellos pasaron los grandes acontecimientos: la boda del Rey, el desastre de Anual, la Dictadura, el 14 de Abril, la revolución de Octubre, el 18 de Julio, la desbandada o la victoria de 1939, los difíciles años cuarenta. Ellos los sufrieron o acaso los aprovecharon, pero jamás fueron sus protagonistas. La Historia se hizo a sus espaldas y sobre sus espaldas. El pueblo español, una víctima medio inconsciente, medio aturrullada. Ajeno siempre a la verdadera partida en que se juega su destino.

Ríe y bebe en la fiesta que le echen, llora con las matanzas que caen del cielo, agarra el fusil o se tira al monte. Pero la «Mari-Pepa» o el «Julián» de antaño acaban miserablemente, barajando su generosidad con su amargura, vendiendo tabaco de estraperlo o sufriendo la dialéctica de las pistolas.

Quizá sólo una cara de la moneda: el pueblo como sujeto pasivo de la Historia. No hay en el drama ni una alusión a la fuerza oculta de las masas proletarias, ni a la esperanza de que ese pueblo vencido pueda alguna vez convertirse en protagonista triunfante. Posiblemente porque esa Historia pasada deja pocos resquicios para al esperanza.

Sólo una pesadumbre y una tremenda acusación.

José María Rodríguez Méndez, que ya en *Los Inocentes de la Moncoa* nos dio muestras de su capacidad de crítica y de expresión teatral de una amagada pasión política, consigue gran eficacia en esa visión de nuestro drama nacional, en esta *Historia de unos cuantos* que, si se refiere—y el hallazgo es interesante—a unos arquetipos populares tan elementales como los personajes zarzueleros que desarrolla, refleja en ellos, no obstante, la pesadumbre de toda una generación de españoles frustrados. Una generación que es anterior a la nuestra, pero que puede —aunque nos revulsione—servir de espejo a las que siguieron.

El ritmo se tensa con perfecto método, y el dramatismo va cuajando de cuadro en cuadro, ennegreciendo las tintas hasta llegar al borrón final, de fuerte eficacia.

Buena labor de dirección, la de Angel García Moreno. Y excelente interpretación la del amplio reparto, en el que destacan Vicky Lagos y Pedro Civera.

Ojalá el cambio que nos prometen llegue a la censura y podamos ver las obras prohibidas de Rodríguez Méndez. O mejor: que pueda escribir sin pensar en ella.

Diciembre 1975

¡VIVA EL DUQUE, NUESTRO DUEÑO!

Tres escalones del tiempo, tres olas sucesivas de la Historia, se aciertan a conjugar en el espectáculo de J.L. Alonso presentado por el grupo independiente «Teatro Libre» en el Pequeño Teatro de Magallanes 1, de Madrid. Tiempo sobre el tiempo y dentro del tiempo, en resaca dialéctica, en estudio de profundización.

A finales del siglo XVII, reinando Carlos II el Hechizado, un grupo de cómicos y saltimbanquis zarrapastrosos ensayan una pieza para representar ante el Duque del lugar, quien les pagará si le place la obra. El hambre, la sumisión, el terror, la Inquisición, las levas, los tímidos conatos de rebeldía, proyectan sobre ese grupo de comediantes las sombras de la época.

Y la pieza que ensayan recoge a su vez, en caricatura, los elementos históricos de nuestra Edad Media, mostrando el revés de la trama de los «heroísmos» de la Reconquista contra el moro. Las grandes palabras, las banderas, arengas y victorias esconden también el cuadro real de la miseria, del hambre, del terror, que el pueblo sufre.

El tercer momento histórico es el presente desde el cual los actores de hoy interpretan el papel de cómicos del siglo XVII ensayando un tema medieval. Este tiempo actual se impone poderosamente, instalando la crítica en las coordenadas vigentes, aportando los instrumentos racionales de asimilación, prestando claves, enfoques, lenguaje y, sobre todo, referencias a la situación concreta de hoy.

Así, las constantes históricas se concentran, se ahondan, como en un juego de espejos que reflejan otros espejos.

El efecto cómico y dramático de la obra es rotundo. Los actores juegan sus papeles de doble o triple fondo con enorme gracia y medida. El ritmo teatral está cuidadosamente estudiado, de manera que se han barajado y entremezclado situaciones antagónicas o complementarias para llegar a la visión global y a la síntesis de manera plástica y clara.

El estilo es directo, con profunda raíz popular y autóctona, sin echar mano de efectos y métodos artificiosos.

Y así llegamos al final, depués de muchas risas e iluminaciones, a punto de sentir la triste tragedia de estos comediantes, de estas impotentes marionetas, que juegan, se pelean, chillan o cantan, se ilusionan o maldicen, bajo la sombra inevitable, fatal, del Duque, del Dueño de turno.

Enero 1976

LA DOBLE HISTORIA DEL DOCTOR VALMY

Al fin ha podido contarse en castellano—después de doce años de intentos vanos—*La doble historia del doctor Valmy* de Antonio Buero Vallejo.

Escrita en 1963, sólo pudo estrenarse hasta ahora en Inglaterra, por los sucesivos obstáculos que había de encontrar necesariamente en España a lo largo de tantos años, a causa de su tema.

El hecho de la tortura, con sus implicaciones sociales y psicológicas, lo ha tocado Buero en varias de sus obras, como *La llegada de los Dioses* y *La fundación*. Pero en *La doble historia del doctor Valmy* lo aborda de lleno en su núcleo central: en la conciencia del torturador y en la estructura de una sociedad donde el tormento se incardina para mantenerla en pie.

Se nos advierte que la tortura es cosa de todos los tiempos y de todos los países. Se nos habla de que los verdugos pueden ser guerrilleros, militares, funcionarios o defensores de cualquier orden. Todos podemos ser verdugos o cómplices; es la sociedad organizada la responsable de este mal. El sentido de la responsabilidad colectiva y la oscura fe, contra toda esperanza, en la decisión última del hombre, son constantes del teatro de Buero.

Pero, principios aparte, la cuestión se centra aquí en el oficio de torturador; en la tortura como función. Y, concretamente, como función de la policía política, la encargada de la Seguridad Nacional.

Dos personajes de la obra de Buero nos advertirán, como prólogo y con intervenciones constantes en los momentos más angustiosos de la «segunda historia» narrada por el psiquiatra Valmy, que todo esto de la tortura es falso, bulos de la subversión, exageraciones corrosivas; que eso no pasa entre nosotros, en los países civilizados. Pero ambos personajes resultan al fin ser los verdaderos locos, los enfermos de la «primera historia» del doctor Valmy.

69

Y como algo actual, objetivo y cierto, como hechos concretos, nos los relata Buero, sin eludir riesgos ni detalles.

No centra el tema en los sufrimientos de las víctimas (descritos en tantos libros, como el inolvidable *La gangrena*, que testimoniaba los tormentos utilizados por la policía francesa con los revolucionarios argelinos en París), sino en la personalidad de los torturadores, en sus razones, sus resentimientos, sus complejos y su destrucción íntima.

Y lo expone de manera objetiva, documental, a través de las memorias que dicta un médico que conoció tales historias. Como lo hubiera podido referir un abogado que transmitiera su experiencia directa, por su contacto con presos y policías.

De ahí la gran fuerza persuasiva y la tensión de esta obra de Buero. Quien conozca casos semejantes a esa anécdota del joven contestatario que perece durante un interrogatorio, puede certificar que nada hay de desorbitado ni de insólito en el argumento de Buero. Y esta sensación se transmite directamente en *Las dos historias del doctor Valmy*. El espectador no duda de la existencia de la tortura. La problemática se traslada al campo del torturador, del policía «Daniel Barnes», de su biografía interior, como hijo, como marido, como padre. El niño que fue, lleno de posibilidades. La fatal atadura que le impide dejar de torturar. El trágico fin a que le lleva la repentina conciencia de lo que hace. El encadenamiento de la violencia, desde la primera bofetada al pederasta hasta la castración del revolucionario.

¿Es «Barnes» un caso excepcional? Lo parece, en comparación con el resto del equipo policial en que se inserta. ¿Hay que pensar que todos los verdugos esconden la misma repugnancia hacia su función? No se desprende esta tesis de la obra de Buero, a pesar de algunas frases periféricas como la de que «siempre encontraremos un 'Comisario Paulus' allá donde vayamos». O las que juegan con la interrelación entre mártir y verdugo, que se repetirá en *La fundación*.

Sin embargo, es significativo que el antagonista final del policía no sea su detenido, sino su mujer, que se atreve a romper con esa cadena de fatal violencia, aun a costa de romper violentamente a la vez su razón y la vida de su ya insoportable compañero.

La arquitectura de la pieza es de las más sencillas de Buero Vallejop; apenas complicada por el contrafuerte de la «primera historia». El lenguaje directo, las continuas distanciaciones a que somete el relato, ofreciéndolo como un documento objetivo que podemos estudiar fríamente, la contención del apasionamiento y, en fin, la transparencia de un horror que se sabe cierto, inevitable y amenazador, dan a esta verdadera tragedia contada tan sencillamente, tan moderadamente, un vigor profundo.

¿Qué hubiera ocurrido si se hubiera estrenado en España hace diez o doce años, cuando debió estrenarse? Aún hoy, ya algo habituados al tema por sus tratamientos cinematográficos recientes, la valentía de Buero es uno de los ingredientes que añaden emoción a este espectáculo excepcional.

González Vergel lo ha dirigido con pulso seguro y contenido. Los intérpretes, Marisa de Leza, Carmen Carbonell, Julio Núñez, Andrés Mejuto y Ana Marzoa, principalmente, desarrollan sus cometidos con esa cuidadosa ponderación.

Música de Bach, órgano, voces sin estridencias. Pero al fondo, convincentes, acusadores, escalofriantes, los alaridos de los «elementos subversivos», convenientemente interrogados.

Enero 1976

LA OPERA DEL BANDIDO

La aureola y la estela de Tábano no pueden orillarse al contemplar el último de sus espectáculos. *«Castañuela 70, El Retablo del Flautista, El Retablillo de Don Cristóbal* y *Los últimos días de soledad de Robinson Crusöe* lo avalan y condicionan.

Una estela de éxitos, prohibiciones, exilios, peregrinaciones, contactos itinerantes con el pueblo, búsqueda de la comunicación con un público vivo, compromiso con nuestro tiempo y nuestra peripecia colectiva.

Teatralmente, la veta vibrante de lo popular, lo esencial, la alusión, la caricatura crítica, el humor sobrio e inteligente, la movilidad máxima, en los límites del títere, el mimo, el circo.

Las dificultades, e incluso la persecución, han limitado el círculo de sus temas y sus atrevimientos.

Ante la disyuntiva de ambigüedad o evasión, Tábano ha elegido la fórmula del texto comedido con el acento crítico puesto en la forma. No protesta con argumentos, sino con actitudes. Unas palabras aparentemente inocentes, pronunciadas con un tono adecuado en una situación especial, valen tanto como un panfleto.

En *La Opera del Bandido*, Tábano ha eludido el planteamiento de Bertoldt Brecht para acudir al esquema originario de Gay. Y muy poco brechtiano resulta, en verdad, el espectáculo.

La historia de bandidos, empresarios, policías, y esbirros de unos y otros, con su eterna víctima, el «pobre pobre» que siempre «paga el pato», está tratada con efusiva superficialidad, con un ritmo trepidante en que la música y el juego impiden detenerse a profundizar en los fenómenos sociales que se revuelven tan alegremente. La celeridad y la gracia de los movimientos de actores y decorados no dan respiro al espectador. Las palabras, enhebradas casi siempre en canción, quedan disminuídas por el ruido y el gesto.

Se han introducido, evidentemente, muchos elementos carpetovetónicos, frases hechas, tópicos destripados, tonadillas, cuplés, versos del Tenorio y alusiones momentáneas a la actualidad, pero siempre en tono medido y con estudiado alcance. Estos chispazos son celebrados siempre por el público que los acoge en función de que provienen de quien provienen, tanto como del acierto de la alusión misma. La aureola, la estela, se tienen presentes en todo momento. Citaré un ejemplo sintomático. Grita el Comisario: «¡Quieto todo el mundo o disparo al aire!». Y los espectadores aplauden a fondo, sintonizando de inmediato con una amplia onda no expresada.

Hay que reconocer, sin embargo, que esta entrega no se debe sólo a la estela y la aureola, ni al margen de crédito del grupo. Lo decisivo es la calidad misma de la representación.

Tanto la ideación de trucos y figuras, como la labor de intérpretes, dirección, ritmo, aparato técnico y musical, son excelentes. Los actores realizan un encaje perfecto con una amplísima gama de recursos y facetas de gran efecto, extremando la sutileza en el detalle, por fugaz que parezca. Y esto, en teatro, puede serlo todo. O casi todo.

Es importante añadir el marco en que el espectáculo se produce. Tábano busca a su público y de la misma manera que acudió a las concentraciones de trabajadores españoles en Europa, se acerca a los pueblos y ahora a los barrios de Madrid. *La Opera del Bandido* no se representa en un teatro comercial, sino en la Sala Cadarso, a precios bajos, sin el aparato formal acostumbrado, en un máximo contacto actor-espectador que quisiera alcanzar el nivel de connivencia.

Una positiva experiencia, en fin. Un acto de fe y de presencia en el teatro; la voluntad de seguir adelante, de no cejar, sea cual sea el camino o el medio de expresión. Tábano merece por eso el mantenimiento de la confianza.

Marzo 1976

SOMBRA Y QUIMERA DE LARRA

Francisco Nieva, con toda su larga experiencia de técnica teatral, de plástica escenográfica, de autor no estrenado, ha querido hacer un homenaje apasionado y muy inteligente a Mariano José de Larra analizando su figura y su actitud crítica a través de una verdadera autopsia de su propia obra dramática.

Para ello, ha elegido su comedia *No más mostrador*, y la ha diseccionado en escena destripándola de principio a fin, en lo que él llama una «representación alucinada».

Nieva monta su drama sobre la actitud de unos personajes del siglo XIX, marcados por su tiempo y su coyuntura política, coetáneos de Larra, con el que se enfrentan o de cuya acerba crítica se defienden.

La originalidad estriba en que estos personajes de Nieva—con su concreta historia personal y su etiqueta social evidente—tienen la profesión de actores y tramoyistas y su conducta se desarrolla mientras representan una obra de Larra ante el propio Larra y ante el público de 1837.

Por lo tanto, teatro dentro del teatro. Y un tiempo dentro de otro tiempo.

La técnica es diáfana, porque el escenógrafo que es Nieva ha dominado al escritor Nieva. Y ha levantado dentro del escenario del teatro María Guerrero, ante nuestros ojos de espectadores de 1976—con la perspectiva de nuestro momento y sus problemas—otro teatro con sus camerinos, su escenario, sus operarios, sus actores y su público.

Hasta aquí, la experiencia pudiera parecer simple. Pero Nieva va más allá. Cruza la frontera pirandeliana y convierte a sus personajes-autores en antagonistas de «Fígaro», en sus enemigos, así como en el objeto de las críticas del propio «Fígaro», en cuanto representantes de la Sociedad de su tiempo, con sus clases y sus tensiones.

Los cómicos que representan *No más mostrador* se sienten atacados por el autor de la comedia y se rebelan en plena representación, con una rebeldía que comienza en atrevidas alteraciones del texto hasta acabar en enfrentamiento con violencia, saliéndose del escenario, increpando a Larra que los observa desde su palco de 1837. Aquí, lo «alucinado» de la representación.

Los «actores» se independizan del autor «Fígaro». Pero en cierta medida los personajes de Nieva también se rebelan contra éste, en cuanto que hay una identificación clara de Nieva con Larra.

Y la crítica desgarrada y amarga del gran romántico, en su frustración personal y en su frustración como español, viene recogida por Francisco Nieva, que la hace suya, trasponiendo las situaciones decimonónicas a nuestros días, en una serie de símbolos significativos que se plasman con cuidadosa dosificación.

El resultado es una pieza interesante, inteligente, un tanto fría, con predominio de lo estético e ideológico sobre lo emocional y patético. Espléndidos decorados, minuciosa labor de dirección de José María Morera y una perfecta interpretación del amplio cuadro de intérpretes, entre los que destacan Margarita García Ortega, Fernando Delgado y José Antonio Ferrer.

Marzo 1976

RATAS Y RATEROS

El Grupo Internacional de Teatro pone, en el ambiente popular de la Sala Cadarso de Madrid, una versión radicalizada, verdaderamente revolucionaria, del «Retablo del Flautista» de Teixidor.

En ella, la anécdota se ciñe a los esquemas más desnudos de la lucha de los pueblos contra las estructuras sociales que los oprimen. No hay escape para ninguna de ellas ni ambigüedades tampoco. El entramado de las fuerzas que se conjugan para mantener sus privilegios y sus lucros a costa de los que siempre pagan, se transparenta con una nitidez de cuento. Y, frente a esto, la consigna al pueblo, clara, firme, incitadora, tiene una fuerza que escapa limpiamente de lo panfletario y simplista.

El espectáculo está realizado con tan admirable perfección, que deslumbra por su naturalidad, su frescura, su sencillez.

La concepción del conjunto y el planteamiento elemental del juego escénico constituyen la base del éxito. El aire saludable, clásico, popular; la alegre exposición del tema, la reducción de las derivaciones propias de las anteriores versiones; la concentración, en fin, que intensifica la atención y la intención política.

Y, sobre todo, la portentosa interpretación de los cinco actores que desarrollan docenas de personajes casi simultáneamente, con sólo variar el gesto, la voz o un aditamento significativo del disfraz. El efecto es tan logrado, que tenemos la seguridad de estar viendo actuar en el simple escenario a una multitud, a una ciudad entera: Su Gobernador, el Consejo, la Iglesia, los burgueses, el Ejército y las masas populares.

Los cinco artistas se multiplican, se transforman, se desdoblan una y otra vez ante nuestros ojos, limpiamente, sin truco alguno. Sólo cuando constituyen la manifestación de la plaza, echan mano de un conjunto de muñecos que agitan con destreza de ventrílocuos, de guiñolistas.

El resultado es un espectáculo lleno de gracia y de fuerza eminentemente teatral, y con una gran eficacia como instrumento didáctico y político dentro de un contexto de dinámica popular.

Abril 1976

HABLEMOS A CALZÓN QUITADO

El teatro ideológico latinoamericano, del que nos llegan de tarde en tarde muestras contradictorias, alcanza en esta obra un alto nivel de interés.

Guillermo Gentile, su autor, se marca una meta extremadamente ambiciosa. Parte de unas coordenadas teóricas muy del momento, pero en ellas introduce ciertos matices originales por su raíz artística o literaria, más que política.

«El arte cumple el cometido de diferenciar *lo que somos* de lo que nos dicen que *debemos ser*. Este cometido convierte el arte en un elemento combativo, independiente de las ideologías y las banderas», nos advierte. «En vez de la actitud dogmática de exigir al hombre que todo lo sacrifique por la Revolución, creo en la actitud de aportar a la revolución de su tiempo lo que el hombre realmente es . . . Apartar de las transformaciones sociales las exaltaciones dogmáticas y mesiánicas, es devolver a la Revolución su rostro humano, simple, concreto y realizable, a través del cual el Hombre construye la Historia y da testimonio de su dignidad, gritando su verdad al rostro de los déspotas, usen éstos o no, la máscara de la democracia».

No me he resistido a copiar estas palabras de Gentile porque transparentan el talante con que se presenta ante el público.

Estas ideas las quiere expresar en su obra, mediante una «parábola» entre tres personajes límites: un padre esquizofrénico, un hijo espástico y un anarquista alucinado que consigue que el hijo se libere de la autoridad protectora y exacerbada del padre y se enfrente con su propio destino.

Sin embargo, en mi opinión, los valores principales de *Hablemos a calzón quitado* son los teatrales, incluso diría que los literarios.

Su primer acto constituye una sucesión de sorpresas para el espectador, de gran brillantez. Hay mucho ingenio, mucho juego, y mucha habilidad para interesar y regocijar. La exposición toda está montada muy inteligentemente.

Después, Gentile maneja una serie de resortes y efectos escénicos de actualidad, y lo hace con pulcritud. Pero cuando plasma ya su tesis en actitudes personales, el hilo programático se descubre en exceso. Y el patetismo de los personajes se despega del esquema, especialmente en las últimas escenas, en las cuales parece que el autor se pierde sin encontrar la manera de terminar con la necesaria oportunidad, sin dominar las riendas del drama.

El personaje que el mismo Gentile interpreta—el hijo anormal, que se salva al fin del padre anormal—parece rebelarse también contra el autor Gentile, exigir más papel, prolongar descompensadamente su despedida. Y esto sobrecarga los aspectos negativos de la obra, que contiene sin embargo, como queda dicho, valores teatrales e intelectuales de primera categoría.

La excelente interpretación de los actores es fundamental en el acierto del conjunto; en especial, la de Walter Vidarte que encarna al padre esquizofrénico, homosexual y, sobre todo, pintoresco hasta lo irreal. Lo hace con tal riqueza de medios expresivos y con una sobriedad tan difícil, que su trabajo representa una creación teatral válida en sí misma.

Alfredo Mañas ha adaptado el lenguaje, acercándolo al nivel coloquial español sin romper todas las raíces y referencias al original argentino.

Abril 1976

LA CARROZA DE PLOMO CANDENTE

No cabe duda de que el teatro es un fenómeno extraño. Si se nos dijera que en una comedia aparece un gigantesco retrato parlante de Fernando VII que hace comentarios sarcásticos y se carcajea de la historia; que toda ella gira en torno a la sucesión de un monarca español y se alude a las guerras carlistas, a la Inquisición, a la Iglesia y al pueblo, pensaríamos hallarnos ante una obra de tesis progresista estrenada al amparo de la nueva censura.

Si, por el contrario, se nos contase que se trata de una comedia en que el protagonista es un rey homosexual, en cuya cama se ocultan un barbero y un eclesiástico, y al conjuro de una bruja el Rey da a luz un varón crecido, gracias a un torero que practica el bestialismo y por cubrir a una cabra con momentánea apariencia de Venus Calipigia, deja al Rey en estado de buena esperanza; si se nos concretara que la Venus viene a aparecer tal como vino al mundo, que el eclesiástico celebra el sacramento del matrimonio entre el animal y el torero, que el texto ronda la rup-

76

tura con lo erótico, lo religioso y lo moral, creeríamos hallarnos ante una bronca estampa celtibérica, desgarrada y demoledora.

Pero no llega a eso la comedia que Francisco Nieva ha estrenado, con la pretensión de «Teatro Furioso», al calorcillo del relativo éxito de su *Sombra y Quimera de Larra* y al amparo también de la arbitrariedad actual de la censura y de ese entramado oscuro que mueve las figuras del teatro. «Ni Shakespeare hubiera podido estrenar esto», me dicen.

La Carroza de Plomo Candente quiere exprimir los recursos de la ceremonia negra, del rito y el aquelarre, del esperpento y del aguafuerte goyesco. Alude a una tradición carpetovetónica sangrienta, sadomasoquista y grotesca.

Pero no hay «furia» en el resultado. Ni siquiera el brío suficiente para mantener tensos los cables del andamiaje. Falta violencia, empuje, fuerza en el zarpazo. Y hasta el ingrediente surrealista se queda corto. El espectáculo queda demasiado leve, superficial, en el ámbito del artificio, los pinchazos sin gravedad.

Lo mejor, los medios accesorios: los trucos, los decorados, los efectos técnicos, los vestidos. Como el fabuloso de la nodrizabruja, o el muy intencionado del Fraile Inquisidor. La cabra, andrajosa y maligna, es un verdadero hallazgo plástico. Y el desnudo de la Venus, deslumbrante.

José Luis Alonso ha dirigido con morosa complacencia el conjunto. Laly Soldevila está muy bien en su cómico papel de Rey Bobalicón. José María Prada, Pilar Bardem y Valeriano Andrés llenan sus convencionales personajes.

Como postre o despedida, se presenta también un «corto» casi circense, *El Combate de Opalos y Tasía*, en el que Nieva recoge su gusto por Jarry y Artaud. Constituye un grueso alarde de salacidad, con ánimo de escándalo que quisiera emparentar con la frescura del Decamerón o la Celestina, pero queda en una monocorde sucesión de insistentes provocaciones, algunas con gracia y otras sin ella. Una especie de alabanza de los atributos viriles y menosprecio de los femeninos, a base de exhibicionismos, mamporros y onomatopeyas.

También aquí lo mejor es la plástica del cuadro: decorados, vestimentas, pelucas y trucos, como la disimulada sustitución de las dos actrices peleadoras por luchadores profesionales que nos desconciertan de pronto con su agilidad.

Mayo 1976

PUEDE OCURRIR MAÑANA

Con la llegada del verano, van cerrando los teatros, languidecen las obras en cartel y se prolongan otras para agotar la temporada. Es el momento de los noveles.

Como por ejemplo, Juan Carlos Ordóñez, con breve experiencia de actor y mucha vocación teatral, que ha logrado colocar en el teatro Club su comedia *Puede ocurrir mañana*, una historia de ámbito personal, fuera de la corriente social mayoritaria en la que hoy navegan los autores españoles jóvenes.

Cuanto ocurre en ella podría suceder en España o en cualquier otro país occidental; ahora o en otro momento histórico. No hay tampoco coordenadas políticas en que pueda enclavarse la cuestión planteada, ni siquiera en su clima o significación social.

Podríamos hallarnos ante un drama del corte de Casona, como *Los árboles mueren de pie*, o ante una obra de intriga al estilo británico.

El tema, la pugna entre el amor y la muerte, la paradoja de no poder sufrir la tristeza de quien ha de sobrevivir.

Pero la trama concreta se plasma en forma interesante, mediante una serie de trucos y apariencias que engañan al espectador, ocultándole las verdaderas intenciones de los protagonistas, trastocando las respectivas posturas, haciendo aparecer como homicida a quien ha de morir, como ánimo criminal lo que es motivo amoroso.

En este juego, de cara siempre al espectador, en busca del «efecto» dramático, alcanza su valor teatral la obra primaria y un tanto ingenua de Juan Carlos Ordóñez. Pero es teatro al fin, en el marco, a lo sumo, del teatro moral que tiene también su tradición y su homologación.

El juego ha determinado una serie de elementos convencionales que restan verosimilitud y soltura a la pieza. El lenguaje, en ocasiones, adolece del mismo mal y, al fin, se incurre en reiteraciones y explicaciones innecesarias, que pudieron ser suplidas fácilmente; error juvenil que sería inadmisible en autor más experto, pero que en este caso se instala dentro del conjunto de ingenuidades propias de esta obra escrita a los veintiún años y que por ello tiene esa fragancia de toda obra primera.

Mayte Blasco, José Sancho, Fernando Cebrián, Mari Paz Molinero y Pilar Pastor desarrollan sus papeles con cierta improvisación, salvo José Sancho, más suelto y seguro de sí, bajo la dirección de Justo Pastor.

Junio 1976

LOS CUERNOS DE DON FRIOLERA

Más de cincuenta años han tenido que pasar para que esta fresca creación de Don Ramón María del Valle Inclán llegue al público español. El momento le es, verdaderamente, propicio: Al amparo del nuevo clima de condescendencia del Poder con las libertades más elementales, y un poco también del río revuelto de adaptaciones, reposiciones, y resurrecciones: Por los mismos días se estrenaron, además, *La Casa de Bernard Alba* en versión de Facio, y *El Adefesio* de Rafael Alberti.

Los cuernos de Don Friolera no se pudo estrenar cuando fue escrita, entre otras razones circunstanciales, por un motivo esencial: era un teatro demasiado adelantado a aquel tiempo. Más que en otras obras, en ésta Valle Inclán fue un precursor, un adivinador. Por su forma de concebir el planteamiento intelectual en escena y por su vanguardismo de fondo.

No hubiera sido fácil anteriormente admitir la exposición de sus ideas sobre el teatro ni la multiplicidad de opciones argumentales que se ofrecen al espectador a través de medios indirectos: canciones de ciego, versiones diversas de los hechos a lo «Rashomon», cávilas o hipótesis de los protagonistas.

Por otra parte, el atrevimiento de Valle Inclán al tocar temas casi tabúes, como el nivel cultural de los militares de cuartel o la moral derivada de sus conceptos del honor del Cuerpo, se equipara con su desenfado al desmitificar la honra marital y el deshonor de «los cuernos».

Y todo eso lo consigue con sencillos monólogos, con diálogos en que se desdobla a los personajes, con escenas donde se rediculizan o, mejor, se reducen a sus pequeñas dimensiones cotidianas, los trances habitualmente presentados como apoteosis: la gran pasión culpable, la fuga de la esposa con su amante, la venganza o justicia resignada del pobre marido burlado a medias y que se ve obligado a matar a la infiel por el prestigio del Cuerpo de Carabineros.

Entre todos los divertidos cuadros de la obra, hay uno genial: La conversación de los compañeros de armas que discuten en el Casino la suerte de «Don Friolera» y muestran el panorama humano, intelectual y marcial de los cuarteles. No cabe, sin arriesgarse en terreno prohibido, hacer una crítica tan eficaz, tan jugosa, tan dramática. Su grado de comicidad no está superado en el teatro español.

Tamayo ha dirigido la obra con mucho mimo: quizá demasiado. Junto a evidentes aciertos, ha elegido algunas fórmulas que no me parecen las más idóneas. Creo que la representación se resiente, sobre todo en su primera parte, de cierta morosidad, de una exposición plana, monocorde. Pesan los decorados excesivamente «naifs», telones pintados con perspectivas infantiles del pueblo entero, con sus vecinos en las ventanas y sus colores vivaces.

Garisa interpreta a «Don Friolera» con humanísima naturalidad, en contraste con el aire guiñolesco, grotesco, de las caricaturas que reemplazan a los restantes personajes: Juan Diego, Mary Carmen Ramírez y Tota Alba resultan cuidadosos y graciosos fantoches a su lado. Los oficiales que montan el estupendo «Tribunal de Honor» casi son marionetas.

El elemento de distanciación que imponen las disquisiciones político-culturales del principio y el final, donde se vierten las teorías—plasmadas en categóricos dogmatismos—del propio Valle Inclán, tiene su compensación en la preciosa canción de ciego con que culmina la obra, donde se recoge, ya convertida en desaforada leyenda, la pequeña historia que acabamos de ver.

Noviembre 1976

1976, AL COMPÁS DE LA POLÍTICA

El año teatral ha participado del respiro, la apertura y el impulso que han caracterizado entre nosotros los últimos doce meses.

Y tengo en cuenta para decirlo tanto los estrenos (obras elegidas o permitidas) como los éxitos (preferencias de crítica y público).

La apertura política se hizo notar en primer lugar con el estreno de *La Doble Historia del Doctor Valmy*, de Buero Vallejo; cuya escueta acusación contra la tortura policial ha conseguido llegar, después de doce años de mordaza, a un público que acude a la tardía cita con constancia: 600 representaciones y sigue en cartel.

Los cuernos de don Friolera, de Valle Inclán, jugosa crítica de dos pilares intocables de la sociedad española (el del honor viril y el del estamento militar) había esperado aún más: sesenta años.

Otro estreno con retraso de muchos lustros, el de *El Adefesio*, ha constituido por razón de su autor, Alberti, y por su intérprete principal, María Casares, un acontecimiento más político que teatral, pues todos coinciden en que su contextura dramática no está a la altura de su significación ni de su presentación espectacular. Al coincidir con el de *La Casa de Bernarda Alba*, en versión muy discutible y poco lorquiana de Facio, con una errónea interpretación además de Ismael Merlo en el papel de «Bernarda», se ha culminado una especie de reivindicación nostálgica de nuestros clásicos perseguidos.

Para colmo, la persistencia en los carteles de *La resistible ascensión de Arturo Ui*, otro blanco para los «guerrilleros de Cristo Rey», coincidiendo con el también brechtiano *Galileo Galilei*, ha multiplicado la aportación «retro» a esta ofensiva política del teatro hasta ahora «prohibido». Pero a todo hay quien gane, y nada menos que desde 1837 vino *Woyzek* a empujar hacia adelante las banderas de 1976, con su voz de «antihéroe» víctima de las estructuras sociales.

Bueno, el *Cándido* de Voltaire emerge aún de antes, casi del «más allá», para traer su tea actualizada, aunque no lo bastante, contra «el mejor de los mundos posibles».

No todo iba a venir del pasado. Quizá la obra que ha llegado más lejos en la apertura ideológica ha sido una bien caliente, *Hablemos a calzón quitado*, de Guillermo Gentile, pieza ambiciosa y atrevida, que se nota escrita ahora mismo y desde el planteamiento intelectual latinoamericano, tan sangrante.

Entre los beneficiados por la nueva anchura de manga de la censura, quizá los menos agraciados hayan sido los cultivadores de ese género crítico-humorístico-musical que se caracterizaba por el guiño y la metáfora cáustica y se impuso como única vía dramática en la época de florecimiento del humor político, a falta de libertad para una mayor explicitación, *Ratas y rateros*, del grupo C.I.T., *La ópera del bandido*, de Tábano, o *Viva el Duque nuestro dueño*, de J.L. Alonso, pueden citarse como muestras brillantes de estos espectáculos que han llegado a su culminación y acaso han agotado su ciclo en el año que ahora termina.

En cuanto a la otra apertura, la del destape y la liberación sexual, la eclosión ha sido más ruidosa.

Equus (una comedia un tanto trasnochada, de psicoanálisis y antipsiquiatría, pero con una deslumbrante puesta en escena y el mérito de introducir el desnudo en los escenarios españoles) aunque se estrenó en 1975 ha mantenido la línea por permanecer en cartel todo el año 1976. Después, *Por qué corres, Ulises*, de Antonio Gala, y otras no tan populares, han ensanchado la brecha.

Más importante, sin embargo, ha sido la ruptura conseguida en este terreno, pero en cuanto al fondo, por los estrenos de Nieva *La carroza de plomo ardiente* y *El combate de Opalos y Tasia*, verdaderos alardes de libertad sexual, que, unidos al éxito de su *Sombra y Quimera de Larra*, han supuesto el éxito de un autor hasta ahora reprimido.

Pero, para mí, el año teatral, que no ha carecido de experimentos puros, como la versión de *Salomé* de Wilde, puesta por el C.I.T. o la presentación del espectáculo de Roy Hart *L'Economiste*, ha tenido otros dos polos donde se han sintetizado el buen hacer escénico y la preocupación social, *Los emigrados*, de Mrozek, con una interpretación impresionante

81

de Rodero y Agustín González, y *Las Criadas*, de Genet, representada por el *Teatro del Mar*, de Valencia, con una dureza, desgarro y eficacia sencillamente extraordinarios.

Un buen año, en fin, abundante en nostalgias, resurrecciones y regresos, pero también en rupturas y anticipaciones; el teatro ha reflejado así lo que ha sido tónica general de este último—o primer—año que acabamos de vivir en España.

Diciembre 1976

NACHA DE NOCHE Y YO QUIERO DECIR ALGO

La larga permanencia en cartel de las obras estrenadas durante la temporada, da una estabilidad insólita al panorama teatral madrileño.

Esta continuidad, incluso podríamos decir esta homogeneidad, se ha roto con dos espectáculos argentinos que introducen o quizá reponen en cierto sentido un género poco conocido por nuestra generación.

En el teatro Valle-Inclán, Nacha Guevara presenta un conjunto muy estudiado y cuidadosamente medido de actuaciones personales, recitaciones, monólogos y canciones, sin más acompañamiento que el del pianista Alberto Favero que interviene a veces en la presentación o el complemento de cada número.

Nacha Guevara ha creado un estilo comprometido y contenido, de un humorismo triste y desafiante a la vez, que alivia con efectos cómicos clásicos. La crítica política—aunque denuncia la dramática situación de Latinoamérica—es más soterrada que la crítica social. La ironía es patente en números como el dedicado al Año Internacional de la Mujer por ejemplo, con una interpretación sarcástica de «Es mi hombre».

Hay en todo el conjunto un fuerte aliento de protesta de disconformidad, una caricatura cruel de la realidad, pero todo ello en un suave, en un amable estuche de cortesía bonaerense.

Sólo en los momentos en que Nacha Guevara se muestra a sí misma como objeto directo de su sátira, el tono resulta más descarnado, más ácido.

El adjetivo descarnado viene muy bien, porque la artista se nos ofrece tal como es: delgadísima, sin curva alguna como no sea la del arco tensado de su cuerpo, como una vara, sin esforzarse en absoluto por disimular su aparente insignificancia física, antes al contrario: subrayándola con mallas rígidas y apretadas.

Hay en ello un elemento del desafío antes aludido. Nacha se enfrenta—no con resentimiento, pero sí con intención—a las exhibicionistas de curvas y encantos, haciendo alarde de su figura de alambre, casi patética, para apoyar el triunfo en la inteligencia y en un arte más puro. En su número «Culo y Tetas» culmina esta atrevida antítesis, que no es burla de sí misma, sino provocación.

Los textos poéticos que utiliza están muy bien elegidos. En los de Mario Benedetti pone su mayor emoción. El «Padrenuestro» final llega a resultar sobrecogedor, no tanto por el texto, sino por la vibración misma de las cuerdas vocales, por el «crescendo» del tono y la potencia expresiva.

Porque lo físico es el instrumento paradójico de Nacha: Su voz aguda, que parece quebradiza, pero con la que emite los más variados sonidos, ruidos, matices. Sus gestos, que dan al espectáculo un aire de mimo. Su expresión corporal, hiperdesarrollada sobre la base de su frágil estructura, que maneja con facilidad.

Simultáneamente, en el teatro Alfil, una gran actriz, también argentina, también escapada del nuevo terror político americano. Cipe Lincovsky, presenta su «Kabaret Literario», a la manera del que nació en Alemania por los años veinte: *Yo quiero decir algo.*

Cipe Lincovsky, aparte de su temperamento arrollador, demuestra una enorme capacidad interpretativa. Su «collage» de Bertoldt Brecht, especialmente en *Madre Coraje*, o su espléndida representación de la *Abjuración* de Galileo Galilel, dan testimonio de ello.

Voz oscura, profunda y caliente, igual le vale para cantar un sombrío «Lily Marlene» que para mostrarnos todo el complejo mundo de Anton Chejov.

Su evocación desgarrada y casi brutal del ambiente de la revista argentina, provocativa y descarnada, constituye el centro del espectáculo, con alusiones a la represión peronista y a figuras claves de la escena.

Pero predomina al final la nostalgia, la tristeza y la desesperanza ante la tragedia de su país, por la libertad perdida, por la pobreza, por el hambre, por los que están desapareciendo «bajo el machete y los balazos».

Los dos espectáculos, en suma, nos traen el aire y el arte de la Argentina. Pero sobre todo, un mensaje dramático—el drama escénico al servicio del drama vivo—; una llamada de socorro hecha con angustia y con timidez, como sin atreverse a aguarnos la fiesta.

Enero 1977

LAS ARRECOGÍAS DEL BEATERIO DE SANTA MARÍA EGIPCIACA

El Teatro de la Comedia, convertido en una caja de resonancia, en una plaza multitudinaria. En las paredes del patio de butacas, «pintadas» omnivalentes: «Libertad», «Amnistía», «Presos a la calle» . . . El público, más heterogéneo del habitual, se ve metido entre estruendo, palmas, cante y salmodias, para participar en una especie de proceso o antiproceso, como testigo y juez a un tiempo: En la condena sin proceso de Mariana Pineda; en la condena sin proceso del pueblo marginado, representado por un puñado de «arrecogías», a las que se encarcela como prostitutas por entregarse y ayudar a los «liberales». Una impetuosa denuncia, en fin, de la represión en sus raíces mismas.

José Martín Recuerda—cuya primera obra, *Las salvajes en Puente San Gil*, comenté oportunamente—ha avanzado por el mismo camino interrumpido durante tantos años. La solidaridad con los estigmatizados, la elevación de éstos, asumiendo sus lacras prohibidas, a la categoría de héroes por una catarsis colectiva; la salvación por la inserción en lo social, en la corriente del pueblo.

El tema concreto ha sido también elevado a categoría, sobrepuesto en el tiempo: Los datos de 1830, actualizados en 1970 (cuando se escribió la obra) y sin duda revisados aún en 1977, cuando al fin se estrena. Este deliberado carácter pluritemporal impone una cierta ambigüedad al texto, un aparente desorden, hasta una limitación en la precisión. Y sin embargo, en esa limitación radica el valor esencial de lo que resulta una espléndida creación teatral, estética y política.

Precisamente cuando el autor intenta extenderse en la anécdota, en la vida y las razones de Mariana Pineda, en sus parlamentos con el amante mudo o con el verdugo caricaturizado, el drama se afloja y se rebaja.

Lo importante es la situación colectiva que ofrece: La imagen de las «arrecogías» en su sórdido convento-prisión, bajo los azotes de las monjas carceleras, defensoras del orden dictatorial del Rey Fernando VII; sometidas al clamor que llega de la vecina plaza de toros en plena corrida, o al que sube de la calle donde combaten los liberales, o el que llega de la capilla donde cantan y rezan las monjas.

El espacio escénico es un hallazgo perfecto: Rejas, jaulas, lavaderos, corredores altos, vidrieras que trasparentan luces amenazadoras.

En ese espacio, el movimiento de las mujeres es extraordinariamente eficaz. Tanto en las escenas naturalistas (por ejemplo, la luminosa mañana del día de Corpus, mientras las «arrecogías» se lavan y asean para la Misa), como en las simbólicas, en especial aquélla en que todas van identificándose definitivamente con Mariana, uniéndose a ella, cogidas todas las manos. Si a esto añadimos la fusión del relato en frecuentes números de cante y baile flamencos, intencionados y profundos, habremos señalado lo mejor del espectáculo. Citaré dos momentos culminantes: el martinete al son de cadenas y el zapateado de la gitanita torturada por la policía, que llega a levantar en la danza sus manos destrozadas, al conjuro de sus compañeras de prisión que la jalean y la levantan.

En el texto se han introducido, además, temas accesorios pero tensos en la preocupación más viva: Así, la rebelión de la monja que no acepta la connivencia de la Iglesia con el Poder, el encierro de mujeres en un templo, o la alusión final a la amnistía que se da con retraso, cuando ya es demasiado tarde. Son aciertos innegables en el plano de la creación teatral en cuanto incitación política.

¿Cómo se repartirán el éxito Martín Recuerda, autor del texto, y Adolfo Marsillach, que lo ha puesto tan brillantemente en escena? Lo evidente es que en teatro el texto no es más que una parte. Sobre todo el texto que declaman los personajes. Los efectos dramáticos, las situaciones, los contrastes, la trabazón de todo en una textura escénica, la oportunidad, el choque, el ritmo, la brillantez, son decisivos. Y en todo esto, el éxito ha sido grande.

La interpretación de todos es digna de elogio también. Las mujeres que forman el coro de «arrecogías» constituyen un personaje múltiple, vario pero fecundo especialmente en cuanto conjunto. La hegemonía de la protagonista no logra superar con su voz demasido plana y anecdótica la fuerza de aquella voz colectiva. En cuanto a los hombres, son personajes inferiores, incompletos, en medio de la apoteosis femenina. A Martín Recuerda le ocurre en esto lo que a Gala: sus personajes masculinos se escurren, carecen de potencia.

Y terminaré citando—como puntal decisivo del espectáculo—el mérito de Enrique Morente, responsable de música y cante, con guitarristas y cantaoras.

Espectáculo bronco y desigual, pero que deslumbra y arrastra, con eficacia teatral de primera categoría.

Marzo 1977

DIVINAS PALABRAS

Después de una larga aventura por espacios de silencio, selvas de truenos y rugidos, cavernas para la sombra y la danza, circos de música, mimo y contorsiones, parece que el teatro vuelve a la magia de las palabras. El propio Arrabal lo anotaba así recientemente.

Pues bien, en este momento surge una nueva versión de *Divinas palabras*, la preciosa obra de Valle-Inclán en que pudiera sublimarse ese retorno a la palabra humana.

Pudiera. Pero Víctor García ha optado por la fórmula exactamente contraria. La exasperación de su fórmula personal. Lo escenográfico arrollándolo todo: el localismo, lo histórico, lo argumental, lo ideológico, lo literario. La idea de Valle-Inclán ha sido desvestida de todo ropaje, se ha querido universalizar hasta el extremo, obtener una abstracción, reducir a radiografía. Y, más que radiografía, nos hallamos ante un electroencefalograma, cuyos trazos cifrados no guardan semejanza ni aparente relación con su objeto básico.

El movimiento de enormes tubos de órgano, que se constituyen en cárcel, bosque o catedral a medida que giran, avanzan o se desdoblan sobre el gran escenario del nuevo Teatro Monumental, arrolla todo el espacio. Los personajes, reducidos a diminutos e intrascendentes residuos, gritan, corren, se revuelcan, como animales inferiores. La música, desde el subnivel de la estridencia hasta la cumbre de Bach, se enseñorea de ese espacio arrasado por los cañones, o los tractores, o las grúas de los siniestros tubos de órgano, verdaderos o casi únicos protagonistas del espectáculo.

Los motivos pequeños de Valle-Inclán (el perro sabio Coimbra, el pájaro adivino Colorín, los vasos de vino, los utensilios, los trajes, los aperos, los cuchillos) han sido suprimidos. Un vacío científico agiganta la escenografía.

Y en ese vacío, las palabras no se reconocen. Los actores se desgañitan. Sus voces son inhumanas, rotas, ininteligibles. Incluso el largo diálogo central, entre el sacristán y su hija, no es más que un agotador choque de ruidos. El gran actor que es Walter Vidarte se destroza la garganta en un penosísimo esfuerzo.

En medio de ellos, Nuria Espert hace alardes gimnásticos, juega con su tierna voz a veces y con su cuerpo frágil, víctima del estruendo y de la convulsión general.

Por fin, el número fuerte de la sesión, lo único que en realidad concentra al inquieto público: Nuria se desnuda y es izada en lo alto de un fálico mástil, como una Primera Vedette en El Mayor Espectáculo Musical. Aplausos y pateos.

Al entrar, cuando el acomodador me dio el programa, leí en él con asombro una curiosa sinopsis del argumento de Divinas Palabras—como si se tratara de una ópera—pero debidamente interpretado, como para analfabetos. El párrafo final merece copiarse:

Entonces en su mente se hace una luz: no son las hermosas verdades evangélicas las que son capaces de conmover a aquellos hombres, son únicamente las palabras, el sortilegio de unas palabras cuyo sentido exacto ignoran pero cuyos acentos les han conducido toda su vida por el estrecho camino de la renuncia y la represión. Pedro Gailo, con desesperada rabia, lanza al aire las «Divinas Palabras» que antes ha dicho inútilmente: «Qui sine peccato est vestrum, primus in illam lapidem mitat»; ante ellas el pueblo calla y pierde su furia, dominado por los ecos milenarios y, sumiso, admite una verdad que no comprende, que tal vez no ha comprendido nunca y que, probablemente, no comprenderá jamás. La adúltera es perdonada y exaltada. Ya para siempre, permanecerá prisionera, maniatada, sumida hasta el fin de sus días en un mundo oscuro y enrarecido, custodiado por mil supersticiones y millares de ensalmos que nadie comprende y todos obedecen. En un mundo de DIVINAS PALABRAS.

Al final me dí cuenta de la necesidad de esa «explicación de la falla». Porque «la falla» misma no dice nada. Cualquier parecido entre la explicación y el espectáculo es puro azar.

Yo creo, incluso, que la explicación previa no era suficiente: el extraordinario espectáculo debió además ser acompañado de subtítulos, donde pudieran reconocerse al menos algunas muestras de las *Divinas Palabras* del pobre Don Ramón María del Valle-Inclán, gallego, que escribió en castellano en este mismo siglo.

Febrero 1977

CAMBIO DE TERCIO

La historia de España desde 1926 a 1931 es el cañamazo de fondo sobre el que se entretejen las anécdotas que constituyen este octavo espectáculo de Tábano, estrenado con su habitual aire de fiesta marginal en la Sala Cadarso.

87

Cuando este grupo surgió con *Castañuela 70*, abrió de súbito una ventana por la que entró a raudales el oxígeno en nuestra escena. El impulso renovador y vivificante se extendió y fueron muchos los grupos que se lanzaron por aquella brecha. Con los años, Tábano se ha depurado mucho, ha ido perfilando sus métodos y sus resortes. Pero también se ha ido encerrando en su propio reducto.

Cambio de tercio tiene una primera parte feliz, con hallazgos de buena eficacia teatral y escenas muy graciosas en las que el público se integra fácilmente. Pero luego los momentos brillantes van distanciándose, los apagones con música se prolongan, los chispazos no alcanzan a enlazar sus efectos y algunas de las escenas aisladas son de mero trámite. Lo que hubiera podido culminar en una eclosión coincidente con la fecha que cierra el ciclo, queda tímidamente ensordinado, pese a los airosos compases del «Himno de Riego».

Teatro político integral, en su crítica histórica y su parodia de los vicios sociales ibéricos. Crítica ya conocida y compartida de antemano por el público. Temática pasada de actualidad, puesto que el paralelismo temporal queda bien subrayado: la amnistía de Berenguer, las elecciones de 1931, los intentos golpistas de la derecha. Pero a veces demasiado estereotipada, como la caricatura del cura carcelario, de efecto fácil pero que ya carece de vigencia.

Maestros en el matiz, en la insinuación y en la metáfora, los Tábano se han convertido en un estilo y una técnica de la crítica desenfadada. Su línea es constante y puede prolongarse indefinidamente. Si hoy se paran en el 14 de abril, mañana pueden llegar al 18 de julio, o los años cuarenta, o hasta los ochenta, por qué no. Una historia en «comics» escénicos, en que los grandes acontecimientos se vislumbran desde la perspectiva de pequeños personajes. El truco es bien conocido.

Pero pienso que tal vez los nuevos tiempos, este nuevo clima predemocrático, la extraña situación política que vivimos, bordeando abismos pero con el cielo abierto sobre nuestras cabezas, ha de originar ya otro modo de teatro político. El de guiño y la complicidad, que a veces se queda en visajes o en gestos, va quedando pasado, aunque en ocasiones o en ciertas facetas pueda seguir poniendo el dedo en la llaga. Tampoco el clandestino, el escrito para no estrenarse, tiene ya justificación. Pienso que pronto va a surgir, porque es preciso, un género de teatro político acorde con la lucha a cara descubierta a que se han entregado los distintos grupos sociales. O desaparecerá.

Abril 1977

EL CEMENTERIO DE AUTOMÓVILES

Cuatro piezas de Fernando Arrabal se han integrado en este espectáculo que el «Corral de Comedias» ha estrenado en el teatro Barceló: *Oración, Los dos verdugos, Primera Comunión* y *El cementerio de automóviles.* Las cuatro son muy representativas del mundo de Arrabal; mejor dicho, del mundo de Arrabal anterior a su experiencia en la cárcel de Carabanchel: Sus obsesiones religiosas, familiares y sexuales y sus intuiciones poéticas y humorísticas, siempre en tono menor, surrealista o pánico.

Los textos, ya muy conocidos, se estrenan demasiado tarde, porque el tiempo no ha caído en vano sobre ellos. Quizá sea esta circunstancia el factor más convincente para justificar el escaso éxito del estreno. El público no acaba de adaptarse al tono de esos textos, la frialdad persiste a pesar de algunas risas simpatizantes y solidarias. Sólo *Primera Comunión* consigue una continuidad en la adhesión de los espectadores.

No podrá achacarse a falta de medios. Víctor García ha levantado un verdadero «puente aereo» con docenas de coches ensamblados de modo delirante que se levanta sobre el escenario como un inquietante arco iris; y el patio de butacas lo cruza de parte a parte una pista metálica por donde corren los personajes, se revuelcan o conducen motocicletas. Un automóvil desmontable que es cama, cárcel, celda de tortura y claustro materno, todo un prodigio de ingeniería mecánica, resulta casi protagonista. Sin contar las grúas, las cadenas colgantes, las telas metálicas, las plataformas giratorias y los artefactos más chocantes que pueda imaginarse.

El ruido es, como siempre, muy importante en esta obra de Víctor García. El estruendo, el estrépito, los gritos, hasta la música. Y la luz violenta, movediza, trepidante. Los actores se desgañitan cuando no se usa la megafonía, y hasta los efectos cómicos más logrados son sonoros.

Tan aparatosa escenografía y el buscado fragor no impiden esta vez, sin embargo, que se entienda el texto. Se entiende todo. Al revés de lo que pasaba con las *Divinas Palabras* de Valle Inclán. Se entiende incluso demasiado.

A ello colabora la esforzada dicción de los intérpretes. El argentino Norman Briski y la preciosa Victoria Vera hacen el principal gasto de garganta. Pero quien realmente destaca en el reparto es Berta Riaza, cuya creación de la «abuela» de *Primera Comunión* y la madre de *Los dos verdugos* consigue los dos momentos verdaderamente convincentes de todo el espectáculo.

Su voz, sus gestos, un rictus de los labios, un giro de los ojos, hacen olvidar de pronto el enorme mecano montado por Víctor García; nos transmiten un temblor humano, los pliegues morales de la sordidez, la ironía, el sarcasmo o la hipocresía. Ella, Berta Riaza, da la lección de lo que es en verdad el teatro, en medio de este apabullante y helado cementerio de teorías escenográficas.

Junio 1977

LA DETONACIÓN

No es una lección de historia, como se ha dicho. Es una meditación pausada y honda sobre la vida española. O quizá, en el fondo, sobre la vida.

Antonio Buero Vallejo se pone a pensar, con la excusa de Larra, en el fatal destino nuestro. Piensa en voz alta, con párrafos que coinciden con sus propias obsesiones, con sus propias intenciones.

Buero medita para sus coetáneos, para sus compatriotas, para sus amigos, para su público. Su voz tiene ya una autoridad que obliga a escucharle con respeto, con atención, sin impaciencia. No importa la premiosidad con que va preparando sus parábolas. Hay que pasar por ciertas redundancias, por ciertas explicitaciones enhebradas en el hilo lento de la meditación, incluso por algunos recursos demasiado simples, demasiado escolares.

Tiene autoridad suficiente y hondura que va creciendo con los años; cada vez más atento a las últimas instancias del hombre.

Se repiten en *La Detonación* anteriores actitudes. Pero aquí parecen alcanzar una cúspide.

Aquel «¡Hay que esperar . . .!» contra toda esperanza, de otras obras, se convierte ahora en un extremo «¡Hay que vivir . . .!». Y aunque su Larra replica «yo soy la vida», Buero parece ya convencido de que no hay salvación. Inexorablemente van fallando las nuevas soluciones. Nada es posible, como repiten los románticos.

El pesimismo integral llega a su culminación. A un tirano sucederá otro. A una censura brutal, otra más sutil. Unos fusilan a la madre de Cabrera. Cabrera fusilará a niños inocentes. Los liberales no traerán la libertad, como los integristas no serán íntegros. Todo el año es carnaval. Y el mundo es un cementerio. Máscaras y cadáveres pueblan el escenario.

90

Ya aquella exigencia de vivir no tiene más respuesta que la muerte, el suicidio.

Sólo que, como siempre, Buero deja abierta una puerta. Aquí, en el pistoletazo de Larra se destaca la detonación que todo el mundo habrá de oir. Y su criado le recriminará: «No tuvo usted bastante aguante, porque en el fondo es un señorito; fue demasiado impaciente. Pero nosotros, el pueblo, estamos acostumbrados a aguantar. Somos muchos y tenemos muchos años por delante».

Esta meditación sombría, reposada, se desarrolla en escena con morosa continuidad, salvo algunas concesiones a lo patético que se salen de esa línea fluida. Todo la vida de Larra pasa por su memoria desde el momento en que va a descerrajarse el tiro, cuando se abre el telón, hasta que dispara, cuando el telón se cierra. Desde el punto de vista dramático las últimas escenas son las mejores y más intensas: el lento alzarse la mano de Larra, movida por las manos de cuantos le rodean, la repetición de la escena en la soledad personal del suicida, la detonación que no suena, pero que debe escucharse como un aldabonazo siniestro, como una llamada a la conciencia de todos.

La representación de esta «fantasía en dos partes» ha sido realizada por José Tamayo con mucha solicitud, aunque con no óptimos resultados, sin conseguir la intensidad que la lentitud del ritmo exigía. Y además, la interpretación es mediocre. Juan Diego da la figura, pero no la talla de un personaje cuyo trazo es difícil y distante. Sus fallos en momentos culminantes lastran la obra. Está mejor Pablo Sanz en su papel, más cómodo para él, del criado cargado de humanidad, sin fisuras.

La meditación de Buero en nuestra actual circunstancia histórica, tan semejante a alguna de las que vivió Larra—aunque el paralelismo se haya exagerado en alguna frase efectista, como la de «¡Con Fernando VII vivíamos mejor!»—debe acogerse no sólo con respeto, sino como una valiosa aportación.

Octubre 1977

1977 AÑO TEATRAL

Al echar la vista atrás, al año que terminó, y pensar en el teatro, la primera impresión es la de que no ha estado al nivel de los acontecimientos y fenómenos del año que ha vivido España.

El recuerdo de los estrenos más aplaudidos se oscurece porque el país ha corrido mucho y ha cambiado mucho en estos doce meses, y el teatro no ha tenido tiempo lógicamente de ponerse al día, de dar el gran salto. Hasta las creaciones de mayor actualidad se hallan pensadas antes, y los remiendos de última hora no han conseguido sacarlas a la nueva superficie.

Los espectáculos políticos de los últimos tiempos han dejado de tener vigencia, al faltar los resortes de la censura y la represión, que les daban empuje y sentido.

Aún hemos visto unos cuantos ensayos de este género: *Cambio de Tercio*, del grupo «Tábano», teatro político integral que caricaturiza la historia penúltima de España; *Vida y Muerte de Fantoche Lusitano*, una lección del «Teatro Experimental de Cali», apasionada invectiva contra la colonización portuguesa de Angola; *No hablaré en clase*, por el grupo catalán «Degoll-Degom», constituye una jugosa síntesis que nos sumerge patéticamente en el recuerdo de la educación infantil de postguerra en la que todos los mayores de treinta años tienen ocasión de sentir descarnarse viejas heridas; o *Sangre y Ceniza*, de Alfonso Sastre, superviviente de prohibiciones, cortes y adaptaciones sucesivas; el tema del proceso y muerte de Miguel Servet, medio traspuesto al esquema Dirección General de Seguridad-TOP-PC, alcanza su mayor fuerza cuando Sastre habla de su propio caso, de su experiencia ante la política del Partido.

Las arrecogías del Beaterio de Santa María Egipciaca, de Martín Recuerda, reconstruía también el proceso de Mariana Pineda proyectándolo sobre nuestro panorama nacional reciente, con impetuosa eficacia en la denuncia; ha sido uno de los éxitos de la temporada.

Otro proceso histórico, el de Savonarola, fue reconstruído en *La Tierra es Redonda*, de Salacrou, cuya ambigüedad política se mantiene en el tiempo.

La detonación marca el fin de estos estrenos de intención política, con una recreación del suicidio de Larra, que es una profunda meditación sobre el destino y la capacidad de la clase política de España; la conclusión más pesimista del teatro de Buero, acaso más encerrada en lo histórico que en lo político.

Durante la temporada se han repuesto también algunos títulos famosos de los clásicos antiguos y modernos, desde *La Paz*, de Aristófanes en versión distorsionada de Nieva, a *Divinas Palabras* de Valle-Inclán, convertida en espectáculo alucinante y estrepitoso por Víctor García; pasando por *La Madre*, de Gorki; o *Los Gigantes de la Montaña*, de Pirandello en fastuosa y onírica representación de gran belleza plástica aunque poco convincente en su sentido global actual.

El teatro más vanguardista ha tenido poca suerte: Ni el «Living Theater» con sus *Siete meditaciones sobre el sadomasoquismo político*, discutida experiencia que llegó en mal momento; ni la *Lección de anatomía*, de Carlos Mathus (alarde de sus posibilidades dramáticas de los actores desarrollando las facetas más amplias de la interpretación); ni el espectáculo del «TEI», *Preludios para una fuga*, han despertado entusiasmos más que en algunos críticos.

Los éxitos de público más considerables han sido *Orquesta de señoritas*, de Annouilh, formidable muestra de interpretación tradicional, que nos vuelve a los fueros del teatro de siempre, y *Los Emigrados*, de Mrozik repuesta después de su interrupción obligada del año pasado y también subrayada por el inmejorable trabajo de Agustín González, y José Ma. Rodero, que acaba de recibir el IX Premio de Teatro «Mayte» por su labor en esta obra.

El año 1977 ha sido el del estreno de Fernando Arrabal, por primera vez para el público español. *El Cementerio de Automóviles*, multiplicado en escena por el delirio escenográfico de Víctor García, no consiguió sin embargo hacer pasar al público de la admiración al entusiasmo.

¿Cuál pues, ha sido la característica del año teatral 1977 en Madrid? Quizá los espectáculos musicales, pero no los más refinados, como el de Nacha Guevara o el *Kabaret literario* de Cipe Licovsky, sino los nuevos espectáculos de destape, como *Oh, Calcutta, El Diluvio que viene*, o *Enséñame tu . . . piscina*, que introducen en la cartelera madrileña y en los locales comerciales una ola, ya un tanto trasnochada por otra parte, de la libertad que muchos creían el factor decisivo para la resurrección de nuestro teatro.

Pero, por ahora, el teatro no se ha mejorado mucho ni con la libertad ni con la democracia.

Enero 1978

LA HIJA DEL CAPITÁN Y LAS GALAS DEL DIFUNTO

En el Teatro Nacional «María Guerrero» puede verse, después de cincuenta años de prohibición, un «esperpento» de Valle-Inclán cargado, aun hoy, de fuerza y, sobre todo, de pasión política inmarchita: *La hija del Capitán*.

Sobre un hecho real de la crónica negra de los años veinte—el femoso crímen del Capitán Sánchez—, Valle-Inclán monta una parodia de la ascensión al poder del General Primo de Rivera, en síntesis metafórica que constituye toda una lección. Para salvar su buen nombre, amenazado por una historia turbia, un glorioso general da un golpe de Estado que será bendecido por el Rey, con la excusa de la salud de la Patria.

93

Una constante histórica se ve así parabolizada: mi honra es la honra de España; mis enemigos son los enemigos de la Patria. El esperpento se potencia enfrentando a las grandes palabras de la retórica suprema la realidad de razones miserables, extremadas al ridículo. La pieza es un «puzzle» de anécdotas y frases rotundas, rayando lo panfletario tantas veces como lo irónico. El hilo argumental—argumento en sentido escolástico—no se quiebra en los brochazos aparentamente dispersos. La burla del General y del Rey, llega a una detallada copia de gestos y ademanes, que culmina en los «retratos» últimos, ante el fotógrafo popular.

La representación del texto valleinclanesco se ha escorado por el lado del sainete, disimulando lo corrosivo con lo sarcástico. Existe entre nosotros el hábito de interpretar así a Valle: Dándole un aire bufo y caricaturesco, como de teatro de marionetas, al desgarro, al despropósito y a la deliberada exageración del original. ¿Tenemos miedo de presentar a don Ramón del Valle-Inclán al desnudo? ¿Hay precipitación en «actualizarlo», en «asimilarlo»? A pesar de todo, la palabra se impone sobre la recitación, y aquí tenemos la misma pasión, la misma inteligencia, sobreviviendo intactas.

La decoración, sin embargo, es fiel al realismo de los años veinte: preciosos telones espléndidamente pintados y trasparentes de gran efecto la componen al cien por cien.

El público sigue la obra con regocijo, con malicia, estrenando una libertad que bordea el atrevimiento.

Junto a *La hija del Capitán* se presenta otro esperpento de menos pretensiones globales pero quizá de mayor calidad literaria: *Las galas del difunto*. Aquí, la narración de desenfrenos y la descripción de tipos se paran en el despojo de un muerto y el sentimentalismo del burdel. Pero ocupan el núcleo central de la obra unas escenas formidables: las chanzas y las discusiones de tres soldados sobre el Ejército, la guerra, la bandera, las condecoraciones y la muerte. El realismo que corroe tópicos se convierte en satírica proclama, siempre dentro de una atmósfera poética, que descubre la ternura con que garrapatea Valle-Inclán a sus personajes, sean Reyes o prostitutas, generales o soldados de a pie.

Espectáculo, en fin, saludable y deslumbrador, sobre los recursos insustituibles de la palabra.

Febrero 1978

DELIRIO DEL AMOR HOSTIL

Francisco Nieva es un caso admirable en nuestro teatro: tiene casi tantos amigos como espectadores. Y los amigos se deshacen en elogios ante el amigo, que es pródigo en valores personales indiscutibles. Todo el mundo habla bien de Nieva y, de rechazo, de su teatro. Nadie quiere hablar mal de sus obras, porque no quieren hablar mal del autor. Yo he visto *Delirio del amor hostil* con el deliberado empeño de no acordarme de su autor. Y he pasado uno de los ratos más penosos de mi vida como espectador.

En principio, he admirado una decoración que se levanta como la carpa de un circo de tal manera que convierte un muladar residual en centro de un barrio periférico, en centro de una ciudad al fin: «El barrio de doña Benita», capital de los marginados.

Pero esta ciudad que nos muestra una intimidad paradójica, donde la corrupción o la degeneración quieren alzar una escala de valores antagónicos de los clásicos, esta ciudad es un castillo de naipes, de palabras en juego constante. ¿Quién duda que las palabras son la base del drama y que pueden convertirse en estructura ceremonial, en castillo escénico fascinante?

Nieva las maneja golosamente, abreviándolas y cerrándolas como abanicos, despanzurrándolas a veces con truculencia de hechicero, y siempre con descaro, con paladeada satisfacción. Pero pronto las palabras nos desbordan, nos cansan, nos dejan indiferentes.

La acción se resume bajo ese juego verbal, convertido en gorgoteo de ebullición y deja de tener vigencia en la escena.

El delirio se reduce a una construcción verbal, a una ambiciosa o pretenciosa elucubración silábica, desesperadamente acelerada, sin orden ni concierto, a ciegas, sin más guía que una intuición a través de la selva de una al fin atosigante locuacidad.

Acción y personajes descienden a la categoría de anécdotas bajo el empedrado de frases que se deshacen en la boca de los actores, muy flojos por otra parte.

El elogio de la transgresión moral, la reconstrucción de una moral o de una ética de entre las cenizas del mundo corrompido, la ilusión anticultural, todo queda en palabras y se hunde bajo las palabras, en mitad de un tedio irremediable.

Marzo 1978

95

OYE, PATRIA, MI AFLICCIÓN

Por fín, una obra de Fernando Arrabal que encaja plenamente el éxito. Aquí se justifica el halo que rodea al autor español más conocido en el mundo. *Oye, Patria, mi aflicción* es una pieza exacta, un acierto de medida, síntesis y tono.

Todo es síntesis en ella. Síntesis del teatro de Arrabal y síntesis de una corriente teatral, autocrítica, desmitificadora y corrosiva, que ha cruzado durante los últimos diez años por los más renovados escenarios españoles arrasando tópicos, valores eternos, himnos, condecoraciones, sotanas, canciones, banderas, glorias patrias, dogmas. Desde *Castañuela 70* o *Els Joglars* hasta *No hablar en clase* o *Pasodoble*. Todo un método, un sistema de recursos, una óptica generacional, unos vientos plenamente asumidos.

Arrabal ha sabido construir su torre de Babel con un puzzle de versos patrióticos, de nuestros más sonados textos clásicos, románticos, novecentistas y modernos, que cantan la apoteosis y la ruina de España. Aristócratas y mendigos, en mezcolanza esperpéntica, en los que encarnarán los espectros del Cid, doña Jimena, Agustina de Aragón, don Juan, Santa Teresa, Goya, Valle-Inclán, Dolores Ibarruri . . . Del *Santiago y cierra España* al *No Pasarán*. Nada se salva y todo se salva en una metáfora surrealista cuya ambigüedad no les resta brillantez.

España es un castillo que se hunde, un castillo en subasta al mejor postor, donde todo se vende al turista o al tunante: gloria tras gloria, harapo tras harapo. Patria en ruinas, ennoblecida por la locura de la protagonista que resucita la cordura de don Quijote, transfigurada en un quimérico triunfo porque de las ruinas surge la gran torre soñada, cuyos planos se escondían en el arca del tesoro, y que es la torre de Babel por donde la Historia de España asciende a la gloria.

También en escena, quintaesenciados, todos los obsesivos temas de Arrabal: La madre (por algo la protagonista es la Duquesa de Terán, segundo apellido de Arrabal), la primera comunión, el cementerio, los ritos, la confusión, la crucifixión, los sueños.

El lenguaje es justamente el adecuado. Los cuadros se suceden con cierta arbitrariedad, pero también con soltura, sin violencia. Se barajan el desgarro, la crueldad, la ternura, la poesía, la desvergüenza, la ironía, la zumba. Incluso se enarbola la ideología literaria del autor mediante puntos clave de referencia, a veces con reducciones al absurdo, como al atribuir a Valle-Inclán los más famosos versos de Espronceda, o al hermanar a Unamuno con Gabriel y Galán. La poética de Arrabal domina por completo su obra.

La escenografía y dirección de Carlos Cytrynowsky han sido factores decisivos del éxito. El espacio escénico es una gran oquedad cruzada por un juego de puentes levadizos, que igual sirven de escalinatas, que de subterráneos o pasadizos secretos, o planos intermedios por donde caminan los personajes medio a tientas, como por un inmenso castillo que se desmorona; o balcones, o troneras, o espiral interminable de la Torre legendaria que surge de los sótanos y llega al cielo.

Y, como piedra angular, Aurora Bautista. El mito de Aurora Bautista—*Locura de Amor, Agustina de Aragón, Alba de América*—es utilizado cruelmente, como fondo y suelo de esta interpretación extraordinaria. Una Aurora Bautista que se ríe de su sombra, de su historia, y juega a la Anti-Aurora, la Anti-Juana la Loca, la Anti-Isabel la Católica, la Anti-Agustina, para transmutarse en un Quijote aparentemente vencedor de la muerte. Y todo con aquella misma voz, aquellos trémolos, aquellos gestos y ademanes que la hicieron famosa. Todo se justifica ahora y se sublima en este espléndido trabajo, exacto y sin concesiones a la caricatura o a la parcialidad, sin ofrecer su propia versión del personaje, sin explicarlo. De tal manera que el público ríe—demasiado—sus citas poéticas constantes, pero ella no participa de esa postura del público, sino que se abstrae sin entregarnos el secreto ni la clave de su estupendo personaje.

Sin una predominante originalidad, *Oye, Patria, mi aflicción* constituye una recopilación, una síntesis final en fórmula feliz y en concierto admirable, de lo que surge una realidad estética válida por sí misma, un «hecho teatral» cuajado.

Junio-Julio 1978

ASÍ QUE PASEN CINCO AÑOS

No en vano recordaremos que la escribió Federico García Lorca en 1931. Antes que *Yerma*, que *Bodas de Sangre*, que *La Casa de Bernarda Alba*, que *El Público*. Y se estrena ahora, cuarenta y siete años después, en un clima cultural, en un momento del teatro, verdaderamente distintos y aun contrarios.

Hace dos años tuvimos oportunidad de verla representada muy al pie de la letra por los alumnos del Liceo Francés y dimos noticia aquí del acontecimiento.

Ahora la presenta el «T.E.C.» (Teatro Estable Castellano), que surge con ímpetu y ambición en medio del actual colapso de la creación teatral. No puede ser peor el panorama de los escenarios de Madrid: las corrientes reprimidas por la Dictadura parecen haberse agotado con la flamante libertad; los autores españoles declinan; no hay estrenos clamorosos ni siquiera interesantes; la cartelera está plagada de refritos, de oportunismos, de mediocridad.

Y el TEC lanza su ofensiva con textos viejos, aunque escogidos y difíciles: *El tío Vania*, de Chejov, *Don Carlos*, de Schiller, *La Dorotea*, de Lope, *El Sueño*, de Strindberg. Cuenta con buenos actores, músicos, técnicos y directores, bastantes procedentes del T.E.I.

Su primer empeño es esta representación de *Así que pasen cinco años*, en la que se han sumergido hasta el fondo, asumiendo cuanto de dramático y poético había en ella, potenciándolo y dándole vida. Pero había más poesía que drama.

Lo dramático se pierde por las veredas de la adivinación; a golpes de palo de ciego.Intuiciones, balbuceos, espejismos en un jardín de ensueños. La fuerza de lo onírico se adelgaza en la incertidumbre del experimento. Los versos salvan en algunas ocasiones el vacío de los valores teatrales. Pero son hermosos versos y cargados, además, de la idea central de la obra.

Falta trama dramática, nervios o tendones que la tensen. Pero hay, además del ambiente surrealista al que Lorca se entrega, un aliento trágico, la vivencia de la herida del tiempo, de la muerte, de la impotencia.

Y éste es la faceta que han explotado las gentes del TEC con éxito indudable. Han conseguido sacar de *Así que pasen cinco años* toda su nostalgia, su misterio, su emoción ante el duro golpe de la realidad, de la baraja del ayer y el mañana, la muerte del niño y del joven, el amor imposible, el desconcierto ante la vida; todo en un juego múltiple de espejos, en los que la realidad estalla en pedazos.

La puesta en escena alcanza un nivel extraordinario: recursos escénicos, hallazgos teatrales, potenciación máxima de lagunas, de ambigüedades, de silencios. Los actores llenan el espacio, saltan, cantan, declaman, hasta agotarse y agotar el texto. El vestuario es brillante y evocador. El decorado, onírico. Espléndida la dirección de Miguel Narros.

Hay dos escenas antológicas: la del maniquí y la de los jugadores que acaban con la vida del «Joven». Teatro vivo, con nervio, con estremecimiento; un acierto pleno de movimiento, de plástica y de expresión, que levanta la emoción de los espectadores.

. . . De los espectadores que quedan en el teatro, pues hay que anotar que una buena parte del público se salió a mitad del espectáculo, perdiéndose lo mejor. El aburrimiento, la incomprensión, la incompatibilidad con el lenguaje, con los versos. Y es verdad que la primera parte se prolonga sobre palabras y metáforas, pesa demasiado para nuestro ritmo actual y está falta de tensión. Pero es triste que no lleguemos a aguantar ya la revisión de una pieza que mantiene valores interesantes y está presentada con tanta precisión y belleza.

Octubre 1978

M7-CATALONIA

Un sector de la extinguida civilización mediterránea—el «M7»—es objeto de un análisis desde una civilización posterior y superior, naturalmente sajona. Dos doctores del futuro, en el límite de la asepsia y la impersonalidad, hacen una demostración para el público, como ilustración de un llamado «Informe Wallace-Müller», experimentando sobre cuatro supervivientes, cuatro viejos de la desaparecida Cataluña.

Desde ese marco superdistanciador, se examinan las conductas de los humanos del sector «M7»; ciertos gestos, ciertas actitudes, sus ritos y su sexualidad. El análisis no pasa de somero, quizá por «exigencias del guión», pero puede servir de base para una más concentrada meditación.

Dos esferas contrapuestas coinciden en el experimento. El mundo futuro, científico y aséptico que lo realiza—no muy lejos del «mundo feliz» de Huxley—y el grupo de personas humanas, entrañables y atolondradas que lo sufren.

Con este tema, «Els Joglars» han compuesto una pieza intencionada, inteligente y humorística, donde hallan ocasión para desarrollar su visión crítica del entorno social; esta vez en un tono más bien moderado, porque su objetivo es «la gente» antes que las estruturas sociales.

El coro de blasfemias, la misa y la procesión—temas tan manidos, por otra parte, en el teatro de los últimos años del franquismo—ponen el acento en las actitudes personales, más que en las ceremonias mismas.

Son esas raíces personales las que, en definitiva, dan contenido a la obra. Con su ramplona bastedad y socarronería, el cuadro de esa muestra del pueblo alcanza calidades patéticas. Los cuatro personajes supervivientes están contemplados con ternura no exenta de cierta convicción de inferioridad ante la civilización nórdica. Un borbotón de vida, en la platina convencional de ese laboratorio de ciencia-ficción, dosificadamente esbozado.

M-7-Catalonia es una obra menor. Estamos lejos de otros espectáculos radiantes de «Els Joglars», como el espléndido *Mary d'Ous*. Pero lleva la marca de calidad del famoso grupo. Los actores se mueven con una precisión de relojería, producto sin duda de la perfecta dirección de Boadella. Sin espectaculares «efectos especiales», ni trucos escénicos, ni decorados complejos, dentro siempre de una máxima simplicidad, los gestos y los ademanes son los resortes básicos del juego.

Todo es simple en la pieza. El planteamiento impone un ritmo muy lento, un pausado control, que sólo se rompe en dos o tres ocasiones, cuando estalla la tensión contenida, un resto de furia sin esperanza, de ímpetu sin pretensiones. El pesimismo de «Els Joglars» ante ese pueblo del sector «M-7», es evidente.

El público ríe bastante y aplaude bastante al final. Cuando se le dice que no se admiten los aplausos sino sólo los dedicados a los actores encarcelados, los aplausos crecen.

(No sé qué pasará si *M-7-Catalonia* se estrena en Valencia, tal como están los ánimos por allá. Porque esa «Catalonia» tiene mucho de «Països Catalans». Hay mucho de valenciano en la sorna, la salacidad y la gracia gorda de los cuatro supervivientes. Incluso ecos del Bernat y Baldoví de *El virgo de Visanteta*, con cita del alcalde de Favara incluída. Y la paella que centra el ambiente, entreverada con la misa. Cuidado con el «bunker-barraqueta».)

Noviembre 1978

REPASO A 1978

Quiero pensar que el teatro ha tocado fondo en 1978. Como la abulia política de los españoles.

Quiero pensar que ha sido el año de los últimos estertores de la inercia y va a empezar el «boca a boca» que ha de devolver el aliento a nuestro mundo dramático. El mes de diciembre, con su núcleo en el Referendum Constitucional, puede apuntar la clave.

La verdad es que los autores españoles han dado poco de sí este año. Desde luego, ningún impulso nuevo, ningún síntoma de reacción, de relanzamiento. Coletazos de antiguos movimientos, resaca de mareas olvidadas. O esporádicos oportunismos sin raíces. Muy pocos intentos—y frustrados—de crear un teatro al día, acorde con una onda de futuro. Pero acaso haya sido reflejo fiel del pulso real del país.

La mayoría de los estrenos ha correspondido a obras clásicas o viejas, aunque algunas veces inéditas, desde Lope y Valle-Inclán a Lorca y Alberti. Sólo sorprendió *Así que pasen cinco años* de Lorca, tanto por su espléndida puesta en escena como por sus anticipaciones de fondo, en el juego de la identidad y el tiempo, destacando de su tamiz poético gracias al acierto de Miguel Narros y el T.E.C.

Incluso con seis años de retraso se ha estrenado el Premio Lope de Vega 1972, *Solos en esta tierra*, de Manuel Alonso Alcalde, también agua pasada.

La obra de Arrabal *Oye, Patria, mi aflicción*, puede considerarse una afortunada síntesis del momento que acaba, en una fórmula feliz—la mejor de Arrabal—apoyada por la escenografía extraordinaria de Cytrynowsky y una estupenda interpretación de Aurora Bautista.

La aportación de Nieva, con su primera obra «escrita en libertad», *Delirio del amor hostil*, se redujo a una insistencia en los temas de la marginación y la transgresión moral a través de un alambicado ejercicio verbal.

El teatro político de actualidad flaqueó tanto por la izquierda (*Cabaret político*, de Umbral, Vicent y Cándido) como por la derecha (con piezas inferiores pero sintomáticamente más exitosas, como *Cero a la izquierda* o *Cara al sol con la chaqueta nueva*).

Sin embargo, hubo una comedia que logró romper el cauce y acertar en una visión actual de la situación política, con un lenguaje por primera vez adecuado y libre de los guiños y sobreentendidos a la usanza de los tiempos de la dictadura: *Tú estás loco, Briones*, de Fermín Cabal, puesta por la «Compañía Monumental de las Ventas» en la esforzada Sala Cadarso. La historia de los falangistas que abren los ojos tras la muerte de Franco, contada con veracidad, rudeza y gracia, dentro de un respeto a la humanidad del personaje central, con algunos hallazgos considerables, surgiendo del tono de la farsa.

También en la Sala Cadarso vimos *Muerte accidental de un anarquista*, de Darío Fo, sobre el tema de la represión policial, expuesto con crudeza y resortes dramáticos eficaces.

Por último, cabe destacar *M-7, Catalonia*, excelente trabajo de «Els Joglars», bajo la dirección de Boadella, que con un pretexto futurista subraya los gestos y los hábitos de los «Países Catalanes» de hoy, aunque con el recuerdo más bien fijado en el ayer.

En cuanto a nuestros visitantes americanos, el «Grupo Rajatabla» puso con gran acierto *El Candidato*, del colombiano Enrique Buenaventura, y una versión dramática de *El Señor Presidente*, de Miguel Angel Asturias, exponentes del teatro y de la situación política de América Latina.

Y si pasamos a los autores «extranjeros», vale casi la misma conclusión: Seguimos con Strindberg (*El Padre*), Samuel Becquet (un *Esperando a Godot*, interpretado sólo por mujeres), Chejov (*El Tío Vania*, en una excepcional representación del Teatro Estable Castellano, con Ana

Belén como destacada intérprete) y los espectáculos musicales de Lindsay Kemp, especialmente su impresionante *Flowers*, apoteosis de la expresión corporal y la audacia.

Llegamos así al final del año, cuando entra en escena, con propósitos de nuevo impulso a nuestro teatro, el «Centro Dramático Nacional», creado por el Mnisterio de Cultura, bajo la dirección de Adolfo Marsillach, con base en el Teatro María Guerrero (donde pondrá obras clásicas en régimen de repertorio) y en el de Bellas Artes (predominantemente para teatro español moderno y renovador). En el primero se ha estrenado *Noche de Guerra en el Museo del Prado*, de Alberti, con escenografía del Grupo Crónica y dirección de Ricardo Salvat, cuyo escaso valor teatral se compensa con la fuerza de los versos ocasionales y la evocación histórica. Pero no perdonamos a Alberti que en su «parlamento» de la noche de estreno no citara siquiera a su mujer, María Teresa León, verdadera protagonista de aquellas horas.

En el Bellas Artes se ha puesto, con una excepcional escenografía de Cytrynowsky, *Las Bodas que fueron famosas del Pingajo y la Fandanga*, de José María Rodriguez Méndez, autor afortunado en la represensentción de sus obras, pues no hay que olvidar la brillantez de su *Beaterio de Santa María Egipciaca*. Su último estreno, bajo la dirección de José Luis Gómez, constituye una auténtica fiesta para el espectador teatral que tiene ocasión de volcarse en el aplauso a los actores, decorados, ritmo, director y texto, sobre todo en su segundo acto.

¿Marca este estreno, coincidente con el de *El Tío Vania*, la inflexión tan deseada en el panorama tristísimo del teatro en Madrid? El año 1979 que empieza nos lo podrá confirmar.

Diciembre 1978

EL HORROROSO CRIMEN DE PEÑARANDA DEL CAMPO

El Grupo Teatro Libre (recordamos su estupendo espectáculo *¡Viva el Duque, nuestro dueño!*) ha puesto en la Sala Cadarso la primera pieza teatral de Pío Baroja que se estrena en Madrid. Medio siglo ha tenido que pasar para que pudiera representarse *El horroroso crimen de Peñaranda del Campo*; en verdad, sólo un momento tan raro en la Historia española como el que vivimos ha permitido semejante oportunidad.

Se trata de una bronca diatriba contra la pena de muerte y, sobre todo, contra quienes la mantienen y ordenan. Todos los típicos argumentos abolicionistas se conjugan uno tras otro. Y todos los temas y esquemas del mundo barojiano se concentran sirviéndoles de entramado: El pueblo mísero, reducido casi a la animalidad, a la impotencia. Las fuerzas sociales poderosas caricaturizadas en un militar, un magistrado, una señora burguesa. Y centrando ese trío, los dos polos que contrastan su postura: el anodino del funcionario-instrumento, encarnado en el Director de la Prisión, y el crítico representado por el médico, que se enfrenta con valor a esa sociedad y diagnostica ingenuamente la oligofrenia del reo de muerte, como prueba de su inocencia. El capellán de la cárcel, un monigote residual, completa el panorama. Porque el verdugo es otro representante de ese pueblo miserable, ignorante e impotente, para quien la muerte, por ejecución o por suicidio, no es más que una solución como cualquier otra a su hambre y su paro.

La acción es muy elemental, basada en las palabras significativas y en el sentido de las situaciones. La frase «¡Si los Magistrados quieren condenar a muerte, que maten ellos!» puede reflejar el tono del texto. Militares y magistrados salen malparados; hasta el punto de que casi matan a palos al reo cuando llega el indulto, defraudados por la falta de aplicación de una pena de muerte impuesta por evidente error.

La sucesiva concatenación de razones y ejemplos falla al final. Baroja no supo acabar su farsa o su sainete violento; no supo sacrificar las posibles soluciones y las amontona todas, una tras otra. Los «finales» se suceden, reiterativos, frenando y aguando la combinación.

Sin embargo, el «Grupo Teatro Libre» ha convertido la obra en un espectáculo vivo, jugoso, chocante en su destartalado montaje. Los actores reviven una verdadera jarana, saltando entre los espectadores, jugando, bebiendo, peleando, mezclando el circo y el mimo con la farsa y el sainete. Y, sobre todo, interpretando de manera ejemplar y original sus papeles.

Toda la pieza ha sido potenciada con detalles nuevos, con aparentes improvisaciones, con movimientos y situaciones ajenos al texto. Un teatro joven, popular, basado en el ingenio y el esfuerzo personal, sin la menor apoyatura en los recursos escénicos; un teatro que merecería la protección del Estado, más que los «espectáculos finos», a base de costosos decorados, con que nos adulan las instituciones oficiales.

Por fortuna, la pena de muerte está ya abolida entre nosotros, y el alegato de Don Pío llega un poco tarde. A lo mejor, por eso llega.

Febrero 1979

EXTRAÑO JUGUETE

El predominio del juego de los actores sobre el texto del autor está patente en este *Extraño juguete*, de la autora-actriz argentina Susana Torres Molina. No quiere esto decir que el texto sea accesorio en este espectáculo teatral que consigue desde luego arrastrar al espectador a su terreno, más cómico que dramático. La obra se basa en el equívoco radical de la historia, que justifica los aparentes absurdos, la «exasperación» de las reacciones más insólitas de los personajes.

El texto se instala en la estela de Pinter, en sus claves argumentales, sobre todo en alguna de sus obras más sencillas. Tampoco lo pretende ocultar la autora, que se ha propuesto, evidentemente, obtener una excusa de fondo para dar sentido y validez al teatro-acción en el que los actores alcanzan una extrema libertad, prendiendo la atención del público, su curiosidad y su desconcierto.

La experiencia resulta valiosa, porque las dosis de inteligencia y de intención compensan las del truco y el entretenimiento.

La obra alcanza el éxito gracias a la calidad de los actores, bajo la atinada dirección de Norma Aleandro. Es necesario destacar, junto a Susana Torres y Zulema Katz, la estupenda interpretación de Eduardo Pavlovsky, llena de matices, de registros muy variados, de mucha fuerza cómica y de una profundidad psicológica que sorprende.

Esta clase de teatro, vivo, directo, próximo al circo y al juego, tradicional en sus efectos pero en la órbita de las corrientes más actuales, con la suficiente dignidad intelectual pero sobre todo con capacidad para absorber y divertir al público, puede hacer bien a la causa de nuestro teatro, que cuando se eleva no consigue interesar demasiado al espectador, presa de exigencias elitistas o de pretensiones intelectualizantes.

El teatro argentino que nos está llegando—y pienso también, por ejemplo, en *El Gran Deschave* y *Orquesta de señoritas*—puede suponer una inyección de vitalidad o, al menos, un acicate que no debe desaprovecharse.

Abril 1979

ANTAVIANA

El grupo catalán «Dagoll Dagom» ha estrenado en Madrid—Teatro Martín—su *Antaviana*, un conjunto de escenas basadas en cuentos de Pere Calders, cuidadosamente barajadas, representadas con minucioso mimo.

Todo al servicio del texto, podría ser el tema. Y en efecto se escucha al autor en todo momento. Los elementos literarios salen triunfantes. El choque entre lo mágico y lo cotidiano se resuelve con naturalidad. El realismo predomina, pero cargado con una buena dosis de nostalgia, de cierta indulgencia ingenua y sabia hacia la fantasía.

Teatro honrado, concienzudo, donde los valores primordiales son la frescura, la sensibilidad, la medida y la sencillez.

El espectáculo entero está impregnado de ironía, pero en un tono amable, casi bondadoso. La crítica es respetuosa, un tanto distante y contenida. Cuando se utiliza la caricatura, apenas se exageran los rasgos más que lo justo para que advirtamos la intención.

Naturalmente, el acierto es desigual. No se consigue—ni se intenta —apasionar al público. Se le capta a medias, sin pretensiones. La atmósfera poética se hace perdonar a fuerza de sonrisa.

Su fuerza descansa en el trabajo de los actores, sin efectismos, artesanal, cuidadísimo. El ambiente de la cena de Navidad, por ejemplo, está cuajado. Hay un profundo conocimiento de los personajes, de sus engranajes psicológicos elementales pero complejos a la vez, de sus condicionamientos sociales, de su contexto político, religioso y cultural.

También aciertan con el decorado, un hallazgo en su simplicidad. El telón oblicuo y curvo, transparente a veces y radiante otras, que parte en diagonal el escenario, alcanza un valor propio con la colaboración decisiva de la luminotecnia. Y el vestuario—especialmente en las últimas escenas—es otro acierto.

Del grupo «Dagoll Dagom» habíamos visto aquí su espectáculo *No hablar en clase*, más áspero, más violento y directo, que insistía en la crítica sin contemplaciones a la formación cultural y espiritual de las últimas generaciones de españoles.

Con *Antaviana*, el grupo se afianza y se ahonda, cobra serenidad y aplomo. Es como si hiciera un alto y recapacitase antes de emprender un nuevo vuelo.

Mayo 1979

105

¿FUISTE A VER A LA ABUELA?

Creación colectiva en torno a un texto de Fermín Cabal, *¿Fuiste a ver a la abuela?* pretende ser una crítica sin contemplaciones de la represión familiar y social que hemos sufrido.

En esa línea, no se ahorran improperios ni se respeta ningún tabú. Crispaciones, dislocamientos, análisis sucintos, repeticiones obsesivas, expresionismo de medio alcance.

El equipo ha funcionado bien. Muchos detalles parecen recuerdos aportados por cada cual, experiencias de unos y otros, anécdotas superpuestas, ocurrencias sobre la marcha. La labor de «montaje» de todo ese material parece también improvisado.

Los miembros del grupo independiente «Magerit» han conseguido un trabajo técnicamente impecable, como ensayado sin descanso. Los actores se destrozan en la representación: golpes, gritos, carreras; una agitación incesante les descoyunta.

La historia resulta así una historia múltiple, varia, descoyuntada. Personajes con muchas caras, con muchos denominadores comunes, con una identidad muy compartida.

Quizá resulten inevitables la superficialidad, los lugares comunes también, la ingenuidad en la crítica, la falta de una dirección clara, de un sentido homogéneo, sin contradicciones. Hay palos de ciego, piezas que no encajan en el contexto, adherencias superfluas, golpes injustificados, repeticiones inútiles.

Se advierte a ratos, sobre todo, la falta de un texto literario. La pretendida naturalidad, cotidianeidad del léxico, a veces resulta de una pobreza que raya en el simplismo, en el trámite.

No nos hallamos ante una obra teatral consistente, que pueda durar, como muestra incluso histórica de un momento de una generación, sino ante un ejercicio instantáneo, válido pero efímero, de una crítica reconocida, aceptada y ofrecida a los simpatizantes con fruición y entusiasmo; al público de la Sala Cadarso, ya hecho a estos espectáculos.

Seguimos, en fin, donde estábamos. Pero nuestro teatro debe ir más allá, romper el círculo de todo un ciclo que tuvo su momento heróico en los últimos años de la dictadura, y no se crece con la insistencia ni con el énfasis ni con las anotaciones a posteriori.

¿Fuiste a ver a la abuela? acumula más datos, añade matices al teatro político de aquella etapa. Pero no supera siquiera la línea marcada por *¿Estás loco, Briones?*, la anterior obra de Fermín Cabal.

Mayo 1979

JUECES EN LA NOCHE

En octubre de 1949 se estrenó *Historia de una escalera*, con la que salió a la luz un nuevo autor: Antonio Buero Vallejo. Ahora, en octubre de 1979, se estrena en el Teatro Lara de Madrid su obra número veintiuno: *Jueces en la noche*. Entre una y otra, treinta años de trabajo, de testimonio y de prestigio. Nadie regatea ya a Buero su honradez, su valentía al forzar hasta el máximo los límites de expresión con que ha contado en cada momento. Después de lustros de censura, de autocensura y de vigilancia, llega la ocasión en que teóricamente el escritor de teatro puede escribir lo que quiera y como quiera, si no teme a las fuerzas oscuras o a los «poderes fácticos» supervivientes; si no teme al público, al entorno social, etcétera.

En estas circunstancias, después de dos años de silencio—*La Detonación* fue su estreno anterior—, Buero nos muestra *Jueces en la noche* a la que, curándose en salud, llama «misterio profano en dos partes».

Y de nuevo demuestra Buero que sigue agotando en su valentía el espacio posible de avanzada.

Jueces en la noche toca el nervio más vivo y más profundo a la vez de la actualidad, las «últimas noticias» de la situación política de España. No sólo porque el protagonista es un antiguo ministro de Franco que se adapta a la nueva situación y se instala en la democracia aparentando romper con su pasado, sino porque afloran en la trama los temas de las policías paralelas, la falta de colaboración de ciertos policías, la actitud del Ejército ante el nuevo régimen político, el peligro de involución, la posibilidad del golpe, el terrorismo, en fin, visto desde dentro, con una visión que supone apostar por una de las hipótesis en curso, la de que este terrorismo tiene por objeto provocar el golpe y está manipulado por la extrema derecha, con la complicidad o al menos el encubrimiento de sectores pretendidamente centristas, financieros, intereses internacionales.

. . .Teatro político, en fin. Y, en cuanto que la apuesta por la versión izquierdista del problema está asumida con todas las consecuencias, teatro político comprometido.

Es fácil por eso la acusación de maniqueísmo. Frente a la corrupción de la derecha, su doblez, su hipocresía, su conciencia cargada de crímenes, se contraponen por la izquierda tipos puros, mártires, víctimas: desde el joven muerto a palos en interrogatorios policiales sin que delate a sus compañeros, pasando por el caso Grimau, hasta la militante de un partido progresista que es «marcada» en la cara a punta de navaja por una banda de muchachos de extrema derecha. (Realmente, Buero aprovecha al máximo los datos reales.)

Lo que ocurre es que Buero desarrolla en su obra un diagnóstico de la situación, una tesis ideológica que muchas veces deja desnuda en la voz de unos u otros personajes que hablan en realidad con la voz del autor. De ahí que en importantes escenas se escuchen argumentos, invocaciones y análisis del pasado o meditaciones sobre España que no obedecen al ímpetu o a la entraña de los personajes que los pronuncian, resultando artificiosos, desprovistos de justificación dramática, aunque no de justificación ideológica.

Así, los personajes aparecen un tanto envarados, aprisionados en los moldes de los tipos que representan.

El lenguaje se ha cuidado minuciosamente, aquilatándolo y estrechándolo una y otra vez, hasta parecer casi irreal de puro sintético, de puro cristalino.

El predominio del control intelectual de la trama mina la espontaneidad de la acción, donde el exceso de medida impone cierta frialdad distante.

Es evidente que Buero, queriendo agotar el nuevo espacio permitido y extremar la vanguardia, invade el terreno de la especulación política en su drama.

Lo más convincente, para mí, es la parte onírica de la obra, que llega a convertirse en su mejor estructura dramática. La sucesión de pesadillas repetidas, obsesionantes, cada vez más clarificadoras, que van creciendo en el protagonista hasta apropiarse de su identidad, alcanza en determinados momentos un clima casi de terror.

En contrapartida, la excesiva expresión de las claves ideológicas, que llega a hacer demasiado explícitas las soluciones, resta humanidad a las figuras reales.

En el estreno hubo aplausos, aunque sin un entusiasmo generalizado, y algunos pateos. Buero, en sus palabras finales, aceptó unos y otros. «Porque España, dijo, ha de ser así: con pateos y con aplausos, pero nunca con crímenes». Una ovación ahora sí unánime cerró el estreno de una obra que despertará grandes repulsas y grandes adhesiones; pero que, sin ser de lo mejor de Buero, demuestra que su autor no ceja en la exigencia, en el trabajo y en la valentía.

Octubre 1979

EL TEATRO EN MADRID, 1979

El terminar el año 1978, decíamos que el teatro había tocado fondo. Ahora aquella apreciación nos resulta optimista, un buen deseo del que tampoco estábamos convencidos. Porque la curva ha seguido descendiendo en 1979, como la de la Bolsa, hasta el punto de justificar las palabras de Buero con ocasión de su último estreno: «¡Salvemos el teatro» Todo parece confirmar—incluso este último estreno de Buero—que no hay manera de levantar el teatro. O, al menos, el teatro que venimos estimando deseable. Porque ciertas comedias, ciertas piezas ocasionales, algunos estrenos esporádicos han conseguido el favor del público e incluso han dado en la diana de la sensibilidad teatral de todos.

No es fácil, debemos reconocerlo, remontar una pendiente que viene de demasiado tiempo atrás. Como ha escrito José Monleón en *Triunfo*, nuestro teatro tiene a sus espaldas muchos años difíciles y sus males son los males de esa dificultad resumida a veces en una realidad sociopolítica, pero asentada en viejos procesos de subdesarrollo cultural.

La entrada de esa corriente abajo en los rompientes de la nueva situación social y política del país, ha venido a descomponer, a precipitar, la tendencia al desastre. Quizá estos años de desconcierto nos ahorren otros muchos de continuidad de aquella caída.

Podemos pensar que el año 1979 ha marcado las dos tendencias contrapuestas: la de quienes quieren frenar la bajada, o incluso remansar y remontar aquella corriente, y la de quienes han decidido aprovechar los restos de la fuerza descendente.

Anotemos los esfuerzos de «El Gallo Vallecano», de la Sala Cadarso, del Centro Cultural «La Corrala», del «Teatro Complutense», del Teatro Estable Castellano, del Grupo Teatro Libre y de tantos otros que, desde la base, con medios más o menos endebles, consiguen poner en escena espectáculos jugosos, frescos, vivos. Ultimamente ha aparecido un ambiguo «Teatro Inestable Castellano», que, con la obra de Arniches *La venganza de la Petra*, parece iniciar una reacción.

Así hemos visto interesantes realizaciones, como *Antaviana*, del Grupo Dagoll Dagom; *¿Fuiste a ver a la abuela?*, de Fermín Cabal; *Los fabulosos negocios de Ivar Krueger*, de Berquist y Bendrik; *El horroroso crimen de Peñaranda del Campo*, de Barjoa; *Sopa de pollo con cebada*, de Arnold Wesker; *El Proceso*, de Peter Weiss.

Los autores españoles no han dado ninguna obra importante. *Jueces en la noche*, de Buero Vallejo, pese a su indudable valentía y compromiso, no aporta nada nuevo a la trayectoria de su autor. Alfonso Sastre ha estrenado en El Gallo Vallecano una versión de su obra *Ahora no es de Leil*, donde acentúa la crítica ácida y la dialéctica política, pero en forma sobradamente lenta y enfática; no obstante, destacan méritos sorprendentes en el lenguaje, con inclusión de una terminología marginal, suburbial, carcelaria, y su ambición de siempre.

Ningún autor nuevo.

Por otra parte, Santiago Moncada ha estrenado dos obras mediocres, fáciles y vacías, de sentido negativo en nuestro esquema, interpretadas por dos grandes actrices, sin embargo: Julia Gutiérrez Caba y Amparo Rivelles, que reaparece. Se trata de *Vivamos hoy* y *Salvar a los delfines*. Ambas en la línea del tópico.

Con el éxito oportunista y reaccionario de *Un cero a la izquierda*, su autor ha insistido con su nuevo panfleto *1977 Año teatral Dios os lo demande*, donde se hace la opología del régimen caído, de la Iglesia más reaccionaria y de la ultraderecha, a costa de la democracia.

Pero no vale la pena examinar esta corriente más que para dar fe de su existencia.

Han destacado este año las adaptaciones de obras clásicas: *El tío Vania*, de Chejov; *Historia de un caballo*, de Tolstoi y *Veraneantes*, de Gorki, recién estrenada; los viejos escritores rusos, imperecederos. Si añadimos otro éxito, *Filomena Maturano*, de Filippo, advertiremos la tendencia a buscar piezas seguras.

El mismo sentido puede tener el estreno injustificadamente aparatoso de *Cierra el ojo*, de Rojas Zorrilla, en el Teatro María Guerrero, con que el Centro Dramático Nacional echó la casa por la ventana, no sabemos por qué. Y, también, *Lástima que seas una puta*, de John Ford, *Don Carlos*, de Schiller, o la *Fedra* de Espriu.

Pero el colmo de las adaptaciones ha sido el *Tartufo* de Molière en una nueva versión, para la última circunstancia, de Enrique Llovet y Adolfo Marsillach, ahora con una perspectiva aparentemente más a la izquierda, dirigida contra los actuales tartufos del poder, pero superficial y también oportunista; otra vez gato por liebre.

Nada nuevo ni siquiera renovador, en fin.

Con la sustitución de Adolfo Marsillach por Núria Espert y José Luis Gómez en la dirección del Centro Dramático Nacional, se inaugura una etapa que deseamos sea más fructífera. A ella debemos, de momento, las mejores muestras teatrales que han podido ver los madrileños en 1979: las ofrecidas por el Teatre Lliure de Barcelona, en el María Guerrero y la Sala Cadarso, a lo largo de unas sesiones desgraciadamente escasas: *Titus Andrònic*, de Shakespeare; *La nit de les tribades*, de Per Olov Enquist; *Loneci i Lena*, de Buchner; *Abraham i Samuel*, de

110

Víctor Heim, y el espléndido fin de fiesta que supuso *La bella Helena*.
Teatro ejemplar, vivo y esperanzador.

Diciembre 1979

CINCO HORAS CON MARIO

La escenificación de una obra de Miguel Delibes supone un cierto acontecimiento literario.

Miguel Delibes, a lo largo de treinta y tres años de trabajo serio, honrado y profundo en el campo de la novela, ha alcanzado el respeto y el afecto de ya varias generaciones. Y es natural que el acontecimiento de su primera versión escénica nos interese a todos.

De sus novelas, *Cinco horas con Mario* era precisamente la que más se prestaba al experimento.

Aquel monólogo interno, de casi trescientas páginas, cinco horas de una mujer justificándose ante el cadáver del marido, autorretratándose y sobre todo revelando como sin querer la personalidad del muerto, su miseria y, a pesar de la viuda, su grandeza, su inmensa superioridad despreciada, caricaturizada, se ha convertido en una pieza rotunda, de un solo acto de ochenta minutos de duración, con un solo personaje en escena hasta casi el final.

El texto de Delibes, su lenguaje preciso, llano, cotidiano, aunque no siempre espontáneo, porque a veces obliga a decir a su personaje frases significativas que—por su exageración—lo traicionan, apenas ha tenido necesidad de retoques de estilo para adaptarse al escenario. Se ha abreviado, naturalmente, se ha tensado al eliminar lo accesorio, al ceñirse al nervio del tema.

Pero las palabras, el tono, el hilo lógico, los mecanismos verbales y mentales del personaje, su actitud entera, se han mantenido incólumes en el trasplante.

¿Es que se trataba de un lenguaje ya teatral en lugar de novelesco? Algo de teatral tenía la novela; no sólo había realismo en el soliloquio de la protagonista—o, más bien,antagonista. Sin duda no había sido escrita pensando en el teatro, pero el desenvolvimiento del tema, página a página, no estaba lejos de un planteamiento dramático.

Recuerdo, aunque no venga muy a cuento, la pieza de O'Neill *Antes del desayuno* también de un solo acto, también de un único personaje en escena, también una mujer que habla con su marido invisible y callado en una retahila de recriminaciones.

111

Los paralelismos son múltiples. Delibes ha descendido a un ambiente más local, más fijado por las coordenadas políticas españolas de los años sesenta, mientras que O'Neill cala en unas situaciones más universales. Pero el enfoque de ambos es muy parecido. Los dos nos muestran un cuadro en forma indirecta, a través de un testigo parcial, cuya parcialidad precisamente se convierte en el resorte y en el método precisos para hacernos intuir una realidad que en principio se nos escamotea. En ambos enfoques había desde el origen una misma intención dramática; casi diría un similar hallazgo teatral.

Por eso creo un gran acierto haber llevado la novela al escenario. Hasta casi me parece que su personaje central ha encontrado en él su lugar óptimo de expresión. La adaptación del texto, tasándolo y redondeándolo, me parece excelente, sobre todo en el final, atinando a cortar justo en el momento más oportuno.

Muy bien el espacio escénico, como el interior de un ataúd donde las voces tienen una resonancia realmente sugerente; mientras el féretro donde reposa «Mario» está sólo insinuado, aunque lo suficiente para que notemos su silencio irreversible ante las palabras angustiadas de la mujer.

Ha dirigido la representación, con eficacia, Josefina Molina, novel en este menester teatral, aunque con experiencia en Televisión. Supongo que a ella ha de destacarse a la hora de repartir méritos.

Y, desde luego, a Lola Herrera, que dice perfectamente el texto de Delibes, exprimiéndolo y subrayándolo hasta sus últimos hilos, y transmitiéndolo al público en su integridad, sin que se pierda ni el menor matiz, ni la intención del autor en sus más accesorias frases.

Porque en verdad nada sobra en la pieza. Y diría que tampoco falta nada. La dosificación es tan precisa que alcanza exactamente para llenar la medida del espectador. De ahí su éxito quizás, junto con esta interpretación esforzada y extraordinaria de Lola Herrera, secundada en la última escena con igual acierto por Jorge de Juan en el brevísimo pero importante papel del «Mario» hijo.

Debemos felicitarnos, en fin, de que halle una eficaz vía de expresión esta muestra del talento literario de Delibes, cargada de humanidad y de bondad.

Enero 1980

¡VIVA LA PEPA!

La Cooperativa artística «Octubre» ha estrenado en el teatro Fígaro *¡Viva la Pepa! (Cádiz 1812)*, de Juan Antonio Castro. Se trata de la primera pieza (aunque sea la última en escribirse y estrenarse) de su trilogía *Sobre la piel de toro*, cuyas otras dos fueron *Tiempo del 98* y *Tauromaquia*, de las que ya hablamos en su día en estas páginas.

¡Viva la Pepa! plasma en escenas, imágenes y canciones múltiples, cronológicamente ordenadas, pero de diferente naturaleza y calidad, los antecedentes y avatares de la Constitución de 1812, con evidente intención de proyectar su recuerdo sobre la actualidad y el futuro de la que estamos estrenando. La oportunidad no puede ser mayor.

Juan Antonio Castro ha pretendido hacer «teatro-shock»: «teatro de choque en el que se alternan los más dispares medios formales, desde el sainetillo a la pequeña tragedia, pasando por la parodia, la épica o musical o lo trágico-cómico».

¿Vale la definición? Más bien su parte descriptiva y su propósito. para mí, la pieza resulta demasiado explícita, demasiado predeterminada. Se preparan sin rebozo las situaciones, los contrastes, los efectos. No hay sorpresa alguna. Por eso, el «shock» no se produce. Todo se prevé, se está viendo venir. Con frecuencia advertimos al autor construyendo sus artilugios y sus trampas, organizando el truco; resulta a veces enternecedor, y ya sé que no es nada halagador para un autor teatral. Podría pensarse, en su defensa, que se trata de una sinceridad distanciadora, brechtiana. Tal vez; pero el producto no convence.

Hay mucho de simple lección de Historia, aunque se haya pretendido lo contrario. La aparición de «La Historia», con su antiretórica y su ironía desmitificadora, no consigue remontar la dependencia de los datos históricos. Y acaso lo más conseguido sea, precisamente, el reflejo de algunos momentos ambientales de la época, lo subrayadamente «racial», lo popular, el desgarro del *¡Viva la Pepa!*

El primer acto se mantiene en pie gracias a ese aliento popular, y a varios parlamentos y monólogos fuertemente caricaturizados, desorbitados, con ribetes de panfleto. El de mayor efecto, un sermón virulento, anticlerical, muy cargado de intención y de pasión, que levantó encendidos aplausos del público de estreno. Y el movimiento de majas, majos y monjas en la plástica colorista del conjunto.

Sin embargo, en el segundo acto, pese a algunos aciertos de concepción, el nivel de brillantez desciende mucho, hasta el punto de perderse el interés por lo que sucede en el escenario.

113

Escenografía, vestuario y decoración son pobres, y naufragan ante las condiciones mínimas del local y de los espacios aprovechados por encima de lo posible.

El esfuerzo de los actores ha de destacarse sobre todo: Seis hombres y cuatro mujeres interpretan por lo menos sesenta y cinco personajes distintos, dándonos la impresión en todo momento de una gran muchedumbre que se agita por los distintos planos del escenario, imponiéndose con sus gritos y sus voces incesantes.

Las canciones no dan tampoco el tono necesario. Salvo varias salidas oportunas de conjunto, un romance de ciego y algún efecto gracioso.

Creo, en fin, que *¡Viva la Pepa!* es la más floja de las tres piezas de la trilogía ibérica de Juan Antonio Castro, pese a sus evidentes buenos propósitos. Demasiado evidentes. Y es una lástima porque experimentos y esfuerzos admirables como el de esta Cooperativa merecen mejor fortuna; además—desde luego—de mayor ayuda.

Febrero 1980

LA ODISEA. EL ASALARIADO. PETRA REGALADA

Los estrenos teatrales se multiplican estos días en Madrid. En las últimas semanas hemos visto *Un tal Macbeth* del grupo Tábano, *Del Laberinto al 30*, de José Luis Alonso, *Las bragas o de la vida heróica de la burguesía*, de Carl Sternheim, *La Odisea*, de «Els Joglars», *El asalariado*, de Quiles y *Petra Regalada*, de Antonio Gala, entre otras obras.

Voy a referirme hoy a las tres últimas porque representan líneas dramáticas cuyo análisis me parece útil contrastar.

La Odisea de «Els Joglars» está cualificada por el juego, la libertad expresiva, la informalidad y el apoyo en hallazgos yuxtapuestos, de carácter humorístico, escénico o poético. La escena inicial de los actores desnudos que esperan la distribución de los trajes, la merienda campestre de Ulises, Penélope y Telémaco, la partida del héroe hacia la guerra, la ínfima presentación del caballo de Troya, o el reencuentro de Ulises y Penélope, son hitos, entre otros muchos, que marcan el derrotero de la obra.

Lo mitológico, desde la perspectiva desenfadada de «Els Joglars», es el objetivo ideal de su viejo afán desmitificador, dentro de un ambiente de broma y alegría; sin que la amargura o el veneno lleguen a alcanzar las dosis mínimas de la ironía.

Un gran sentido de la observación de los modos humanos, de las limitaciones y miseria del hombre, da sin embargo cierta hondura a la obra, dentro de sus modestas pretensiones.

El espectáculo es relajante, provoca constantemente la risa y resulta muy complejo en su conjunto: Canciones, danzas, juego de disfraces, su escena de títeres frente a Polifemo, trucos de lenguaje de gran efecto. Una interpretación impecable y una dirección que ha dejado mucho margen a los actores (o al menos que ha contado bastante con ellos), donde se aprecia la mano de Boadella.

El asalariado, de Quiles, se encuentra en el polo opuesto. Eduardo Quiles es un prolífico autor valenciano que hasta ahora sólo había estrenado sus obras en América, donde le llevó el exilio y la represión. Son obras esquemáticas, simbólicas, rabiosamente caricaturizantes, donde se expresan ideas puras, planas, en contrastes absolutos: el empresario, el asalariado, el robot, las multinacionales, el capitalismo, el dictador, la corrupción, el sexo, etc.

El asalariado fue escrita en 1969 y estrenada en Estados Unidos en 1977. Su texto resulta ahora demasiado didáctico, pese a todos los distanciamientos, piruetas, metáforas y distorsiones, con que se subraya la intención, el mensaje, las claves de cada escena. Es un teatro elemental y excesivamente serio, que quiere plasmar la situación desesperada del hombre, triturado en la maquinaria del sistema dominante.

La Compañía «Mare Nostrum» la ha puesto en escena en el Centro Dramático de la Villa de Madrid, sin conseguir arrastrar al público, convencido de antemano de la tesis expuesta.

También en *Petra Regalada* el simbolismo absorbe el esquema fundamental de la obra, pero reducido al tema de España, a pesar de que pueda abstraerse hasta hacerlo abarcar las relaciones generales del poder, la opresión y la corrupción en cualquier latitud.

Sin embargo, al menos en el primer acto, bajo ese esquema de símbolos políticos, late otro esquema más profundo, más humano, el de las relaciones íntimas de sexos, personalidades y dominaciones morales.

Es un primer acto jugoso, vivaz, pleno de gracia y desgarro, donde el talento del autor y su humor obligan a perdonar y a olvidar las arbitariedades escénicas, que quedan envueltas por el esplendor del texto.

Naturalmente—nadie pretenda exigirle ya otra cosa—Gala no renuncia nunca a aprovechar la oportunidad de ensartar una frase brillante en cualquier parlamento, sea o no adecuada a la condición intelectual o psicológica del personaje. El público ha acudido a oir a Gala y sus títeres son con frecuencia meros portavoces, por muy distantes que estén de su línea ideológica o cultural. Con frecuencia atribuye estas frases propias al protagonista con quien más se identifica; en este caso, la mujer prostituída y sacralizada que es «Petra Regalada». Pero otras veces no tiene empacho en dejarla en boca del cacique, el notario, el alcalde o la «fraila».

Toda esta brillantez verbal, organizada convencionalmente por el autor, culmina en la escena final del primer acto, con el discurso inverosímil, tremendo y magnífico de la protagonista. Claro que para ello ha contado con una actriz tan extraordinaria y tan llena de encanto como Julia Gutiérrez Caba.

Por desgracia, en el segundo acto, esa otra estructura literaria que fluye del talento y de la personalidad de Gala, desaparece, se ve poco a poco asumida por el esquema simbólico, cada vez más seco, más neutro. La enfermedad y muerte del tirano, los planteamientos de la transición, el desencanto del pueblo, están demasiado calcados de la realidad histórica española, demasiado reducidos a líneas, a definiciones. Los personajes se descarnan. Hasta la protagonista se va acostumbrando a cumplir ciegamente los órdenes del autor.

Y como falta la vestidura brillante y jugosa de la primera parte, la obra naufraga en su barroco escenario donde se mezclan inverosímilmente todos los símbolos de la España eterna: los exvotos, la cama prostibularia, el confesonario, la mesa de juego, el balcón de las arengas . . .

Los símbolos nos devoran.

Marzo 1980

EL CRUCE SOBRE EL NIÁGARA

Alonso Alegría es un autor peruano que obtuvo en 1969 el Premio Casa de las Américas, de La Habana, con la obra *El Cruce sobre el Niágara* que ha estrenado ahora la Compañía de la Sala Cadarso de Madrid.

Se trata, en su esquema, de una historia política en que lo maravilloso parece al alcance de la mano, al borde mismo de las potencias humanas.

Gira en torno a una anécdota real: el cruce sobre el Niágara de un equilibrista francés, Blondin, que a fines del siglo pasado atravesaba las cataratas sobre un cable.

La anécdota ha sido convertida en un proceso de acercamiento de dos soledades, la fusión de dos personas en una síntesis. Carlo, el joven admirador de Blondin, que llega a cruzar el Niágara subido a sus hombros, identificado con él, aporta la fantasía, la audacia, la tentación de vencer las leyes de la Naturaleza, de volar; pero también el miedo. Blondin aporta la experiencia, la seguridad, el sentido común, la inercia, la fuerza de gravedad.

Del enfrentamiento primero y luego de la amistad de ambos, de su ensamblaje trabajoso, surge «Icarón», que acaba teniendo una personalidad propia, en la que Blondin tiene miedo y Carlo le infunde seguridad, hasta que ambos, convertidos en uno, pueden superar el cruce simple del Niágara y llegan a prescindir del cable para alcanzar el sueño de volar sobre el río.

La idea, atrayente, se ha realizado en una serie de escenas un tanto monótonas, basadas en diálogos planos y reiterativos entre ambos personajes, que no sólo enfrentan sus ideas sino que relatan su pasado, nos exponen sus vidas solitarias. Pero la conversación no es rica, le falta sustancia dramática, densidad y dinamismo interno. Así, la apoteosis final, el momento culminante del cruce del Niágara, queda en la memoria como un esplendor fugaz, demasiado laboriosamente preparado con cataratas de palabras pobres y repetidas.

Los actores Felipe Gallego (procedente de Tábano) y Manuel Monroy (del Teatre Lliure) se esfuerzan en dar patetismo a esas palabras, sin conseguir superar el nivel real de las mismas. Les ha dirigido Josep Parramon, que procede a su vez del grupo Dagoll Dagom.

La obra discurre en un tono menor hasta la hermosa escena última, pero nos deja el regusto de alturas intuidas, de posibilidades, de sugerencias importantes poco explotadas y, sobre todo, débilmente plasmadas.

Abril 1980

MOTÍN DE BRUJAS

El estreno en Madrid del autor catalán Josph M. Benet i Jornet, dentro de la programación del Centro Dramático Nacional, en el Teatro María Guerrero, presenta de entrada varias facetas positivas.

La primera lógicamente, el hecho mismo de que se conozca en Madrid el teatro surgido en Cataluña, fenómeno poco frecuente y esperanzador.

La segunda, la consecución de una versión castellana de un texto catalán, tan trabajada e inteligente, que hace surgir un lenguaje aparentemente directo, original, hasta el punto de que no se piense en ningún momento en una traducción, sino que se produce el diálogo en forma «deslocalizada», fiel a un nivel social más que a una ubicación territorial o geográfica.

Ya a otro nivel, la posibilidad de representar una obra de un autor prácticamente desconocido con los formidables medios con que ha contado el estreno de *Motín de Brujas*. Una puesta en escena por todo lo grande, con una escenografía y unos decorados espléndidos (tanto en su sentido de resplandecientes como en el de pródigos) y, sobre todo, con un reparto fuera de lo común: un actor de primera categoría—Luis Politti—y seis actrices que rivalizan en su magnífica interpretación: María Asquerino, Berta Riaza, Julieta Serrano, Marisa Paredes, Enriqueta Carballeira y Carmen Maura.

Interpretación y espacio escénico son los valores primordiales de este *Motín de Brujas*, cuya ambición de concepto no queda cumplida con la realidad del texto teatral.

Impresiona el aire despersonalizado, de mundo moderno, frío y poderoso, de estructura social omnipotente, inhumana y distante, que se ha conseguido dar a esos inmensos locales lujosos, eficientes, ambiguos, en la soledad de la noche, donde entran y se mueven los siete personajes, el vigilante nocturno y las seis mujeres de la limpieza obsesionadas en principio por un problema laboral—plante o huelga de brazos caídos por una reivindicación liviana—y poco a poco descubiertas en sus problemas íntimos.

Decoración perfecta en su costosa simplicidad: estructuras metálicas brillantes, puro esquema de una arquitectura abierta que muestra multiplicidad de espacios en unidad de visión.

Me pareció la verdadera protagonista, en su significativa mudez, en su fría impavidez, la del sistema que no se conmueve por los patéticos desafíos de las infelices mujeres ni las debilidades de su último represente: el vigilante de noche.

La interpretación de éste, excesiva en gesticulaciones, ademanes y desgaire, no ayuda a aclarar su sentido en el esquema. Aunque quizá se deba a falta de precisión en el autor más que a la dirección de Josefina Molina. El personaje es ambiguo y carente de otra consistencia que no sea la puramente física.

Sin embargo, las seis mujeres desempeñan su cometido con tal realismo, con tan asombrosa exactitud, que colocan al texto mismo en un plano desairado.

Porque el texto dramático es solamente mediano. El autor se ha perdido en difusos esquemas simultáneos: el social, el sentimental, el ideológico. Ninguno de los tres queda bien planteado—desde luego no se trata de pedir claridad en una pieza dramática—ni alcanza intensidad suficiente.

Las historias personales de los tipos resultan livianas, pese a sus situaciones límite, poco profundas, casi manidas. El tema social (con ese protagonista invisible que se le escapa) queda desdibujado. Y el ideológico—el enfrentamiento entre una posición racional o materialista ante la vida y una visión irracional o mágica, engañosa—está demasiado explicitado y no bastante influyente. La evidencia de las trampas de la aprendiza de pitonisa, resta misterio a las ineficaces alusiones a las ocultas fuerzas de la noche, al plenilunio, al miedo, al retorno de los brujos.

Pero la interpretación y la puesta en escena son suficientes para darnos una buena ración de teatro, de espectáculo teatral.

Junio-Julio 1980

DOÑA ROSITA LA SOLTERA

Como una pesadilla, comienza la temporada teatral en Madrid con un panorama idéntico al del año pasado y al del otro año anterior; como un eco cada vez más mortecino. Yo he estado aquí alguna vez . . .

En el Fígaro, Carlos Arniches. En el Infanta Isabel, Jardiel Poncela. En el Muñoz Seca, Vizcaíno Casas. En el Maravillas, *La Lozana Andaluza* disecada por Alberti. En el Reina Victoria otra comedia—aún peor—de Antonio Gala. Y además, Jaime Salom, y *Filomena Maturano*, y una pésima interpretación de *Sade, en el boudoir*, calificada «S», y Alonso Millán con música, y las comedias míseras de todas las temporadas.

En los Teatros Nacionales, *Laetius*, de Els Joglars, con colas de cuatro horas ante la taquilla y *Doña Rosita*, de Federico García Lorca. De *Laetius*, ya algo se apuntó en esta revista. De manera que me quedo con *Doña Rosita la Soltera*, entre otras cosas porque se trata de su primer estreno en Madrid. En Barcelona se estrenó en diciembre de 1935, con Margarita Xirgu.

Doña Rosita la Soltera o el lenguaje de las flores fue definida por Federico como un «poema para familias». «Doña Rosita es la vida mansa por fuera y requemada por dentro de una doncella granadina que poco a poco se va convirtiendo en esa cosa grotesca y conmovedora que es una solterona en España . . .»; «mansa, sin fruto, sin objeto, cursi . . .»; «el drama de la cursilería española, de la mojigatería española, del ansia de gozar que las mujeres han de reprimir por fuerza en lo más hondo de su entraña enfebrecida».

He asistido a la representación, al salir de una sesión de trabajo sobre la nueva ley del divorcio, poco después de un chapuzón en río

119

revuelto de feministas, abortistas, abogadas progres y adolescentes liberadas.

¿Cómo aguanta el choque *Doña Rosita*?

Pues lo aguanta. En la fila de atrás, descubro la inevitable señora mayor que habla en alto con voz cascada para ilustrar a los circunstantes con su lucidez. «Estas cosas ya no ocurren ahora». Le replica, tímida, una jovencita: «Pues a mí me gusta».

Y es que el distanciamiento, el túnel del tiempo, el marco del panorama actual, favorecen y dan frescor a ese lenguaje de flores de Doña Rosita. Porque el distanciamiento ya venía apuntado por Lorca, en un momento—1935—en que tampoco estaban ya de moda las fidelísimas novias abandonadas.

Es una pena que Jorge Lavelli, el Director, y Nuria Espert, la primera actriz, no lo hayan sabido ver o no lo hayan aprovechado bastante. Porque el primer acto nos traslada a un tiempo lejano y cursi, con el romance de las manolas, la leyenda de la rosa mudable y la triste despedida de los novios; un aire convencional, un amarillo de fotografía decimonónica, de grabado botánico. Y en el acto segundo, el juego entre lo ridículo y lo tierno es perfecto. Juego ambíguo, equívoco, donde se mezclan la poesía, la cursilería, la pretensión de burla y la identificación soterrada. Lorca caricaturiza pero se enternece con sus caricaturas. Es un acto logrado, redondo, de un patetismo amable y de una justa emoción que se engasta en cuadros de cierta belleza lírica.

Pero, al final del tercer acto, Lavelli y Nuria se ponen trascendentes, se dejan de distancias, matices y ambigüedades y extreman un dramatismo lento, desnudo, sin recato. Se prolongan los adioses, los gestos de dolor, los silencios de tristeza. Una pena. Nuria quiere exhibir sus registros y apurar sus facetas, recabando un protagonismo interpretativo que nadie le discutía. Y su encantadora labor del segundo acto se olvida.

Quizá por eso, las mayores ovaciones se las lleva Encarna Paso, que realmente está espléndida en su papel de «Ama», desbordándolo de humanidad y de convicción. Carmen Bernardos, José Vivó, Llopart y los demás, quedan en un discreto segundo plano.

Es preciso hablar de los decorados y del espacio escénico. Son impresionantes: inmensas paredes transparentes que apenas velan los pasillos, el infinito invernadero, las plantas trepadoras que se descuelgan del cielo. Simetría de puertas innumerables con innumerables armarios idénticos, repletos de mantelerías y telas del ajuar inacabable. Un gran espacio donde bailan oníricamente unas cuantas sillas, y que es ya un vacío total en la última escena, cuando el melodrama sustituye, por saturación y por pasarse de exquisitez, al patetismo.

Octubre 1980

LA VELADA EN BENICARLÓ

Se cumple esto año el centenario del nacimiento de Azaña y los cuarenta de su muerte. Era el momento, era ya hora, de su reivindicación. Este sentido parece tener la programación por el Centro Dramático Nacional, de una versión escénica de su obra *La Velada en Benicarló*.

Manuel Azaña escribió *La Velada en Benicarló* durante la primavera de 1937, cuando la guerra civil estaba prácticamente en su comienzo, y muchos podían pensar aún en la salvación de la República. Sin embargo, el texto de Azaña parece escrito bajo la abrumadora evidencia de la derrota. Es ya un derrotado el que escribe. Pero no sólo presiente la derrota de la República, sino que augura la derrota de todos los españoles que buscan una vía de civilización y de moderación para el conflicto permanente que tienen planteado, frente a la vía de la violencia, la ferocidad, el odio, el dogmatismo y la revancha.

La Velada en Benicarló estaba escrita para ser leída atentamente y releída; porque es una meditación a fondo sobre el problema de España, los problemas de las Españas, desde sus distintas perspectivas y en varias de sus voces; no todas.

Azaña reparte a sus esquemáticos personajes (un ex-ministro crítico, un escritor liberal, un diputado moderado, un viejo médico de campaña, un aviador, una artista de variedades, un comendante profesional, un abogado, un socialista prietista y un socialista revolucionario o «propagandista») sus propios pensamientos, dudas y argumentaciones dialácticas, con un fin último: profundizar en el análisis del fracaso medular de España como Estado y de los españoles en convivencia. De su juego ha eliminado a comunistas y anarquistas.

El resultado es de un descorazonador diagnóstico, una acusación durísima, un vaticinio siniestro: la tragedia de una guerra espantosa cuyo peor espanto es su absoluta inutilidad; gane quien gane, no servirá para nada. Bajo los escombros, bajo la sangrienta dominación de los vencedores, resurgirán inexorablemente los problemas de siempre, con igual encono y con mayor intransigencia.

Casi cincuenta años después de escrita la obra, gran parte de sus planteamientos continúan vigentes.

Y esto es lo que puede justificar la puesta en escena de tan siniestro diálogo interior. Convertirlo en teatro ha sido la difícil tarea de José A. Gabriel y Galán y José Luis Gómez.

Ante la falta de acción argumental y de verdaderos personajes con identidad humana, se han visto abocados a explotar esencialmente la propia situación dramática planteada en la conciencia radicalmente pesimista de Azaña.

Han intentado representar teatralmente esa atmósfera interior de derrota, lucidez y tristeza, en la que doblan a muerto las palabras cuidadosamente elegidas.

Para ello han echado mano a resortes extraños al texto: resortes teatrales de efecto probado, cuyo origen se transparenta.

Pese a mantener el momento histórico durante la guerra (una radio emite noticias sobre la batalla de Teruel), han situado el coloquio en una lúgubre estación desierta, donde los personajes—con aire premonitorio de fugitivos o fantasmas—esperan en la noche absurdamente mientras se oye el estruendo de sucesivos trenes que llegan y pasan de lago. Imposible no recordar a Beckett.

Sobre este trance existencial, una progresiva proliferación de los objetos representativos del exilio y el desastre: las pocas maletas del principio van multiplicándose, amontonándose, despanzurrándose, hasta que todo el escenario queda sembrado y atiborrado de desechos y bártulos, impedimenta agobiante que va convirtiéndose en protagonista, asumiendo la única acción: el inexorable deterioro de la situación. Imposible no pensar en Ionesco.

El efecto teatral queda así asegurado. Pero ¿resistirían las palabras cuidadísimas esa atmósfera? Para asegurarlo, José Luis Gómez, el Director, ha impuesto a los actores un tono de voz tenso y exasperado, un ritmo lento y martilleante. Los dos socialistas han sido fundidos en uno solo. Además, se han abreviado parlamentos y se ha variado el orden de las intervenciones. La densidad de las ideas obliga a un esfuerzo del espectador que ha de ir encajando continuas frases rotundas, esmeriladas, paradigmáticas. Y, sobre la confusa base teatral, se salva así gran parte del texto, del mensaje profético y desesperanzado que sobrecoge al público.

La interpretación es buena. José Bódalo, más medido que de costumbre. Agustín González, extremado en el apasionamiento y el énfasis. Fernando Delgado, hondo en su papel de escritor idealista. Pero es Eduardo Calvo quien atina más plenamente al dar vida y humanidad al personaje del viejo médico de guerra.

La música de Luis de Pablo contribuye a transmitir el desgarrado dolor de Azaña; su visión amarga de la incapacidad de los españoles para entenderse; su desolada desconfianza hacia el porvenir. («Lo peor—me decía Buero Vallejo en el entreacto—no es que esta visión siga vigente ahora, después de cincuenta años; lo más terrible es que continuará vigente dentro de otros cincuenta».)

Noviembre 1980

MADRID, 1980

Una revisión inmediata de la actividad teatral en Madrid durante el año que ha terminado, nos obliga a profundizar progresivamente para deducir conclusiones justas.

Bajo el panorama del teatro comercial, incrustado de estrenos privilegiados; bajo la segunda corteza del teatro protegido; hay que calar hasta el sustrato donde surgen los brotes vivos de un teatro que pugna por cuajar de abajo hacia arriba, y que constituye verdaderamente la esperanza de una revitalización cultural.

Porque es fácil tomar nota de los grandes éxitos de público, las comedias millonarias, los títulos en que se centra la publicidad, las obras de los autores consagrados, o los estrenos patrocinados por el Centro Dramático Nacional, y sobre tales datos aventurar el diagnóstico anual.

Así, nos contentaríamos con citar, en la superficie, éxitos como las reposiciones de *Panorama desde el puente, Filomena Maturano* o *Los Habitantes de la casa deshabitada.* Estrenos sonados como *Petra Regalada* y *La vieja señorita del Paraíso*, últimos tropiezos de Antonio Gala; *Contradanza*, de Francisco Ors; *Aspirina para dos*, de Woody Allen, o *El corto vuelo del gallo*, de Salom.

En el nivel de los teatros oficiales, cabe señalar dos tendencias: por una parte, la del derroche espectacular sin proyección, como el alarde de telas de *Los baños de Argel*, de Cervantes; la absurda reinauguración del Teatro Español, con *La dama de Alejandría*, título arbitrario dado al texto de Calderón *El José de las mujeres*; o el *Macbeth* de Miguel Narros, también fallido. Y, por otra parte, la puesta en escena de obras difíciles, importantes o medianas, pero presentadas con rigor y mayor o menor ejemplaridad, de indudable efecto positivo: *Las bragas*, de Carl Sternheim; *Ejercicios para equilibristas*, de Luis Matilla; *Laetius*, de Els Joglars; *Motín de brujas*, de Benet i Jornet; *Doña Rosita la soltera*, de Lorca; o *La velada en Benicarló*, de Manuel Azaña; que han sido los tantos que se ha apuntado el Centro Dramático Nacional.

123

Otro sector del teatro protegido radica en el Centro Cultural de la Villa, donde se han entreverado obras clásicas, populares y de ensayo, autores consagrados y noveles sin oportunidades. Desde *El Alcalde de Zalamea* o *El sueño de una noche de verano*, hasta *El héroe nacional*, de Dürrenmatt, en la versión latinoamericana de Rajatabla; *Un tal Macbeth*, montaje de Tábano poco afortunado a pertir del texto de Shakespeare trasladado al Chicago de los años treinta; o *El asalariado*, de Quiles, que consigue estrenar al fin en España tras exilio y represión.

Pero, como he dicho, lo que me parece más esperanzador es la proliferación de intentos de teatro de base, teatro de ensayo y teatro popular, que surgen y luchan casi solos, esforzadamente, y de seguro están creando un fermento amplio y profundo, espesando la buena tierra donde pueden brotar próximas promociones dramáticas.

Así, la creciente vitalidad de El Gayo Vallecano, con estrenos interesantes como el experimento colectivo *Porca miseria o El preceptor*, de Lenz, y actividades tan creadoras como su Muestra de Teatro de Barrio; la firmeza de la ya veterana Sala Cadarso, que ha presentado obras tan valiosas como *Sopa de mijo para cenar, Del laberinto al treinta* y *El cruce sobre el Niágara*; y la aparición de nuevos locales como la Sala Cáceres, donde se han representado también obras poco corrientes (así, *Lo frío y lo caliente*, de Paco O'Donnell o *El buey de los cuernos de oro*, de Apuleyo Soto); el afianzamiento de la Sala Olimpia, con *La Odisea*, de Els Joglars, *Diario de un loco*, de Gogol, *De aquí a cien años todos calvos*, del grupo Tossal y *Mori el Merma*, de Joan Baixes. También el Teatro Martín y el Teatro Lavapiés han participado en estas propuestas de teatro difícil: *Juegos a la hora de la siesta*, de Roma Mathieu; *Andalucía amarga* por la Cuadra de Sevilla, en la línea de *Quejío*; *Irrintzi*, de Luis Iturri; *Sade en el boudoir*, etc. Y además los grupos universitarios y las asociaciones culturales y de vecinos.

Si contemplamos desde esta perspectiva el año teatral, resulta que no ha sido tan malo. Parece incluso que se puede señalar una inflexión hacia arriba. Parece que empieza a decantarse una cierta tendencia revitalizadora, no ya en las innovaciones sino en las recuperaciones y preferencias ideológicas.

Quizá como un buen augurio, termina 1980 con el éxito de la última obra de Francisco Nieva, *La señora tártara*, cuyo segundo acto se me antoja lo más intenso y certero de este autor que con frecuencia viene a ser arrollado por su propio barroquismo, por su sentido frondoso y espectacular del teatro. En esa mitad de *La señora tártara*, los valores plásticos y escenográficos de Nieva se ven penetrados por una directa emoción dramática, por una acertadíssima síntesis del mito de la muerte en una mezcla de hondura y de frescor, de inteligencia y de hipersensibilidad.

Por fortuna para él, ha contado con un actor—Manuel de Blas—que se revela como excepcional en el papel ambiguo de un Angel de la Muerte, homosexual, grandioso y sórdido a la vez, que llena la escena de misterio y de inquietud.

¿Confirmará 1981 el buen presagio?

Diciembre 1980

YO ME BAJO EN LA PRÓXIMA, ¿Y USTED?

Experiencia interesante y desoladora. En el Teatro de la Comedia, un jueves cualquiera. No quedan localidades para la sección de la tarde. Se agotan las de noche y no conseguimos sitio más que en el gallinero. Lleno total de un público mezclado.

¿A qué viene esta muchedumbre? ¿A ver una comedia de actualidad? ¿A aplaudir a una pareja de actores famosos? ¿A comprobar el ingenio de Adolfo Marsillach trasplantado de *Interviu*?

La muchedumbre ríe las más leves ironías del texto, aplaude contínuamente las canciones de los años cuarenta que parodian las dos estrellas, se deja llevar con facilidad complaciente por el simple derrotero que impone la comedia. ¿Qué pasa? ¿Por qué tanta facilidad? ¿Qué tiene que ver todo esto con la grandeza del teatro?

La comedia es nimia y endeble. Según Marsillach «un pretexto para que dos grandes actores levanten sobre sus hombros un espectáculo». Pero dice también que en su texto hay algo de él mismo y de su generación: «Los que pasamos de las lentejas al Cola-Cao, del examen de estado al preuniversitario, de la colonia Cruz Verde a la Colonia del Viso, de Concha Piquer a Juanita Reina y de Angelillo a Antonio Machín . . . Y que tenemos el valor de mirar todo aquello con una punta—agridulce— de ironía».

Y uno recuerda los espléndidos experimentos teatrales que, en esa misma línea, hemos visto a los heroicos grupos de años atrás, en el Magallanes, en la Sala Cadarso o en el Alfil, donde se abría camino luminosamente, recreando en imágenes escénicas certeras, con dureza, ironía y gracia, ese mismo período que, a estas horas, pretende revivir Marsillach. Comedias agudas, experimentos inteligentes, hallazgos escénicos deslumbrantes.

Marsillach debió ver todo ello. Sin duda lo asimiló. Y lo ofrece ahora a bombo y platillo, con Concha Velasco y José Sacristán, a seiscientas pesetas butaca, en apoteosis de éxito económico y publicitario. Pero el producto asimilado, digerido y traducido por Marsillach resulta un sucedáneo sin vuelo, un vino aguado, un eco trivial de aquellas brillantes creaciones.

Y es desolador comprobar cómo llegan al gran público, años después de que marcaron la cresta de la ola: espuma rota, banal, sin fuerza ni sal, enturbiada y domada; mero material para un apunte de café-teatro, hipertrofiado a base de pegotes y canciones.

Y esa muchedumbre tardía, retrasada, retrasada mental, se conforma con el sucedáneo, ignorante de lo que fue todo esto que Marsillach recoge sin acierto y amasa sin levadura. Y ríe y aplaude. Y esos aplausos no llegan a sus verdaderos destinatarios.

Aunque quizá no son más que residuos también, restos de la marea.

Y en realidad reciben los aplausos quienes los merecen: los dos actores que lucen sus facultades, su temperamento, su personalidad, prácticamente en el vacío. Conchita Velasco está encantadora, estupenda y viva en todos los sentidos. José Sacristán a pesar de verse «marsillachizado» por el autor-director-actor, hasta el punto de resultar a veces un recuerdo de las conocidas maneras interpretativas de Marsillach, demuestra su categoría marginal, sobrante, vacante.

Febrero 1981

VODEVIL DE LA PÁLIDA, PÁLIDA, PÁLIDA ROSA

Riesgo de la parodia. O camuflaje de la parodia. La mejor manera de hacer perdonar un ripio es disfrazarlo de ripio. La forma más fácil de sacar partido de la mediocridad es caricaturizar la mediocridad. O quizá sólo lo parece. Porque cuando el autor pretende hacer caer en la trampa al espectador, corre el peligro de acabar él mismo en la trampa.

Vodevil de la pálida, pálida, pálida rosa, se presenta como una parodia del vodevil de España. Quedan atrás, en el curriculum de Miguel Romero Esteo, su áspera «Paraphernalia», su duro «Pasodoble». Los tiempos han cambiado. Aunque quizá no tanto. Quizá esta «pálida, pálida rosa» llega con un poco de retraso. Después del «Golpe», ya no suenan igual las melodramáticas burlas a la mujer española, en el corazón de la pianola, vestida con traje de cola, porque es el alma española, que siempre se queda sola en el blanco encaje de la ola . . . O en el corazón de la melancolía, cuando el obispo ya se ha muerto, cuando el obispo ya no pía . . . Etcétera, etcétera.

Sobre el cañamazo de tanto« porque soy española» y tanto ripio de sal gorda en torno al cacao, al polvo del cacao y a la gloria del colacao, se

126

pretende una acerba burla a nuestra burguesía, entre la cama, la sonatina y el negocio de la chocolatina, la vaciedad de las palabras y el trasfondo de los intereses.

Se pretende desnudar el lenguaje, descalabrarlo por las escalinatas de la prosopopeya, descrismar la retórica, convertirla en anti-esperpento para aniquilarla al fin bajo el redoble de la sorda tamborrada de lo racial que ruge no muy lejos, amenazando con arrasar tanta pálida, pálida rosa y tanta amanerada hipocresía.

Pero la exasperación de la cursilería que el autor nos presenta, no consigue traspasar los límites del escenario, ni escapar al círculo cerrado de las trampas del lenguaje.

Y, si es cierto que parte del público ríe, no lo hace por identificación con la pretendida ironía de Romero Esteo, sino por simpatía con los resortes verbales de Muñoz Seca, resucitados.

Aburre la catarata de ripios monocordes—española, piano de cola, coca-cola—; pobreza verbal de seguro deliberada—bajo la palabra de honor del autor—pero pobreza al fin y al cabo. Y sólo la fe ciega en el autor responde de ese doble fondo de ironía.

La agitación de los personajes, la multiplicación de los viejos trucos, la caricatura continua, el esfuerzo de los actores, los juegos de voces, de movimientos y de ritos, los efectos desmitificadores, las payasadas sublimadoras, naufragan en la mediocridad. Y no puede achacarse el fracaso a la dirección de José Diez, aunque tampoco él ha puesto ninguna pica en Flandes.

El oficio de Carmen de la Maza, de Mayrata O'Wisiedo, del mismo Manuel de Blas que nos deslumbró en su interpretación de «La Señora Tártara», no consigue sino destacar la escasa fuerza de la pretendida intención satírica y corrosiva de la obra, ni ocultar la preponderancia del humor grueso y las bromas más fáciles.

Como decía, riesgo y ventajas de la parodia.

Marzo 1981

EL GALÁN FANTASMA

En el tercer centenario de la muerte de Pedro Calderón de la Barca, se han programado en Madrid varias representaciones-homenaje. Desde el auto sacramental más solemne hasta el «collage» de última factura.

Pero es una comedia de enredo, *El Galán Fantasma*, la obra que ha tenido hasta ahora más acierto al conectar con unos espectadores tres-

127

cientos años más viejos; mejor trescientos años más alejados del gran teatro de nuestro siglo de oro.

El Galán Fantasma se estrenó en el Teatro de Palacio en 1635, cuando Calderón cumplía los treinta y cinco años y estaba ya escribiendo *La vida es sueño*. Desde aquella fecha, no se había vuelto a representar. Un puente perfecto, pues, entre dos épocas tan distantes. Interesante experimento contrastarlas a través de unos mismos versos, unas mismas frases muchas veces talismánicas, como diapasones.

Versos fáciles, ciertamente; frases felices, rotundas rimas, juegos geométricos, arcos verbales de doble curva, en la órbita coincidente de paradoja y ambigüedad.

Algo más, para mí: un hartazgo gozoso de giros barrocos, de antítesis contínuas que montan una arquitectura aparentemente inestable, pero demasiado bien asentada con sus múltiples pares de columnas torcidas que levantan el prodigio de una simetría basada en el complemento de los contrarios, en el acoplamiento de las parejas aparentemente antagónicas.

¿Lenguaje, principalmente? Desde luego. ¿Culto alarde para traducir a silogismos poéticos, a perfección artística, una trama ligera? También.

Pero creo que *El Galán Fantasma* contiene algo más que una muestra perfecta de la fórmula de Calderón para construir una comedia de enredo.

Ya brotan los temas, los planteamientos ideológicos de *La Vida es Sueño*, como constantes obsesivas de Calderón. La doble vida; la apariencia y la realidad; sombra, fantasma y sueño, frente a lógica, pragmatismo y vida. En algún momento, el sentido del contraste apunta a toda una concepción de la existencia.

Pero en este caso, como fondo, como suelo fértil, sobre el que brotan las incidencias, los sencillos y clásicos enredos del género. Y así éstos, con tales resonancias, adquieren una vivacidad insólita, que capta al espectador de hoy; sobre todo en el segundo acto, espléndido.

Por otra parte, quizá la base del éxito de esta representación se deba al acierto al elegir la manera de declamar los versos. José Luis Alonso ha puesto todo el esfuerzo en esta dificultad. Y los actores han encajado la consigna.

Pero más importante me parece la actitud misma hacia el teatro calderoniano. La grandilocuencia, la exageración, los contrastes, han sido deliberadamente caricaturizados, aunque en la medida justa. José Luis Alonso procura no exagerar el respeto al mito. Por el contrario, se ríe a veces de Calderón, pero autorizado por Calderón mismo quien, sin duda, jugaba también con cartas marcadas, con ironías sobreentendidas, burlándose de los propios trucos y tópicos de su tiempo. No puede dudarse de su inteligencia; y esa inteligencia le impedía tomar en serio las fórmulas que se obligaba a utilizar. Incluso apunta en algún momento la cuidadosa lanzada contra el poder, contra el Orden establecido. En dosis, eso sí, extremadamente medidas.

Queda alabada así, la bien orientada dirección de José Luis Alonso y el acierto de la interpretación, especialmente la de María José Goyanes (Julia), José María Pou (El Duque) y Pedro del Río (Leonelo), que dan original silueta a sus personajes.

No puede pasarse por alto, además, la esquemática escenografía, los etéreos decorados, que consiguen, en su simplicidad, un eficaz juego de cambios de escenas y ambientes, a base de ligeras piezas geométricas que suben, bajan y se combinan con precisión.

Se logra, en fin, ofrecer una visión no sé si entera, pero sí fiel y clarificadora, del genio de Don Pedro Calderón de la Barca; una inteligencia prendida o enarbolada en las coordenadas o rejas barrocas de su inquietante siglo XVII.

Agosto 1981

CAIMÁN

Creo que *Caimán*, la última obra de Antonio Buero Vallejo, estrenada en el teatro Reina Victoria de Madrid, supone una síntesis vital del pensamiento y de la actitud moral del autor de *Historia de una escalera*.

Parece escrita desde la cumbre de su vida; desde esa perspectiva casi definitiva, en que ya no importan los riesgos y en que las diversas piezas, hallazgos o intuiciones que han ido acumulándose a lo largo de los años y que parecían contradictorios o heterogéneos, vienen a encajar, a ensamblarse en un orden que no tiene por qué tener una estructura geométrica o cristalográfica pura, sino que se presenta como un conglomerado asimétrico, pero no por eso menos armonioso; porque la vida humana no resulta un esquema elemental, sino un organigrama vivo, con sus sombras y su multiplicidad. Una síntesis por acumulación, no por simplificación.

En contra de lo que algunos críticos han insinuado, *Caimán* me parece una obra valiente, escrita sin concesiones; sin concesiones a los que piensan que Buero Vallejo debía escribir un teatro distinto al que él quiere escribir.

Así, su señalado «melodramatismo» no constituye un intento de buscar la complacencia de un público amplio, sino que es deliberado,

129

consciente y fundamental en el equilibrio de la obra; integrado en el pensamiento y en el sentimiento del autor.

Frente al *caimán* que devora a la humanidad—el Caimán del poder del dinero, del imperialismo, del capitalismo, de la corrupción—Buero presenta dos posturas: por una parte, la utópica, de creer en lo imposible, de esperar contra toda lógica plana, de quemar la vida, en una fe que nace de lo más profundo y oscuro del ser humano, del dolor y la resistencia a la simplificación, de la intuición del misterio y del milagro. De otra parte, la actitud práctica, eficaz, directa, que busca soluciones concretas para problemas seguros, que organiza la lucha sensata contra el Caimán.

Parece que en la tragedia así planteada acaba triunfando la segunda postura. Pero sin embargo, es evidente que Buero se identifica sentimentalmente más con la primera; de ahí la justificación de ese aparente melodramatismo que compensa la decisión final.

Y de ahí que resulte convincente el suicidio de «Rosa», que marcha en busca de la hija muerta, ya que ésta no vuelve junto a ella. «Rosa» es un personaje denso, palpitante, lleno de emoción, con el que nos compenetramos pronto, porque el autor se compenetra con él, lo describe desde dentro. Su marido, el lógico, el luchador práctico, que busca la acción eficaz contra el «Caimán»—la unión de todos, las manifestaciones, la organización—es un personaje cerebral, y está visto «desde fuera». Es un producto de lo razonable, de lo pragmático: la fuerza de la acción; fruto de un convencimiento intelectual, más que de una opción vital.

Pero Buero hace decir a la «Dama» que evoca y explica la historia desde el futuro—y desde un futuro mejor; lo que adelanta una actitud de optimismo en Buero—estas significativas palabras: «Me pregunto si el fatal error cometido por Rosa no será la cara sombría de otra luminosa fuerza sin la que el caimán tampoco podrá ser definitivamente vencido».

Este personaje de la Dama que explicita el pensamiento del autor no es un elemento postizo esta vez, ni un mero resorte distanciador. Por el contrario, conforme se desarrolla la obra, su personalidad va cobrando fuerza teatral, hasta asumirse en la historia, en varios entrecruzamientos de tiempo, sencillos pero emotivos y poéticos.

Toda proliferación de temas de actualidad—el paro, la mendicidad, el desencanto, las violaciones, la rebeldía de la nueva generación, los refugios antiatómicos, la contaminación, la caída de la criatura por el pozo sin fondo—constituye la trama sociológica que utiliza Buero, anécdotas sumadas que reproducen la realidad circundante.

Pero el pensamiento y las cavilaciones y preocupaciones morales e ideológicas predominan, aun encarnando en trances sentimentales o

existenciales agudos, que la dirección de Manuel Collado acentúa deliberadamente.

Como lo acentúan los actores, excelentes en sus contrapuestos
cometidos: Lola Cardona, que interpreta a esa «Rosa» atormentada, que
prefiere morir antes que dejar de creer y de esperar; Francisco Hernández, que da el tipo del luchador social con asombrosa exactitud; Fernando Delgado, en su papel ambiguo del que no quiere luchar porque
piensa que no hay escapatoria y se refugia en la intimidad de su música
y sus sueños; Carmen Rossi, perfecta en su papel de madre elemental
que no duda en mendigar para mantener a su familia; María del Puy,
evocadora en su cometido de «Dama» que habla desde otro tiempo, desde
una perspectiva superior.

En esa perspectiva parece situarse Buero, ya en la cumbre de su
pensamiento y de su obra, por encima de ella, por encima ya de temores
a críticos o a errores.

Septiembre-octubre 1981

MADRID, 1981

El centenario de Calderón de la Barca ha arañado apenas el año
teatral en Madrid. Autos sacramentales, dramas y comedias de Calderón
han pasado por los escenarios reflejando, eso sí, las maneras límites del
hacer teatral de estos tiempos: experimentos cortos, grandilocuencia,
mala recitación del verso. *El gran teatro del mundo, La hija del aire* y
dos versiones distintas de *La vida es sueño* (una mejicana y otra de José
Luis Sánchez), han tenido un tratamiento especialmente espectacular.
Nos quedamos con *El Galán Fantasma,* simple comedia de enredo, por su
vivacidad, su inteligente adecuación al público de hoy.

También Strindberg ha tenido su año. Tres obras se han representado en los últimos meses: *La más fuerte*, interpretada por Julia Gutiérrez Caba, *El Pelícano* (menos afortunada que su espléndida versión de
T.V., casi al tiempo) y *Danza Macabra*, paradigma del mundo tenso y
hermético de Strindberg, en una adaptación muy acertada de Ana Antón
Pacheco y Miguel Narros, y puesta en escena con ambientación admirable.

En la representación de Strindberg se advierte la tendencia de
directores y actores españoles a «facilitar» demasiado la atención del
espectador. El grito, la gesticulación extremada, los movimientos corporales exasperados, no hacen sino fijar al público en lo anecdótico, velán-
dole lo esencial: el drama de la tensión contenida, la quietud que oculta

131

la violencia íntima, la tormenta en sordina. Las representaciones de Strindberg en Suecia insisten, precisamente, en lo contrario: predominan las actitudes hieráticas, los gestos dominados, el tono sordo que hace más angustiosa la evidencia de las situaciones insoportables.

Buen año ha sido para Buero Vallejo. Ha estrenado una nueva obra, *Caimán*, que ha gozado de buena acogida del público, pese a la acusación de melodramatismo y de reincidencia en los temas odiosos de la guerra. Además, se ha vuelto a representar su obra anterior, *Las cartas boca abajo*, estrenada en 1957.

El beso de la mujer araña, de Manuel Puig, nos ha traído un fuerte aliento literario, excepcionalmente puesto en escena, subrayando el patetismo y la humanidad, por Juan Diego y José Martín, bajo la dirección de Andrea O'Dorico.

Y otra comedia sudamericana interesante: *El día que me quieras*, que revive la atmósfera de los años treinta en Caracas, mezclando dos mitos en plenitud: el del marxismo y el del tango, con la leyenda de una visita inesperada de Carlos Gardel, incorporado por Lautaro Murúa.

Creo que aquí, más o menos, se acaba la crónica. Cierto que se han repetido los «éxitos» políticos de chocarrería antidemocrática; las reposiciones de comedias de seguro taquillaje; los intentos de un teatro más experimental (*Vodevil de la pálida, pálida, pálida rosa*, de Romero Esteo); *Noche de San Juan*, por la Compañía de «Dagoll Dagom», de Jaume Sisa, traducido por Gil de Viedma y Juan Marsé; *Hijos de un dios menor*, de Mark Medoff, en versión de José Luis Alonso, dirigida por Pilar Miró; *Hormigúmano*, del Grupo Rito, en el Gayo Vallecano; *Un hombre es un hombre*, de Bertolt Brecht . . .). Pero no han abierto camino ni aportado demasiado impulso al teatro que padecemos.

La gente sigue yendo, mayoritariamente, a ver a los actores y más a las actrices: de ahí la persistencia de *Petra Regalada*, de Julia Gutiérrez Caba o, en plano superior, *Cinco horas con Mario*, de Lola Herrera. En este sentido, ha de anotarse la aportación de Amparo Rivelles, aunque no ha tenido acierto al elegir las obras para su regreso: ni *La voz humana*, de Cocteau, ni *El hombre del atardecer*, de Santiago Moncada, se prestaban a probar su calidad interpretiva. Literatura—buena o mala —sin teatro.

Quiero terminar con una nota positiva, recordando la lección de interpretación colectiva, de puesta en escena perfecta, que nos ha dado *Cuidado con los zepelines*; una lección, ay, de teatro sin texto literario.
. . .

Diciembre 1981

DESEADA

El teatro de Max Aub, escasamente representado en España, tiene un entronque tan firme con el drama europeo del primer medio siglo que puede parecer desarraigado de nuestro inmediato entorno. Pensemos que Max Aub nace en París en 1903, de madre francesa y padre alemán; que a los once años se traslada a Valencia pero tampoco se afincan allí por mucho tiempo; recorre media España hasta establecerse en Madrid. Y, con el fin de la guerra, emprende el largo exilio: Francia, Argelia, México . . .

Su «laberinto mágico» sobre la guerra civil y distintos ensayos sobre la literatura española nos lo muestran hondamente unido a nuestra temática más significativa. Y, sin embargo, queda un aire cosmopolita, intemporal, abstracto, que predomina en obras como *Deseada*, el único de sus dramas que he visto en escena.

En *Deseada* hay recuerdos de Pirandello, pero también de Strindberg y hasta ciertos enfoques o actitudes más actuales coincidentes en cierto aspecto con Pinter, por ejemplo.

Los temas de la soledad, la incomunicación, las relaciones paternofiliales en sus extremos más exasperados, la obsesión por conocer las raíces del comportamiento, el secreto que nuestro prójimo más íntimo nos oculta, están presentes en esta obra densa, muy literaria, donde el cuidado por la palabra precisa se hace notar en exceso.

Pero hay un aliento teatral importante que prevalece: el proceso de clarificación que se desarrolla persistentemente desde la primera a la última escena.

El autor parte de una nebulosa que se ofrece en bruto al espectador: la protagonista comienza con un larguísimo parlamento, incoherente, oscuro, plagado de alusiones a personas y hechos que no se identifican, tal como se produciría en un corte imprevisto del pensamiento o del monólogo interior de cualquier persona. Habla para sí, no para el público. No se cuida de explicarnos antecedentes ni nos da claves para comprender qué ha sucedido antes, en su vida y en su entorno. Su interlocutora, Nona, la criada, no musita palabra alguna; hasta sus gestos son ambiguos, hieráticos, frente a la apasionada verborrea de la protagonista, que se tortura y se desespera por encontrar una explicación a algo que la atormenta y no sabemos qué es, a conductas vagas de personas cuya identidad exacta sólo se nos revela poco a poco.

De esa oscuridad inicial va surgiendo la luz; lo confuso se esclarece con dificultad. Los personajes aludidos llegan a tomar un nombre y al fin una relación concreta, una identificación. Pero incluso su presencia real, o bien a través de diferentes flash-back que van retrocediendo en el tiempo hasta mostrarnos—en una tragedia al revés—el origen del drama, no son suficientes para revelarnos sin más su secreto, que llegará al final en forma patética, aun dejando en la penumbra muchas claves.

Este es el principal mérito de la obra que consigue así apasionar en base a un esquema argumental aparentemente simple.

La dificultad de ponerla en escena era grande. Y el grupo «Antígona» ha conseguido superarla, en un gran esfuerzo de interpretación. Cristina Burón, Ana González, Pilar Giles, Luciano Vives y Luis Navacerrada asumen sus cometidos con acierto. La dirección de Fernando Sacristán, muy meritoria. Su versión de la obra, tomándose libertades extremas—acaso excesivas—con el texto y la intención original, ha tendido a simplificar y actualizar.

Merece destacarse también la escenografía de Gerardo Aparicio, síntesis de sencillez e imaginación, y el sugerente cartel de Mitsuo Miura; dos artistas cuyas exposiciones coinciden estos días en Madrid.

Marzo 1982

OLYMPIC MAN MOVEMENT

El nuevo espectáculo de «Els Joglars» es también «teatro dentro del teatro», «teatro de teatro», o «espectáculo de espectáculo». Sólo que—a diferencia del caso de *Seis personajes*—aquí falta un gran texto unitario y genial.

La idea es brillante y ambiciosa: se trata de fingir un «Acto de Afirmación» del movimiento «OLYMPIC MAN», minuciosamente preparado. El patio de butacas aparece adornado con banderolas y estandartes del Movimiento. El público (por arte de los micrófonos trucados y de los megáfonos que difunden falsas ovaciones, aplausos y gritos) se ve convertido en el público imaginario que asiste a este «Acto de Afirmación». Se trata de hacernos sentir identificados con aquel público ficticio. Casi todo lo que se produce en el escenario es la interpretación de un acto de propaganda del «Olympic Man Movement», un movimiento surgido del culto al deporte, al cuerpo, a la fuerza, a la competición, que propugna una «nueva sociedad», en la que los débiles, los intelectuales, los liberales, los demócratas, no tendrán sitio; una sociedad totalitaria, pretendidamente «alegre y faldicorta», que limpiará el mundo, la juventud y la cultura; enardecida por los mitos del «hombre nuevo», de los «dioses del estadio», de la Victoria, el Orden, etc.

134

Los modos deportivos son pronto dominados por los símbolos, los ademanes y consignas neo-nazis. Frases casi textuales de los líderes fascistas dan consistencia al texto.

El «Acto de Afirmación», pretende exaltar todos esos valores «nuevos» y ridiculizar los «caducos».

«Un mundo feliz», una utopía de ciencia ficción, pero con el acierto de no situar la acción en el futuro, sino ahora, ayer, hoy. Y el uso de todos los gestos y motivos ya vigentes lo subraya bien.

La intención catártica de «Els Joglars» es manifiesta. Demasiado manifiesta, a mi entender. El tono de la parodia predomina. Hay una caricatura deliberada desde el principio. Sólo que, a veces, se producen escenas ambiguas, contradictorias, acaso justificadas intelectualmente, pero no dramáticamente. Parece, además, como si Boadella hubiera aprovechado la ocasión para introducir posturas personales o elementos espectaculares no perfectamente homogéneos con el conjunto. De ahí la apariencia de dispersión en algunos momentos. Quizá el defecto principal de la obra sea precisamente la falta de una absoluta concentración dramática; por no decir de una absoluta coherencia, porque puede hallarse una justificación «a posteriori» a escenas que a primera impresión parecen no encajar.

Ni que decir tiene que la realización material y artística es perfecta. Los actores se mueven con precisión de autómatas. Luz, sonido y espectaculares aparatos electrónicos, funcionan con apabullante exactitud. Esa máquina imponente y perfecta nos fascina, nos arrolla. Acaso bajo tan brillante exhibición técnica se pierde un poco el hilo del pensamiento, el sentido de cada pieza del conjunto. La música es también acertada y juega un papel importante.

No sé hasta qué punto los espectadores encajan la amenaza, la acusación. La denuncia es bien clara. Por si no bastara el tono paródico general, al fin, cuando el «Acto de Afirmación» es roto por un atentado (una ruptura de la unidad del espectáculo, con la entrada de otro elemento de teatro-antiteatro, la pretendida espectadora que irrumpe en el escenario para dejar la bomba) y se produce el «caído», con todos los ritos de rigor, se desenmascara el «estilo olímpico» y surgen las sórdidas armas de raquetas, balones y bates; la dialéctica de las pistolas.

No obstante los apuntados reparos, y la lentitud, arbitrariedad o exceso de algunas escenas (que casi producen distracción por no decir aburrimiento, en aras de una exhibición de facultades técnicas), *Olympic Man Movement* es una realización considerable, y muestra la extraordinaria calidad y el máximo rango de «Els Joglars», que se mantienen aún en plenitud aunque con los naturales altibajos desde que nos deslumbraron con su inolvidable *Mary d'Ous*.

Abril 1982

LAS BICICLETAS SON PARA EL VERANO

La guerra. Otra vez el viejo tema: el asesinato de Calvo Sotelo, el levantamiento militar, la defensa de Madrid, los bombardeos, los «paseos», la «no intervención», las luchas internas de los repúblicanos, la victoria/derrota, las «depuraciones» . . .

Todo conocido, todo sabido . . . Y sin embargo, tenemos la impresión de haber presenciado la primera gran pieza teatral sobre nuestra guerra.

Quizá precisamente porque todo se da por sabido. Y el autor ha dejado la historia, la política y los hechos esenciales como adivinándose al fondo, como una presencia enorme, pero invisible, apenas esbozada; borrosa en la memoria de cuarenta años después, como la recuerdan los que entonces eran adolescentes, o incluso niños. La antítesis, pudiéramos decir, de *La velada de Benicarló*, de Azaña.

El ambiente doméstico de aquellos años, las pequeñas repercusiones de la guerra tremenda sobre la manera de vivir de unas familias concretas, con los problemas específicos de aquellos días, insertos en los problemas habituales de los adolescentes, de los viejos, de las personas de a pie. El desconcierto, el hambre, el miedo, el rencor, la falta de perspectiva, las contradicciones diarias, la inseguridad, las intuiciones del gran cambio, las esperanzas, las ilusorias esperanzas de unos y otros.

Pero, al fondo o en el aire, inminente, inexorable, el hecho gigantesco de la guerra llenando el universo. Es este elemento de tragedia elemental lo que da trascendencia a los pequeños «cuadros de costumbres» que se despliegan ante el espectador, con mayor o menor sencillez.

Los más importantes temas de la guerra están apenas apuntados, sumidos en cierta imprecisión, como si el autor no hubiera querido documentarse demasiado para reconstruir aquellos sucesos históricos, sino que se hubiera atenido a sus propios recuerdos confusos, a sus emociones. Ni siquiera se pronuncia el nombre de Franco, me parece. Pero incluso los grandes temas ideológicos, planteados como meditación de primer plano en otras obras, están aquí presentes. Sólo que latentes y vividos.

La emoción es el primer resultado de este propósito. Algunas escenas—como por ejemplo la discusión apasionada de toda la familia en torno a la desaparición de algunas cucharadas de sopa—llegan a acongojar, a hacer saltar las lágrimas.

Y, luego de la emoción, el recrudecimiento íntimo del horror de la guerra, de la irreparable calamidad que varias generaciones de españoles hemos padecido.

Fernando Fernán Gómez obtuvo con esta obra el Premio Lope de Vega. Su estreno, después de varios años, ha alcanzado un éxito extraordinario.

Pero esos méritos de la obra—se podían señalar también deficiencias, como algunas escenas demasiado largas, con exceso de palabras—se ven potenciados por una interpretación impresionante y una puesta en escena muy cuidada, sin apenas fallos.

Agustín González, que en *Emigrados* alcanzó un nivel de intensidad y de verdad que parecía insuperable, desarrolla aquí su papel con tan absoluta compenetración, con tal naturalidad teatral, que asombra. Algo más que un excelente actor ha de haber—piensa el espectador—en este hombre que así mueve la mano en una caricia contenida o inclina la cabeza con tan enorme sabiduría, como si una profunda experiencia personal ahondara su interpretación. Su manera de hablar, como creando el diálogo, como descubriendo un personaje en lugar de imitarlo, es a mi entender lo mejor y más convincente que recuerdo en este género de interpretación.

También Berta Riaza, Enriqueta Carballeira, María Luisa Ponte, Pilar Bayona y los jóvenes Gerardo Garrido y Alberto Delgado, asumen sus cometidos con exactitud, dentro de la tónica de realismo que impone el director, José Carlos Plaza.

Mari Carmen Prendes levanta aplausos y carcajadas—la risa es el otro escape de la emoción—con sus características maneras, que tienen un público muy fervoroso.

Entre ovaciones, fervor y exaltación transcurre el espectáculo, que tiene en este sentido su punto más vibrante cuando, al final del primer acto, después de oirse hablar ya de desánimo, huída del Gobierno y cobardía, llega de la calle el clamor de los manifestantes que corean el himno anarquista «A las barricadas».

Mayo 1981

MADRID, 1982

Otro año de reposiciones, 1982; revisión de textos olvidados, puesta al día de obras conocidas, recuerdo de clásicos, intentos por redescubrir autores de las generaciones anteriores: *Seis personajes en busca de un autor*, de Pirandello, en una versión muy valiosa de Miguel Narros; *Lorenzaccio*, de Alfred de Musset, con pobre interpretación de Victoria Vera y Carlos Ballesteros y dirección mediocre esta vez de Antonio Corencia; *El sombrero de copa*, de Vital Aza, éxito inesperado, gracias a una perfecta puesta en escena de José María Morera, que hace las delicias de un público predispuesto a reír sin exigir novedades; *El Precio*, de Miller, en prodigiosa interpretación del Teatro de los Buenos Ayres; *La Salvaje*, de Anouilh, ahora encarnada por Carmen Maura y dirigida por José Osuna; *Mariana Pineda y L'amore de Don Perlimplino e Belisa nel suo jardino*, de Lorca; *Calígula*, de Albert Camus, otra vez interpretada con la misma brillantez por José María Rodero; y Max Aub, Ibsen, Strindberg, Mihura . . .

El «acontecimiento» teatral del año ha sido, creo, *Las bicicletas son para el verano*, de Fernando Fernán Gómez. Premio Lope de Vega y premio del público, que la mantiene en cartel a fuerza de entusiasmo. Un gran acierto al trasladar el clima de la guerra civil a nuestro momento actual.

Otros estrenos de autores españoles: *El cementerio de los pájaraos*, de Antonio Gala, también está gozando de los favores de los numerosos admiradores de este autor, que anuncia su «retirada» del teatro, como cualquier torero veterano. *El album familiar*, de Alonso de Santos, con un amplio reparto encabezado por Manuel Galiana, Fernando Delgado y Lola Cardona, bajo la dirección de José Luis Alonso y con muy interesante escenografía de José Luis Verdes. *Vade retro*, de Fermín Cabal, con José Luis López Vázquez y Ovidi Montilor como únicos actores, no alcanza el nivel exigible.

De autores extranjeros hemos presenciado estrenos discretos como *Agnus Dei*, de John Pielmeier. Especial mención ha de hacerse de las obras de autores latinoamericanos estrenadas a lo largo de un mes en los *Diálogos de Madrid con América Latina*, desarrollados en el Centro Cultural de la Villa. De entre ellos destacó *Acto Cultural*, de José Ignacio Cabrujas, representado por el Nuevo Grupo de Caracas, bajo la dirección del propio Cabrujas.

También se han celebrado valiosos ciclos en la Sala Gayo Vallecano y en la Sala Olimpia, donde la Muestra de Teatro del Centro Dramático Nacional ha reunido diversas compañías estables e independientes. En este sentido, cabe destacar como un punto favorable la reapertura de la Sala Cadarso.

El estreno de *La Señorita de Tacna*, de Vargas Llosa, con Aurora Bautista, Daniel Dicenta y Julieta Serrano, bajo la dirección de Emilio Alfaro, ha de inscribirse acaso en el ámbito de los acontecimientos literarios más que en el estricto plano teatral.

Y no puede acabarse esta crónica sin hacer mención del teatro catalán que ha visitado Madrid, para destacar *Olympic Man Movement*, de Els Joglars y *Primera Historia de Esther*, de Salvador Espriu, por el Teatre Lliure.

Termina así 1982 sin grandes cambios en el rumbo monótono que la actividad teatral mantiene en los últimos años; pero con la suficiente efervescencia en la base como para esperar un mejor año 1983.

Diciembre 1982

EL SUICIDA

El proceso de sustitución del autor individual por los colectivos, por los intérpretes, por el director, por el realizador, por el escenificador, por los adaptadores, por equipos artísticos y aun técnicos, en fin, persiste en el teatro.

Como tampoco cesa en otros terrenos literarios, donde el escritor tiende a ser sustituido por equipos coordinados, por coordinadores y, siguiendo ese camino, por los editores.

En el teatro, la tentación tiene incentivos aparentemente más próximos al afán creador. Se busca un fenómeno de participación colectiva; un espectáculo que quiere aproximarse, bien a la obra cinematográfica, bien al juego, a la pantomima o al circo.

Pero por ese camino se llega a intentar suplantar por completo al autor. Si se parte de un texto previo de un escritor, se transforma a veces hasta el extremo de no dejar de él más que un recuerdo, una referencia traicionada. Si se busca la «creación colectiva», resulta que cualquier grupo de actores, sea cual sea su cultura o su capacidad, se lanza a improvisar o a perfilar diálogos, situaciones, trama y desenlace, creyéndose elevados a la categoría de creadores literarios.

¿A qué se debe esta degradación del autor? ¿Ve su terreno invadido porque lo ha abandonado él? ¿Ya no hay autores? ¿Es que no se adaptan al momento? ¿Se eclipsan para dar paso a una corriente teatral nueva, de espectáculo plástico o colectivo, de exasperación de las formas, los efectos, la interpretación, el mimo, la danza, el ritual?

Es cierto que hemos visto en los últimos tiempos espectáculos de teatro—no de autor—de alta calidad. Alguna puesta en escena de Els Joglars, el teatro japonés de danza «buto» o la ópera china de Pekín, que, tradicionales o innovadores, nos han captado intensamente.

Con todo, proliferan cada vez más los espectáculos necesitados de texto, pero realizado éste con escasa calidad, sin autor, o a costa de un autor que se ve desplazado y expoliado.

Todo esto me lo ha planteado el último estreno multitudinario del Grupo Tábano, que tan amplio margen de credibilidad y tanta capacidad de convocatoria tiene todavía en crítica y público.

Nos juran que El Suicida («Comedia española de los 50») es una adaptación de la fantasmal obra del ruso Nicolaj Adrman, El Suicida (escrita en 1928 y prohibida en su día por Stalin), de la que no queda ni rastro.

Pero ya en el programa de mano se nos advierte que esta «adaptación»—a cargo de Guillermo Heras y Angel de Andrés—no es una «simple versión, sino una dramaturgia total, un nuevo texto que, patiendo de una idea de Ardman, se convierte en una reestructura escénica actual, desde el previo trabajo de composición y búsqueda de una nueva textualidad producida por la propia trasgresión del tiempo y del espacio (de Moscú en 1928 a Madrid en 1953), hasta las valiosísimas aportaciones cotidianas del los actores, enriqueciendo y completando la propuesta».

Y se nos dice que, en definitiva, de lo que se trata es de recuperar «una auténtica comedia a la española, de un teatro vital y de comunicación directa y eficaz con toda clase de públicos, enraizado con un análisis reflexivo sobre las claves de una sociedad tan apasionante y contradictoria como la nuestra . . .»

Pero hay que ir a los resultados. Y los arbitrarios tejemanejes de los títeres que se agitan en el escenario—un cartero falangista, un parado, un monárquico, un intelectual, un estraperlista . . .—inciden más en el oportunismo que en el folklore, en la parodia que en el análisis crítico o en la pretendida ironía.

Salvo algunos hallazgos cómicos y varios aciertos en planteamientos humorísticos, el nivel es mediocre. El texto se cae con el peso de los lugares comunes, de las obviedades, de la caricatura pobre, que no reproduce —como pretende—los «tics» de una época, sino que entremezcla confusamente las buenas intenciones con los efectismos burdos.

El tono de la interpretación, deliberadamente forzado hacia lo grotesco, hacia un estilo de revista trasnochada, no logra ocultar la escasa calidad de los actores.

El grupo Tábano, desde su revelación con su «creación colectiva» *Castañuela 70*—un acierto en su tiempo y en su circunstancia—alcanzó cotas brillantes con textos de Jordi Teixidor, García Lorca, Brecht, Cervantes, Vázquez Montalbán, Darío Fo... Pero la «creación colectiva» se les ha subido a la cabeza.

Y es que al autor no puede ser suplantado tan fácilmente.

Marzo 1983

VENTE A SINAPIA

«Una reflexión española sobre la utopía». Así define el propio Fernando Savater su espectáculo teatral *Vente a Sinapia*, estrenado en el teatro Español del Ayuntamiento de Madrid, dentro del ciclo «Escena insólita».

El texto de Savater tiene su punto de arranque en la única obra clásica del género utópico surgida en nuestro país, no sabemos si en el siglo XVII o en el XVIII, pues si bien se atribuyó durante algún tiempo a Campomanes y Editora Nacional lo publicó en 1976 con el título *Sinapia. Una Utopía española del Siglo de las Luces*, sin embargo, los estudiosos aseguran que hubo de escribirse antes del año 1700, más o menos durante el reinado de Carlos II.

Pero Savater no se ha conformado con su texto, "literalmente pobre, mimético y del mínimo vuelo teórico imaginable: más que desmentir la inexistencia del género utópico en España sirve como párvula excepción que confirma la regla». Tomando de allí lo que le interesaba, y barajándolo «impúdicamente» con frases de Donoso Cortés, del abate Marchena, Cioran, Conard y hasta un responsorio popular de San Antonio, construye «una pieza dramática utópica en sí misma, porque pretende cumplir un proyecto teatralmente imposible y porque no retrocede para ello ante el velado anacronismo o el disparate psicológico-histórico. Pero quizá por eso mismo es fiel a su tema y digna de él, pues pretende respetar la capacidad de sueño (y, por tanto, de innovación y desafío a lo real) que los hombres nunca podrán perder sin renunciar a hacerlo».

Tal es el planteamiento y el propósito. Su realización constituye un inteligente y medido desarrollo de una sintética reflexión sobre la utopía, desde la crítica de la realidad. Tres personajes la representan: el «Duque de Salsipuedes», déspota ilustrado, «patidario intransigente de los usos católicos de la política y de los usos políticos del catolicismo»; «Argensola», el tipo más cuidado y humano de la obra, «escéptico, burlón, latinista y afrancesado. También irreverente e incluso volteriano, aun den-

141

tro del orden que impone el Duque. No cree en las colectivizaciones de la felicidad y hasta desconfía de la felicidad a secas»; y «Antonio», bedel de la Real Sociedad Científica de Amigos del País, en cuyo seno transcurre la leve historia. Servicial y discreto, es el representante de los que nada pueden perder ni nada pueden esperar de la «pocilga de injusticias» que es la sociedad en que viven y que, sin embargo, rehusará también ir al paraíso de Sinapia porque todos sus deseos están ya contenidos en el responsorio de San Antonio que su madre le enseñó a rezar:

«Si buscas milagros mira
muerte y error desterrados,
miseria y demonio huidos,
leprosos y enfermos sanos . . .»

La utopía del milagro, de las promesas piadosas.

Frente a estos tres personajes, cuyas opiniones se entrecruzan formando la trama de la reflexión de Savater, aparece «Germinal», el hombre que viene de Sinapia; regeneracionista, cientifista, ingenuamente entusiasta de la utopía.

La descripción de Sinapia constituye la piedra de escándalo y la piedra angular de la escasa trabazón dramática, donde juegan esencialmente los contrastes ideológicos, los matices, las argumentaciones encarnadas en posiciones personales, los juegos dialécticos, la jugosa reflexión entre utopía y crítica, que nos muestra el talento exuberante de Savater.

La sustentación teatral de esta trama ideológica no se basa en los escasos acontecimientos (la aparición del viajero de Sinapia y los movimientos mínimos de los personajes) sino en la postura de los mismos y la tensión moral entre ellos.

Pero, también, en la escenografía. En primer lugar, el escenario es un cuadrilátero que ocupa el centro del patio de butacas, totalmente eliminado y cubierto por unas lonas. Los espectadores presencian así la contienda intelectual desde los palcos y planos superiores, lo que da un especial distanciamiento y a la vez una similitud con un espectáculo de boxeo, antítesis del que se ofrece en este caso.

En segundo lugar, el juego de las maquetas: desde el principio se nos muestra una maquinaria pintoresca, ingenua, principal objeto de la Sociedad Científica de Amigos del País, que sirve para estudiar la transmisión del movimiento. Con el nombre de Sinapia, se desarrolla en el escenario una reproducción arquitectónica de la ciudad sinápica, con sus calles simétricas, sus torres y sus templos, que se van colocando conforme la descripción teórica avanza. El escultor Miguel Navarro es el responsable de esta activa escenografía.

Y así se levanta la ensoñación utópica de la península austral de «Sinapia», antípoda de la península de «Hispania» y la consiguiente crítica de una y otra, dentro de un tono irónico, distante y apasionado a un tiempo.

Importante factor del éxito es la interpretación que, con la escenografía, potencia la liviana armazón teatral: perfecto Juanjo Menéndez en su papel de «Argensola», contenido en sus gestos habituales y trasparentando una gran capacidad expresiva en la propia contención. Manuel Collado exacto en su papel del Duque. También Andrés Polo y José Antonio Correa dan el nivel preciso. La dirección es mérito de María Ruiz.

Agosto 1983

DEL REY ORDÁS Y SU INFAMIA

Después del gran acierto de Fernando Fernán Gómez con *Las bicicletas son para el verano*, ahora nos ha regalado con una curiosa pieza, un tanto ambigua, sin demasiada ambición en principio, pensada para divertir y entretener, pero que naturalmente deja entrever la inteligencia y la experiencia teatral de su autor.

Del Rey Ordás y su infamia se centra en el romance de la princesa Delgadina, cantado inocentemente por los corros de niños a lo largo de generaciones, a quien su padre encierra en una torre por no ceder a sus deseos amorosos, sin darle otra cosa para comer sino «carne de perro salada» ni darle para beber «ni una gotita de agua».

La historia ha sido engastada en un ambiente deliberadamente tópico y simplificado, un poco como juego, como pantomima, con incrustaciones de humor y de erotismo, sin ahorrar citas a Freud y otras bromas y anacronismos descarados y efectistas.

Los personajes principales—el Rey, la amante, las hijas, el obispo, el físico—mantienen el mismo carácter híbrido: silueta de cuento y ramalazos de media intención ideológica, con el colorido de lo cómico que en definitiva predomina. En la figura del juglar que relata la historia y acaba de penitente por imposición del obispo para pagar su culpa de abrir los ojos a las gentes y despertar sus deseos y fantasías, Fernán Gómez riza el rizo, aunque se pase un poco, cargando el acento en un guiño teatral más bien fácil, pero eficaz.

El verso con que se expresan los personajes es acertado, pasando del juego verbal al tono de prosa sin apenas tropiezo, y los actores lo adoptan con naturalidad encomiable.

Pellicena, Emma Cohen, Inma de Santy, José Pedro Carrión y el resto del reparto realizan una labor digna, dentro cada cual de sus posibilidades.

La dirección de Fernando Fernán Gómez es lo mejor del espectáculo como tal. Tanto la dirección de actores como el mantemiento del ritmo, movimiento en escena, giros y fundidos.

En fin: una pieza original, un poco desmesurada, pero que realmente divierte a la mayoría y encima pretende conectar por vía de humor, ironía y complicidad, con una minoría más exigente.

Septiembre-octubre 1983

¡ESTA NOCHE GRAN VELADA!

El mundo del deporte—del boxeo concretamente—con sus sueños, trampas, negocios, mafias, triunfos y fracasos, es el tema anecdótico de la última obra de Fermín Cabal, acaso la más lograda de todas las suyas.

Un tema clásico ya, repetido por innumerables películas que han creado casi un género y que gravitan—sin que lo oculte en modo alguno Fermín Cabal—sobre esta pieza cuyo título completo es *¡Esta noche gran velada! Kid Peña contra Alarcón. ¡Por el título europeo!*

Todos los elementos de ese subgénero han sido combinados para trasladar el tema al teatro: el púgil bondadoso e ingenuo, el «manager» que lo explota, el promotor mafioso que organiza la velada imponiendo la derrota del aspirante al título, el «tongo», las motivaciones sentimentales, la pelea culminante, etc., etc. El objetivo se cubre con largueza.

Y, sin embargo, no es el tema escogido de antemano lo que determina la verdadera materia teatral, la calidad y en definitiva el éxito de la obra.

El ambiente del mundo del boxeo queda cuajado. Pero sólo es el marco que encuadra unos diálogos, unas reacciones psicológicas, un estudio de personajes, un cúmulo de resortes cómicos y dramáticos, una eficacia teatral, una vida, en fin, que desbordan la temática concreta.

Fermín Cabal mueve a sus personajes con una gran apariencia de realismo, de patetismo, de cierta ternura con máscara de leve crueldad. Y, sobre todo, les coloca en situaciones teatrales muy directas. Juega con sus caricaturas pero muestra su trasfondo humano, su verdad personal. Crea escenas de humor que se desdoblan y se mantienen en un contexto trágico de aire cotidiano, a lo largo de una trama de ritmo muy medido y muy seguro.

144

Sólo el final resulta un tanto desmesurado, resolviendo por la vía del melodrama ese atisbo trágico que en todo momento está presente en la historia. Cierto que era difícil poner un final brillante que resultara adecuado a la vez al tono realista de la obra. Pero el autor se ha decantado por un desenlace demasiado tópico, que desborda el nivel de su contenido dramático.

Muchos factores contribuyen al muy positivo resultado. En primer lugar—por orden de aparición—la excelente escenografía: el ámbito exacto de unos vestuarios de boxeo, destartalados, sudados, vividos, con su punto de sordidez y de funcionalidad, inteligentemente dispuestos en sus elementos básicos para el desarrollo de la acción.

En seguida, la seria interpretación de Santiago Ramos—«Kid Peña» —, Jesús Puente—el «mánager»—, Miguel de Grandy—el preparador—, Jesús Bonilla—el «segundo» y Licia Calderón—la novia del «mánager».

Y, como factor de fondo, la impecable dirección de Manuel Collado, artífice de la naturalidad, la fluidez, el buen ritmo, la eficacia escénica del texto, en suma.

Un espectáculo que devuelve la fe en la vigencia del teatro como forma de expresión artística de cualquier tema.

Noviembre 1983

MADRID, 1983

No es positivo el balance teatral del año 1983 en Madrid. Ni a nivel institucional ni en el plano—muy plano—de las realizaciones particulares.

En los medios profesionales cunde el desconcierto y el desánimo. Se echa de menos una política teatral coherente. Hay descontento sobre el régimen de subvenciones, en torno a las cuales giran obsesivamente las preocupaciones de las Compañías. Se cierran teatros. Falta coordinación y colaboración entre las diversas fuerzas sociales que debieran ocuparse del relanzamiento de la actividad teatral. No se ha producido todavía la esperada nueva ola de creatividad e innovación, nacida del nuevo régimen político.

A tal respecto, se ha dicho que la escasa repercusión de éste sobre la realidad teatral tiene su base en la prolongación de la realidad social salida de cuatro décadas de dictadura. Así, escribe José Monleón en *República de las Letras*: «Dentro del respeto a la iniciativa privada y del principio de economía mixta, a los socialistas les toca ahora crear las estructuras que permitan la participación mayoritaria de los españoles en la definición de una realidad teatral que, hasta ahora, ha estado en manos de un porcentaje muy reducido de españoles. La idea de que el teatro es un bien social y que el Estado debe defenderlo, conciliando la iniciativa privada con el servicio público, está en la base de una política que ya no puede conformarse con la tutela protectora de unas cuantas iniciativas y de varias decenas de puestos de trabajo. Está por medio el tema de la función social del teatro en una democracia, que incluye instrumentos de la formación y la libertad de sus ciudadanos».

Como datos positivos se señalan los Festivales y Muestras internacionales de teatro, la presencia de contribuciones extranjeras significativas, como el Magic Circus, o Vittorio Gassman, o las escenificaciones veraniegas que se han multiplicado últimamente y el teatro popular al aire libre, que con tanto éxito viene desarrollando por ejemplo Lauro Olmo en «La Corrala», con la apoyatura de Osuna.

Se cita el hecho de que, pese a todo, el «Teatro Español» de la Plaza de Santa Ana (antes «Teatro del Príncipe» y antes aún «Corral de la Pacheca») haya podido cumplir sus cuatrocientos años, celebrados con una curiosa exhibición de «teatro por dentro» montada por José Luis Gómez «in situ». Lo que hace escribir a Juan Emilio Aragonés: «¿Será que el teatro tiene también una mala salud de hierro?»

De los estrenos más sobresalientes, en uno u otro sentido, hemos dado cuenta en las páginas de *El Ciervo*. Destaquemos, junto a la perduración del éxito de obras anteriores como *El Precio*, de Miller, o *Las bicicletas son para el verano*, de Fernán Gómez, los estrenos de *Aquí no paga nadie*, de Darío Fo; *María Estuardo*, de Dacia Mariani; *El Suicida*, del Grupo Tábano; *Vente a Sinapia*, de Fernando Savater; *Del Rey Ordás y su infancia*, de Fernán Gómez o *¡Esta noche gran velada!*, de Fermín Cabal, que supera limpiamente su anterior *¡Vade Retro!*

Queda aún en la memoria *El cero transparente*, de Alfonso Vallejo; *Juana del Amor Hermoso*, de Martínez Mediero; *Un día de libertad*, de Pedro Mario Herrero, o *Isabel, reina de corazones*, de López Aranda.

Adolfo Marsillach ha escrito y dirigido *Mata Hari*, un espectáculo musical para Concha Velasco. Nieva ha estrenado su versión de la *Casandra*, de Galdós. José Luis Gómez prepara *Absalón*, de Calderón de la Barca, y Lluís Pasqual, *La vida del Rey Eduardo II de Inglaterra*, de Marlowe-Brecht, puesto en verso irregular castellano por Jaime Gil de Biedma y Carlos Barral. Martín Recuerda ha estrenado la «fiesta trágica», *El Carnaval de un reino*. Ha tenido mayor resonancia *El día de gloria*, de Francisco Ors, recién estrenada.

Por su escenografía espectacular o su intento de originalidad han destacado dos «superproducciones»: *La tempestad*, de Shakespeare, por la Compañía de Núria Espert, y el *Don Juan Tenorio*, de Narros.

Pero nada de todo ello, con sus chispazos de aciertos y sus valores relativos, puede borrar la penosa impresión de que no ha brotado tampoco este año el deseado soplo de nuevo aliento que justifique la esperanza.

Diciembre 1983

ORQUÍDEAS Y PANTERAS

Un equipo escenográfico de alta categoría se ha impuesto la misión ardua de traducir a impresiones teatrales un relato apretado de peripecias novelescas, de historias melodramáticas, de formulaciones intelectualizantes, de acotaciones ideológicas, de Alfonso Vallejo.

Reducida a esquema, esa minuciosa narración es interesante y aun conmovedora. Un anciano devorado por los remordimientos se enfrenta a su muerte con el propósito de salvar lo que ha heredado de sus antepasados: un nombre, una memoria, una gran casa, unas tierras, una perspectiva de mar. Sus dos hijas lucharán entre sí por la sombra del padre ya muerto. La menor, tierna y bondadosa, empeña su vida para que se cumpla la voluntad del padre. La mayor, rencorosa y dura, intentará impedirlo en venganza por los sufrimientos de su madre: destruirá la imagen del padre, impedirá que reposen sus cenizas, levantará muros de hormigón entre la casa y el mar, para cegar aquella mirada generacional. La lucha final de la hija menor por derribar esos muros, a toda costa, tiene una cierta grandeza que atrae.

Pero esa historia, ya tan intensa en esquema, se complica y se retuerce en múltiples acontecimientos melodramáticos: suicidios, asesinatos, infidelidades, sobornos, procesos, penalidades, crueldad, paralelismos obvios.

Y lo más significativo es que las trágicas historias de los personajes no suceden en escena, sino que son relatadas; bien por un narrador a distancia—un periodista ideólogo que nos habla *a priori* de misiles y hecatombe atómica—bien por los mismos protagonistas que reducen su acción en escena a revelaciones, enfrentamientos, insultos o abrazos.

Entonces, sobre los actores recae la carga de desarrollar esas tensiones, de llenar la escena con la emoción que traen «de fuera». Y José Bódalo, en una de las mejores interpretaciones que le recuerdo, alcanza este objetivo. Como Magüi Mira, la hija-furia, que crea en torno una tensa atmósfera de hostilidad y odio. En segundo plano, Muntsa Alcañiz y Antonio Canal. El gran actor que es Francisco Vidal se estrella contra su imposible personaje—ese visionario cronista de sucesos trascendentales que pretende enmarcar los hechos en la Historia de la Humanidad—prisionero de un lenguaje teatralmente inarticulable.

Reducida la acción por diálogos literarios y gestos grandilocuentes, falla en su expresión dramática porque el texto, además, no tiene la suficiente hondura ni brillantez. Los silencios y las medias palabras con que se alarga el final no bastan.

Pero he aquí que entra en juego el gran equipo escenográfico. El director, William Layton, el responsable de escenografía y vestuarios, Miguel Narros, el realizador Adolfo Coriño, los técnicos de sonido, de iluminación, de efectos especiales, toman el timón y expresan en imágenes, en metáforas y expresiones visuales, lo más válido de la historia. Cuentan ellos esa historia a su modo, sin palabras, hablando por pulsaciones estéticas, convirtiendo en vida teatral lo teóricamente adjetivo.

Como baza decisiva, un decorado espléndido: la casa es como una vieja estación de ciudad, con sus muros poderosos de ladrillo con sus arcos abiertos, no hacia las vías, sino hacia una gigantesca perspectiva del mar, de un cielo radiante. En la casa, los muebles extrañamente enfundados todos. Y, en el primer acto, unas sábanas tendidas al sol que la hija pequeña va recogiendo, en un clima lento de Chejov.

Al final, se irán alzando las moles de cemento hasta cegar los arcos, los balcones, la visión del mar y del cielo, sepultando la luminosa mansión. Y, en el trueno último, la voladura del monstruo y la restauración de la luz, del esplendor, contra las siluetas de las dos hermanas enlutadas.

Esto es lo extraordinario del espectáculo. El triunfo de la imagen sobre palabras, narraciones y diálogos. Un alarde de fuerza de la Compañía del Teatro Español, al servicio de una obra ambiciosa pero inerte, que obtuvo el Premio Lope de Vega y ha tenido la extraña fortuna de contar con semejante fuerza y semejante belleza plástica para animar el juego de sus panteras y sus orquídeas.

Julio-agosto 1984

DIÁLOGO SECRETO

Después de tantos años de presencia en la vida y en la cultura españolas, después de tantas obras, tantos estrenos, tantas peripecias históricas, tantas discusiones, tantos alálisis, tantos elogios y tantas críticas, Antonio Buero Vallejo se ha convertido en un punto obligado de referencia, una piedra de toque, un testigo del tiempo que ha vivido, que hemos vivido.

Desde *Historia de una escalera* hasta *Jueces en la noche* o *Caimán*, más de una veintena de obras en las que Buero ha plasmado su visión de la realidad y su juicio ético sobre ella; para muchos, un aguijón constante a la conciencia colectiva.

Su último estreno, *Diálogo secreto*, es como un conjunto de ecos y resacas de su producción anterior: temas de Velázquez, de la pintura, del color, de los simbolismos y mitos clásicos proyectados sobre las tramas de responsabilidad y culpabilidad, la condena de una sociedad hipócrita; la leve y gratuita salida a la esperanza; la relación metafórica entre un condicionante moral y una tara física (la ceguera, la mudez, la sordera); la alusión siempre paliada a lo inexplicable, al misterio, la magia o el milagro; la defensa de valores éticos primarios.

Aquí, en lugar de «Las Meninas» o «La Venus del espejo», analiza el cuadro de «Las hilanderas». Juega esta vez con el daltonismo, que le permite trucos teatrales entre el blanco y negro y los colores. El farsante es un crítico de arte. El testigo-conciencia, un superviviente de las cárceles de Franco. La fábula mitológica, el choque entre Palas y Aracne. Y las referencias actuales al paro, la droga, las hijas que se van de casa, etc.

El punto de partida es el suicidio de un joven artista, depresivo y drogadicto, determinado por una crítica injusta. Sigue la reacción de su novia, hija del crítico, para desenmascarar públicamente a su padre. Y la abnegación de la esposa, la cobardía del responsable, la culpabilidad social, el enfrentamiento entre moral burguesa y moral revolucionaria . . .

Todo eso, reducido a esquemas, a disquisiciones ideológicas o artísticas, a infinitas explicaciones sobre explicaciones, a obviedades continuas. Algunas frases brillantes, diálogos cuidadosamente equilibrados, lenguaje de laboratorio, exactitud del «puzzle» en el conjunto; y palabras, palabras, palabras.

Apenas se vislumbra la emoción de la vida, la palpitación de la realidad. Ese muchacho que se ha suicidado no cuenta. Su muerte sólo es un dato, carece de la terrible repercusión de un hecho real semejante. Parece como si una absoluta insensibilidad cayera sobre los personajes, entregados a parloteos accesorios o a reacciones simbólicas o éticas absolutamente calculadas. Cualquier parecido con la vida es puramente algebraico. Una frialdad de huesos descarnados, de fósil o de estructura de aluminio se impone y nos abruma.

Fuera de los recursos técnicos, de los resortes dominados, de la técnica aprendida y ensayada mil veces, del empaste escénico y del buen hacer dialéctico; fuera de esos evidentes medios que dan a Buero una facilidad que no es inercia sino trabajada urdimbre, poco hay de teatro vivo en *Diálogo secreto.* Poco secreto, poco misterio, poca vida. Y poco «diálogo» verdadero.

Los personajes nos lo cuentan todo, nos lo explican todo y vuelven a redondearlo y a justificarlo; nos dan sus versiones, sus lecciones; dicen lo que no puede decirse, siempre al servicio de un esquema reelaborado, retocado, artificioso, repetitivo.

Los actores, en ese contexto, hacen lo que pueden. Carlos Lemos sirve con su conocida veteranía al personaje sencillo y apenas esbozado del abuelo. Lola Cardona, Manuel Tejada y Natalia Dicenta prestan su voz a los títeres que representan. Ismael Merlo, gran actor, muerto repentinamente a los pocos días del estreno, ha sido sustituido por Pablo Sanz, que se reduce a remedarle. La dirección de Gustavo Pérez Puig es cuidada, aunque no ha sido capaz de mantener en vilo el peso muerto de este discurso de un autor al que tantas veces hemos admirado y aplaudido con entusiasmo.

Septiembre-octubre 1984

GABINETE LIBERMANN

El año 1985 se abre en Madrid con tres estrenos significativos: la reposición de *La muerte de un viajante,* de Miller, reconstrucción entre nostálgica e histórica del estreno de la obra en 1952, por el mismo director, Tamayo; *Deshacer la casa,* Premio Lope de Vega 1983, de la que hablaremos otro día, y *Gabinete Libermann,* el último espectáculo creado por Albert Boadella en el Centro Teatral de «Els Joglars».

Gabinete Libermann es una síntesis afortunada de todo lo que significa y puede dar de sí la capacidad dramática, ética y estética de Boadella. Desde *Mary d'Ous* a *Olimpic Man Movement,* la idea central básica, los hallazgos esenciales de «Els Joglars» y su presentación espectacular, están presentes, incluso en reelaboración y «autocita», en esta brillante pieza.

El análisis de los gestos, de los modales y de las formas habituales y rutinarias del comportamiento humano, aislados de su olvidada motivación consciente, y tomados como síntoma social, sigue constituyendo el eje más iluminador de la visión teatral de Boadella. Rutinas y rituales de la expresión social que denuncian un mundo masificado, domesticado, dominado y manipulado por un orden a medio camino entre *Un mundo feliz* de Huxley y *1984* de Orwell.

En *Gabinete Liberman* ese análisis se explica a través de una «sesión de terapia pública» en que un psiquiatra argentino, doctor Libermann, —que revelará su procedencia nazi a la vez que su propia locura —intenta la «reprogramación de una pareja con síndrome agudo de enclaustración».

El juego escénico se hace así doble como en *Olimpic Man*. La realización de la sesión terapéutica ante el público se justifica y teatraliza «desteatralizándola» al convertir a los espectadores en personajes implicados como tales en el experimento, en cuanto que su presencia «influye en la terapia» y por último son considerados también como objeto pasivo de terapia, sobre todo en la graciosa despedida final, cuando el público va abandonando la sala; un nuevo hallazgo que levanta y desdobla la función en una última instancia.

Hay una reproducción de escenas de *Mary d'Ous*, autofagocitadas, recuperando el luminoso punto de partida de «Els Joglars»; y una inserción del momento culminante de *Romeo y Julieta*, que instala un poderoso punto de referencia para potenciar la teatralidad del contexto. Hay también un certero dibujo del mundo interior de los dos «enclaustrados», enormemente representativos de ciertos residuos de automarginados sociales, caídos en la inacción, en la evasión de esa sociedad deshumanizadora, en una actitud «pasota» tiernamente caricaturizada por Boadella en las patéticas explicaciones de ambos marginados: «Un día cavaré un agujero en el suelo, me hundiré dentro y ¡hala! a vivir». Sus máximas vienen expresadas en el complementario programa de mano: «los demás están locos, persiguen fines absurdos que no comprendemos, las palabras no son más que la manifestación de la hipocresía humana, hay que retornar a lo simple, hay que retroceder sobre el camino equivocado de la humanidad y volver a lo primitivo. En todo lo que hoy se considera antisocial está la auténtica libertad. El progreso es un genocidio. Debemos pasar de ello . . .»

Sobre unos y otros elementos, más o menos repetidos, más o menos perfeccionados en variaciones formales y en profundidad, predomina el trabajo de equipo, tan impecable como siempre. La actuación individual de los actores—Pepa López, Carles Mallol, Sara Molina, Antoni Vicent Valero y Juan Viadas—, su armonización colectiva, la calidad del producto, la brillantez, rayan a gran altura.

También, la labor creadora del conjunto, en cuanto a la invención de situaciones, efectos y frases. Pero aquí, más altibajos. «Hallazgos» un tanto simples, de teatro de ensayo universitario, algunos trucos demasiado fáciles, junto a aciertos como la aparición final del verdadero doctor Libermann, que hace recomenzar la acción supuestamente tras lo que no ha sido más que una espera, la continuación indefinida de una historia dentro de otra historia, teatro dentro de teatro, la realidad convertida en espectáculo . . . Y los efectos musicales rotundos, como la interpretación del «Deutschland über alles» o la Quinta Sinfonía de Beethoven . . . Esta impresión global satisfactoria de un espectáculo regocijante mayoritariamente, con predominio de lo lúdico, donde la transgresión está más medida e incluso comedida que en otras obras de Boadella, casi sin desbordar los límites de la travesura. Y, desde luego, teatro de nuestro tiempo.

Enero 1985

ANSELMO B.

Madrid se autoproclama estos días «centro mundial del teatro» por la celebración del V Festival de Teatro. Durante veinticuatro días, nueve compañías extranjeras y tres españolas desarrollarán dieciséis espectáculos de muy diversa naturaleza: Desde *Macunaima* hasta *Juicio al padre* de Kafka por José Luis Gómez, pasando por *Momix Show, Crimen y Castigo* y *Nastasjia Filipovna*, de Stary Teatr, *Lisistra*, de la Nederlands Toneel, *El camino real*, de Chejov por la Compañía alemana Schaubühne am Lehniner Platz, etc. . . .; con las ventajas y desventajas de la «versión original», ay, sin subtítulos. Al éxito de la apertura del Festival, debido en gran parte a la brillante actuación de Josep Maria Flotats en su espléndido *Cyrano de Bergerac*, seguirán sesiones más o menos minoritarias, acompañadas de teatro en la calle, teatro ecuestre y exposiciones como la de Darío Fo en el Círculo de Bellas Artes.

Pero el Festival pasa y nuestra realidad escénica cotidiana queda.

Parece que no aprendemos demasiado en cuanto a política teatral, parlela a la política cultural. Y hoy, como muestra de ese contraste entre la cara ocasional de la fiesta y los modos permanentes de nuestra rutina, hablaremos del nuevo estreno del «Centro Dramático Nacional» en el Teatro Nacional «María Guerrero»: *Anselmo B o la desmedida pasión por los alféizares*.

Su autor es relativamente novel, el actor Francisco Melgares, que ha escrito un texto aparentemente ambicioso, convertido en espectáculo de grandes pretensiones puesto en escena por Adolfo Marsillach, impregnado hasta los últimos entresijos de Adolfo Marsillach y presentado por el propio Adolfo Marsillach con frases como éstas: «La obra trata, en clave de humor irónico, del desencanto político de una determinada izquierda que creyó en la utopía, para descubrir más tarde que sigue siendo utópica y que los cambios nunca son demasiados». O bien: «Me gusta el texto, que habla de nosotros sin que lo parezca. Todos somos Anselmo B, hijos del compromiso social y víctimas de la transición». O, en fin: «Es una obra de humor y las obras de humor no gustan en un país de bárbaros o de graciosos. Lo mejor de su texto es lo que tiene de inexplicable. Esta es su dificultad y éste es su encanto. Esta es, también, su poesía».

Pero de estas etiquetas previas, de estos anzuelos oportunistas, a la realidad, hay un amplio abismo.

Anselmo B o la desmedida pasión por los alféizares apenas tiene de esas explícitas intenciones—«hay multitud de Anselmos B, cada uno en su alféizar particular, vagando en la soledad histórica»—más que las coordenadas intelectuales exteriores a la obra, un tanto forzadas y poco confirmadas en ella.

Teatralmente, y esto es lo que importa, *Anselmo B* es un entramado de escenas reiterativas en que el personaje teórico—«aquel inefable sujeto, aquel espécimen de una generación machacada que creyó en demasiadas cosas»—no alcanza más que una liviana presencia, un tanto patética a veces, sin demasiada significación, que defrauda tantas pretensiones. «Desde la mañana en que armado de valor guardó en su baúl las verdades absolutas, los viejos iconos, las reliquias de viejas batallas, y se instaló en su alféizar dispuesto a colocar el muy puñetero, una larga serie de trampas . . .». Esta es la trampa, desde fuera de la obra, insisto, que nos lleva a buscar hijos escondidos en la doble o múltiple trama.

Por una parte, los sueños del infrakafkiano *Anselmo B* tumbado en el alféizar. Por otra, la «realidad sórdida» de lo que sucede en la casa y en la familia que él abandona por el alféizar. Pero ninguna relación dramática o contraste teatral entre ambos.

Demasiado simple. Confusión entre «lo inexplicable», «lo demasiado explicado» y «lo no explicado teatralmente».

En el mundo de la «sórdida realidad», tantos apriorismos como en el de los sueños, tantos esquemas sin consistencia, reducidos a puras anécdotas o cabriolas, formalismos vacíos o disparates.

Fuera de *Anselmo B*—pura referencia o punto de patida—, no hay seres humanos, sino caricaturas, títeres en el mejor de los casos, fantoches articuladores de frases pretenciosas, graciosas o chocantes. Desde la hermana boba al ejecutivo del Opus Dei travestido de loca tía carioca.

Admitamos un juego global, un engaste de «gags» sucesivos en un conjunto irónico y cómico, con aire guiñolesco y circense a veces. Admitamos la rotundidad de los textos literarios bien pulidos, de las sentencias y las piruetas retóricas que componen el «puzzle» verbal.

Pero la sensación de que se nos está dando gato por liebre va en aumento hasta los tópicos finales.

153

Ahora bien—y esto es lo verdaderamente malo—, todo ese modesto juego de autor novel, exasperado por el pretencioso estilo teatral del cuño de Marsillach, se nos ofrece envuelto en millonarios celofanes y lazos dorados, empaquetado «para regalo» en los pródigos «Almacenes» oficiales:

Escenografía suntuosa, iluminación y música desbordantes, lanzamiento publicitario máximo, prestigio reverencial y nada menos que veintiocho actores en el reparto: Manuel Galiana, María Luisa Ponte, Tina Sainz, José María Pou, Amelia de la Torre, Andrés Mejuto, José Caride, etc., etc.

Espectáculo carísimo, celebradísimo, pretencioso; pero, como teatro, mera conjunción espectacular de actores empeñados en hacer reir por los medios más clásicos o más simples, a costa de una sombra de humor a lo Mihura, empeñados en deslumbrarnos con puestas al día de tópicos literarios y modos expresivos de segunda mano, y capaces de hilvanar sin descanso, en fin, frase «ingeniosa» tras frase «ingeniosa», para justificar la previa autodefinición de la mercancía.

Pero el Festival de Teatro cubre las formas, aunque sus funciones las aplaudan, a veces, sólo unas docenas de espectadores.

Abril 1985

BAJARSE AL MORO

En este ardiente fin de verano, Madrid sufre una fiebre de actividades teatrales múltiples: La «Muestra Internacional de Teatro Clásico», la II «Muestra de Teatro Joven Madrileño», reposiciones tan diversas como *Los ladrones somos gente honrada, La estanquera de Vallecas, La locandiera* o *Vamos a contar mentiras*; estrenos en todos los frentes, desde la *Samarkanda* de Antonio Gala a *Suz/o/Suz* de la Fura dels Baus, pasando por *Las amargas lágrimas de Petra von Kant* de Fassbinder, *Viento de Europa* de Francisco Ors o *La Taberna fantástica* de Alfonso Sastre.

Voy a detenerme por ahora en otro estreno que me ha parecido muy interesante, no tanto por sus pretensiones como por su realidad de texto vivo y actual: *Bajarse al Moro*, Premio Tirso de Molina 1984, que inaugura la temporada del Teatro Bellas Artes.

Su autor, Alonso de Santos (*Viva el Duque nuestro Dueño, El horroroso crimen de Peñaranda del Campo, Del laberinto al treinta, La Estanquera de Vallecas*), es relativamente joven pues nació en 1942 pero sobre todo está siempre trabajando un teatro al día, liado a grupos como Teatro Estudio de Madrid, Tei, Tábano, Teatro Liber.

Bajarse al Moro podría fácilmente encuadrarse en el género del sainete actual, pero esto se prestaría a una aproximación a los temas de nuestro tiempo—costumbres, lenguaje, perspectivas, tipos—dentro de una fórmula teatral pragmática y sintética, en la línea del humor, la ironía y el escepticismo.

En el prólogo al libro que precedió al estreno, escribió Eduardo Haro que la diferencia entre el sainete clásico y esta vía teatral por la que anda Alonso de Santos es considerable: «en el anterior los autores manejaban su cosmos como una reducción de la tragedia clásica en la que el destino toma la forma de lo imposible: los que tratan de romperlo, de luchar, están condenados desde el principio. Tropiezan con un orden establecido que les es superior, y esto sucede así, en el costumbrismo español, desde el paso de *Las aceitunas* hasta *Historia de una escalera*. En *Bajarse al Moro* su tragedia es que el orden establecido ha cambiado; la sociedad ha parecido abrirse, ha habido un momento histórico radiante, sus pobres vidas han recibido la iluminación. Por otra parte, su destino no parecía impuesto, sino elegido. Las víctimas del antiguo sainete estaban presas en su clase social estanco, impermeable, mientras que los de Alonso de Santos han elegido y siguen eligiendo y, aunque sus antecedentes de clase y familia estén presentes, incluso materializados por personajes, no son ellos quienes las determinan, sino su vocación y la aparición de lo posible en forma de trampa».

Es decir: el sainete en el «cambio» socialista. El sainete como clave para indagar la hondura del cambio.

En el argumento, aparecen temas de actualidad tratados ya por otros autores: el mundo de la marginación, la droga, las hijas de familias burguesas escapadas al lumpen, el momento político, la policía, la justicia y la cárcel. Pero los ingredientes no son aquí lo básico; lo importante es su tratamiento, la intención y el resultado.

La obra tiene dos partes profundamente dispares, casi antagónicas.

La primera es un río revuelto, ágil, brillante, en que se nos ofrecen imágenes, situaciones y palabras en engañoso revoltijo; una acción homogénea, casi vertiginosa excepto su última escena, un tanto descolgada. Personajes del lumpen—el zapatero tuerto, la contrabandista de «chocolate» que «baja al moro», a Marruecos, para comprarlo—conviven con la «hija de mamá», con el policía, con la misma madre de éste, dada al coñac y al «neocatecumen»; aparentemente hermanados en la alegría de una vida de libertad y miseria. Teatralmente, este acto es el más logrado, está cuajado de gracia y de ritmo.

Pero en la segunda parte irrumpe lo ideológico, lo racional, hasta la moraleja y el melodrama. Se proyecta la perspectiva histórica—Felipe, Guerra, el cambio, la democracia—y se esclarecen los campos: vuelven a su cauce verdadero los que parecían fuera de él—el policía, la niña burguesa—para quedarse solos los verdaderos marginados.

Esta segunda parte no sólo se desmarca de la primera sino que, al clarificarla, la desmantela. Porque, a la luz de los que acaba sucediendo, la acción y los personajes iniciales resultan desmontados. Por otra parte, el ritmo pierde su tensión; se suceden los silencios, los monólogos, las explicaciones; las medidas del tiempo no encajan; la línea dramática se hace intermitente y vacilante.

No obstante, culmina con un acierto: la exaltada visión del futuro, del mundo feliz que traerá el cambio, la Jauja que gozarán los que nazcan ahora. La utopía con que levanta el ánimo el más simple de los marginados, está presentada al espectador a través de una ironía fina que convierte el alegre optimismo en tierna tristeza, en una solidaria conmemoración.

En este cuadro, el lenguaje desempeña un cometido esencial, tanto en el uso de modismos y vocabulario significativos como en el tono y acento de unos u otros. Alonso de Santos ha sabido encontrar el medio justo, orillando la exageración, pero sin evitar lo abrupto.

La interpretación corre una suerte desigual en relación con los presupuestos que fija el autor a sus personajes. Verónica Forqué llena el suyo, aunque no deja de subrayar ese modo de hablar peculiar que usa demasiado monótonamente. María Luisa Ponte, eficaz y directa, con sus sabidos recursos de gran efecto cómico. Jesús Bonilla se identifica con su papel y lo hace bien, con el punto bajo de los soliloquios melodramáticos. Pedro María Sánchez llena el esquema del joven policía con exactitud; las deficiencias del personaje, que pudo ahondarse en el primer acto, a la vista de lo que descubre el segundo, no le son imputables. Sin embargo, Amparo Larrañaga no da el tipo ni acierta con el tono. Muy exactos Raúl Fernández y Javier Gracimartín en una breve aparición.

La dirección de Gerardo Malla, más ceñida en el primer acto, aunque mejor en el mantenimiento del ritmo que en la profundización; y menos riguroso en la segunda parte donde parece perder en algún momento las riendas de la acción.

Septiembre-octubre 1985

TEATRO 1985. UN GRAN AÑO PARA LA ESCENA

El año teatral 1985, en Madrid, ha desbordado todas las medidas de proyectos y programas. Comenzó con una traca de estrenos de todos los colores: *La Muerte de un Viajante*, de Miller; *Gabinete Libermann*, de Boadella y Els Joglars; *Buenos*, de Taylor; *Geografía*, de Alvaro del Amo; o *Hay que deshacer la casa*, de Sebastián Junyent, que continúa en cartel al terminar el año.

Siguió con las más variadas muestras de las más distintas líneas y direcciones: obras minoritarias escenificadas para multitudes, reposiciones de obras célebres en busca de éxito de público, comedias fáciles, dramas trasnochados puestos al día y al último grito, piezas de vanguardia, insistencia en los clásicos, experimentos múltiples, honrados trabajos concienzudos, aciertos inesperados, estafas intelectuales . . .

Por amontonar títulos, recordaría *En el quinto cielo*, de Mastrosimone; *Cyrano de Bergerac*, de Flotats; *Anselmo B o la desmedida pasión por los alféizares*, como ejemplo de lujosa pretenciosidad; *Bajarse al moro*, de Alfonso de Santos, como muestra de teatro vivo y popular; la *Samarcanda*, de Antonio Gala, como demostración de fuerzas de flaqueza; *Las amargas lágrimas de Petra von Kant*, de Fassbinder; *Viento de Europa*, de Francisco Ors, o el desmoronamiento de un autor; *Suz/o/Suz*, de la Fura dels Baus, como prueba de participación a viva fuerza; más y más reposiciones como *Los ladrones somos gente honrada*, de Jardiel; *Un enemigo del pueblo*, de Ibsen; *Vamos a contar mentiras*, de Alfonso Paso; *La prenda*, etc. etc. Alonso Millán estrenó tres comedias más. Fernando Fernán Gómez intentó en vano repetir suerte con *La Coartada*. Alfonso Sastre levantó cabeza con *La taberna fantástica*. Rudolf Sirera estrenó en castellano *El veneno del teatro*. Miguel Narros resucitó *El castigo sin venganza*, de Lope de Vega. En fin, los ejemplos se comen el papel.

Termina el año como empezó, con igual dispersión de acontecimientos antagónicos: otro estreno de Antonio Gala, *El Hotelito*; *Amantes*, de Michael Cristofer; *La desaparición de Wendy*, de Benet i Jorent; o, como guinda, *Los abrazos del pulpo*, un inverosímil derroche de esfuerzos sobre un texto tetralmente nulo de Molina Foix, levantado en escena a duras penas por una espléndida escenografía de Cytrinowski, por la desbordante dirección de María Ruiz, la desesperadamente inútil maravilla de la interpretación de Julieta Serrano y el refuerzo extraordinario—igualmente inútil— de Javier Gurruchaga, el de *Mondragón*.

Cito títulos así, un poco en zig-zag, para dar idea del bombardeo indiscriminado que el público ha sufrido—o ha gozado—este año desde múltiples ángulos de tiro, alturas y potencias.

Y es que todo parece haberse amontonado, como si los organizadores del cotarro hubieran sentido una desesperada necesidad de demostrar vitalidad, despilfarro e imaginación.

Se han sucedido los Festivales de Teatro, con participación de muchas Compañías extranjeras, trayendo obras de Kafka, Chejov, Dostoyevski, etc.; las Muestras Internacionales de Teatro clásico o de Teatro Joven Madrileño; los ciclos apretados del Círculo de Bellas Artes; las experiencias del «Centro Nacional de Nuevas Tendencias Escénicas» que dirige Guillermo Heras y más etcéteras.

Si hubiera de señalar dos aciertos plenos en sentidos muy divergentes, elegiría el ciclo dedicado a Samuel Beckett, magníficas lecciones del más puro y esencial teatro, en absoluta comunión de texto y representación; y, por otro parte, como acontecimiento máximo del año, el inconmensurable *Mahabharata*, puesto en escena por Peter Brook sobre una adaptación teatral de Jean Claude Carriere, con la impecable interpretación de una muchedumbre de actores de diversos países y continentes, entre los que podríamos destacar a Maurice Benichou, Andrzel Seweryn, Mireille Malout o Mellika Sarabhai. Nueve horas de deslumbrante y arrebatador espectáculo en que se condensa esta vieja epopeya de la existencia humana, con una absoluta eficacia escenográfica, y una síntesis literaria increíble producto de diez años de trabajo.

Sólo esto bastaría para recordar el año 1985 como un gran año para el teatro.

Diciembre 1985

EL RAYO COLGADO

No resulta contradictorio que el Centro de Nuevas Tendencias Escénicas haya estrenado en la Sala Olimpia una comedia escrita ya hace casi treinta y cinco años por Francisco Nieva. *El Rayo Colgado* no ha perdido vigencia innovadora. Por el contrario, está llena de frescor, como recién creada. Incluso proyecta su vibración sobre las obras posteriores de Nieva, mucho más elaboradas o complejas y recíprocamente éstas confirman y potencian lo que en 1951 alumbró quien había de ser uno de los valores más interesantes de la escena española.

Se trata de una pieza relativamente corta; aunque más larga en el tiempo de lo que parece, porque su jugosidad y su viveza consiguen captar al espectador suprimiéndole el sentido del tiempo real.

Nieva nos ofrece en *El Rayo Colgado* una panorámica sintética de su concepción del teatro, de su mundo literario, de sus recursos lingüísticos y sus temas obsesivos.

La paradoja, las antítesis, la transformación del tópico en hallazgo, el juego del absurdo, volver del revés las situaciones habituales, llevar a sus extremas consecuencias las frases hechas o rituales. Todo ello produce el efecto de lo mágico a través de datos cotidianos.

Una fuerte dosis de poesía y de humor impregna toda la trama, transfigurando con colores alucinantes las anécdotas simples y aun sórdidas; convirtiendo objetos vulgares en elementos maravillosos: una llave, una tarta, un melón, une ruleta.

El argumento es leve. Un Ingeniero de Caminos es sepultado por una explosión en el interior de un convento aislado del mundo, donde unas irreales monjas de la «Orden de la Resignación Armenia» están inmersas en recuerdos, ritos y doctrinas desorbitadas, entregadas a la labor de intentar salvar al diablo, un diablo materializado en un extraño mozalbete que aparece y desaparece arbitrariamente en inexplicables pillerías y piruetas.

Una religión del revés, donde el milagro es lo ordinario y la lógica de las palabras es lo extraordinario. Las palabras, que se toman en su textual sentido y deforman así—o descubren—el esquema íntimo de doctrinas, oraciones y dogmas.

De todo ello resulta una experiencia brillante, como si viviéramos una pesadilla inquietante y feliz a la vez; en que lo onírico asume fugazmente obsesiones, problemas y juicios, con apariencia superficial, como pulsando ligeramente cuerdas que despiertan profundas resonancias.

El texto es ingenioso y a veces extraordinariamente divertido, con un lenguaje que alcanza su mayor eficacia en el diálogo de las monjas.

El Grupo "Teatro del Alba» ha tenido, pues, un gran acierto al rescatar esta obra para el público actual. Y ha sabido ponerla en escena con sobriedad de medios y recursos sencillos.

La interpretación se adapta al tono de juego—bordeando a veces el gran guiñol—que ha impuesto el director, Santiago Meléndez. Destaca la efectiva labor de las actrices Margarita González y Yolanda Botella, en los papeles de «Sor Prega» y «Sor Isena», así como la muda expresión corporal de Marco Aurelio, encarnando al diablo «Porrerito».

Febrero 1986

VIRTUOSOS DE FONTAINEBLEAU

El VI Festival Internacional de Teatro de Madrid, que se ha abierto con *La señorita Julia*, de Strindberg, en una versión naturalista y dura de la compañía «Kungliga Dramatiska Teatern» de Estocolmo, dirigida por Ingmar Bergman; ha seguido con el estreno en Madrid de *Virtuosos de Fontainebleau*, el último trabajo de Els Joglars.

Esta vez, el objetivo de Boadella se ha centrado en la comparación violenta entre lo español y lo europeo; y más directamente entre la cultura española y la francesa. O, mejor quizás, en una autocrítica cruel de los defectos hispánicos, a través del espejo deformado y deformante de una caricatura igualmente cruel de la cultura y del chovinismo franceses.

Un grupo musical de Fontainebleau, compuesto por siete exquisitos y provincianos «virtuosos», da un concierto ante el público español, dentro de unas imaginarias «jornadas de europeísmo», a raíz de la entrada de España en el Mercado Común.

Poco a poco, el concierto se ve alterado por la evidencia en los músicos de que ese público español es incapaz de entender la música, y en consecuencia la cultura europea representada por Francia.

Se inicia así una creciente provocación de los «músicos franceses», perfilados mordazmente, contra el público español, que se ve insultado y ridiculizado hasta extremos patéticos.

El doble juego se complica hasta estallar en una ruptura general, en un desbordamiento de la parodia hacia lo escatológico, lo pornográfico y lo irreverente. Y alcanza su plenitud en un espléndido «pim-pam-pum» en el que el público real, después de haber ido encajando con sonrisas más o menos suficientes y cómplices la continua provocación de Els Joglars, cae finalmente en la trampa y arremete a tomatazos y naranjazos contra los grandes mitos de Francia (Napoleón, El Rey Sol, Marianne, etc.), en una reacción de la furia española contra los insoportables «franchutes», que pone en entredicho europeísmos, finuras y tolerancias.

Este elemento de provocación, junto con el esquema de «crítica dentro de la crítica» desdoblado en la ridiculización de lo español desde la ridiculización de lo francés, más una fuerte dosis de ambigüedad disfrazada de ambivalencia, es lo que caracteriza el nuevo espectáculo de Boadella. No demasiado nuevo dentro de sus recursos y métodos, pero siempre muy cuidado en la forma, en las maneras y en el estudio de gestos humanos característicos, de la psicología cotidiana.

El fallo principal, a mi entender, es el del ritmo. La lentitud—evidentemente buscada dentro del propósito provocador—de las primeras fases del concierto, se ve bruscamente quebrada por ciertos episodios no bien situados en el conjunto. Y luego la línea de acción es desigual, baja de tono a veces, débil de hallazgos, como si fallara la imaginación para rellenar el esquema total. Junto a detalles muy brillantes, hay otros demasiado flojos para estos grandes profesionales; de categoría insuficiente.

Se repiten las situaciones y la irregularidad mantiene un vuelo bajo durante la parte central del espectáculo, hasta que de repente irrumpen los sagrados títeres del «pim-pam-pum» y el público entra en juego.

Innecesario es decir que los actores cuidan sus menores movimientos con una precisión de relojería. Cuando fingen interpretar a Vivaldi, a Mozart, a Debussy, a Ravel o a Bizet, manejan los instrumentos, los ademanes y la compostura con tal exactitud que llegan a engañar al espectador, como lo hacía la Compañía de los Buenos Aires con su *Orquesta de Señoritas*; pero sosteniendo el tipo durante largos recitales, sumiéndonos al principio en la impresión de estar presenciando o sufriendo un verdadero concierto en el que hubiéramos entrado por error.

En esto no flaquean Els Joglars, desde aquella inolvidable *Mary d'Ous* que nos deslumbró hace ya tantos años. Como no flaquea Boadella en su éxito al conseguir que brote, aun con baches, el fenómeno siempre insólito del teatro como fiesta, como revulsivo y como catarsis.

Marzo 1986

LAS ALUMBRADAS DE LA ENCARNACIÓN BENITA

Olvidado ya su VI Festival de Teatro (ciento once millones de pesetas de gastos, quince obras representadas, cincuenta mil espectadores), Madrid vuelve a su rutina teatral, basada en grandes reposiciones o en aparatosas escenografías de obras bien conocidas. Como ejemplos: *El Concierto de San Ovidio*, de Buero, y *El Jardín de los Cerezos*, de Chejov.

Sólo un estreno interesante de un autor español: *Las alumbradas de la Encarnación Benita*, de Domingo Miras, que obtuvo el Premio Tirso de Molina en 1980.

Se trata de un espectáculo producido por «Ensayo 100», patrocinado por el Ministerio de Cultura, que se representa en el Teatro del Círculo de Bellas Artes, bajo la dirección de Jorge Eines.

161

El tema parece obsesivo en ciertos autores actuales: el clima interno de los conventos, con su espesa amalgama de misticismo, represión, erotismo sublimado o descarado, alucinaciones, tensiones íntimas. Por encima de la significación religiosa de esta atención por tema tan peculiar, predomina la búsqueda de las claves de lo español.

Así, sobre todo, en esta escenificación de uno de los procesos históricos con que la Inquisición hubo de cortar tantos brotes del iluminismo del siglo XVII. Se insiste mucho en la historicidad de la trama. No sólo se citan testimonios judiciales, archivos, detalles fidedignos sobre nombres de monjas, ángeles y demonios, sino que el entronque realista se asienta en tres puntos pilares maestros: el regalo al convento del cuadro del «Cristo» de Velázquez, la participación del Conde Duque de Olivares en los ritos más extremados de las alumbradas y la presencia final del mismísimo Felipe IV.

Esta apelación a la Historia resulta, sin embargo, desvaída por el paroxismo con que se desarrolla la acción; si puede hablarse de acción, porque en realidad nos hallamos fundamentalmente ante una mera situación desorbitada, en que los personajes entremezclan sus monólogos sin congruencia psicológica suficiente, sin hilos internos que los muevan a través de derroteros lógicos, dentro de la propia alienación que sufren.

El primer acto—setenta y cinco minutos—amontona los elementos totales del cuadro, multiplicando reacciones súbitas, retratos rígidos, alucinaciones en cadena entreveradas con guiños realistas sobre trasfondos sexuales y mixtificaciones interesadas, hasta montar escenas pretendidamente escandalosas hacia lo erótico y lo irreverente. Se mantiene un ritmo acelerado, histérico y morboso, donde el rito, las convulsiones y las carreras por el escenario se acentúan por el contraste con un decorado esquemático; una serie de escalones formados por jaulas, madrigueras, tumbas o celdas de abejas ciegas por donde se arrastran, se asoman, espían, surgen o se esconden, las monjas alumbradas, que culmina en una pequeña plataforma donde se expone el «Cristo» de Velázquez.

Esta primera parte es intensa aunque incoherente. El nivel espectacular, gracias al esfuerzo patético de las actrices, que se desgañitan y se retuercen intentando transfigurarse en sus extremados personajes, alcanza cierta altura y una atmósfera que roza tanto la violencia como el esperpento.

Sin embargo, el segundo acto—cuarenta minutos—reducido a esquemas, abreviado como contrapunto y coordenadas objetivas, resulta muy pobre, casi grotesco en su pretenciosa simplicidad.

El hundimiento del montaje ilusorio, el revés de la trama, el doble juego del Rey, la endeblez del Conde Duque de Olivares, la sombra y el miedo que llegan con el Santo Oficio para cortar el vuelo de las alumbradas; todo lo que pudo ser contraste y clave resulta frustrado. Aquí, la interpretación es deshilvanada; los diálogos, someros; los personajes, muñecos sin prestancia siquiera, sobre todo el Conde Duque y Felipe IV, que no guardan la menor apariencia con lo que representan.

Apreciable, sin embargo, repito, el esfuerzo de las actrices Amelia del Valle, Pilar San José, Ana Guerrero y Lola Santoya.

Un tema apasionante, que ha originado obras tan importantes en el teatro, en la novela y en el ensayo, como es la intimidad de los conventos en la tensión del ascetismo, la mística y las complejas relaciones humanas en un encrucijada histórica, religiosa y social interesantísima; un tema todavía no plasmado en una visión iluminadora, apenas queda apuntado en este espectáculo defraudante, donde la preocupación esencial del autor parece centrarse en el lenguaje, que cincela con mimo como un valor independiente del contexto.

Mayo 1986

EL MÉDICO DE SU HONRA

Entre los dramas de Pedro Calderón de Barca, *El médico de su honra* destaca por su compleja construcción y por su insólito planteamiento moral, más desconcertante cuanto menos se conoce el mundo calderoniano.

Sobre el entramado de un desencadenamiento fatal del asesinato por celos injustificados, va enseñoreándose la figura ambigua del Rey, don Pedro el Cruel o don Pedro el Justiciero, que acabará aplicando una Justicia inexplicable según la cual el obseso parricida de una mujer inocente será sancionado con el raro castigo de obligarle a casarse con otra mujer que antes había sido víctima de su engaño.

La evidencia de la injusticia y crueldad del crimen, destacada por la evidencia de la inocencia de la esposa, por más que se enmarque en el fatalismo de unos prejuicios sociales inexorables, choca ante tal sentencia acalladora de escrúpulos, remordimientos o rebeldías. El poder del Rey, asentado en el orden, todo lo cubre.

Imposible aceptar un consentimiento de Calderón a tales monstruosidades. Al extremar hasta límites de exasperación la dureza del caso, está, acaso veladamente, denunciando ante el pueblo o quién sabe si ante la posteridad, la injusticia de la moral de la sociedad en que vive. La obra, prohibida durante mucho tiempo por «inmoral», podría ser oscuramente una protesta de Calderón tanto más profunda cuanto más exagera crueldad, inocencia e impunidad.

163

Si pensamos que la obra está inmersa en la España de Felipe IV y advertimos que no hay en ella la menor referencia religiosa ni siquiera la presencia de elementos clericales, encontraremos más enigmática la postura de Calderón, no explicable del todo ni siquiera por una intencionalidad puramente estética o puramente efectista, a la que solía sacrificar nuestro dramaturgo otras consideraciones de fondo.

El argumento está servido con una acción ágil, entrecruzada, rica en sugerencias y en peripecias ingeniosas. La belleza de las rotundas frases, obviamente excesivas como casi siempre en Calderón, frondosas y brillantes, cuaja en versos que van de lo retórico a lo lírico con una facilidad abrumadora. Pero esto es Historia de la Literatura.

La puesta en escena—la escenografía, vestuario e iluminación son de Carlos Cytrynowski—y la dirección de Adolfo Marsillach, son discutibles pero efectivas. La verdad es que sin ellas y sin los golpes de luz y de sonido—la música es de Tomás Marco—la representación no alcanzaría tanto éxito.

Cuatro misteriosos individuos de sombrero hongo, cara borrosa y sotana negra, como monigotes de Ops, van silenciosamente disponiendo el escenario desde el principio, subrayando la acción siniestra del Destino y creando los espacios y los objetos mediante un juego de banquillos—banquillos de los acusados—que sirven de vallas, de caminos, de pasadizos, de puertas, de biombos o de pantallas.

Por entre los banquillos o sobre ellos trotan los personajes—acertada la caída del caballo del Infante don Enrique de Trastamara—o se esconden o se apoyan. A veces, el juego resulta excesivo y arbitrario, hasta convertirse en una carga para el espectáculo. Otras, resulta demasiado obvio. Pero también en ocasiones potencia la escenificación.

Y llegamos al inevitable tema de la recitación del verso. Es sabida la resistencia del español a hablar en verso. Los actores españoles actuales se plantean una doble opción: o rompen totalmente el ritmo y la medida hablando en prosa a trompicones para resaltar el sentido gramatical de las oraciones, o bien marcan los versos con redoblada música.

En este caso los actores—o el director—han preferido mayoritariamente cargarse el verso para dar naturalidad al lenguaje, para hacerlo más cotidiano. Lo considero un error. El intento es vano e improcedente. Nadie conseguiría hacer cotidiano el lenguaje de Calderón; ni falta que hace. Y además su sentido, no sólo estético, radica en medida importante en la forma precisa, en la versificación elegida; la música del verso completa el texto, como en el cine o en la ópera. Y es una lástima perder uno de los valores esenciales del teatro de Calderón, guste o no guste: la rotundidad y belleza del lenguaje versificado.

En este aspecto se salva Pellicena, que encuentra casi siempre el justo término. Angel de Andrés, Marisa de Leza, Vicente Cuesta, Francisco Portes, José Caride y todo el amplio reparto se esfuerzan en dar verosimilitud a sus respectivos personajes y pronuncian el texto con curiosa energía, cómo intentando domeñarlo, agudizando los voces y los gestos.

Llama la atención comprobar como los clásicos—nada menos que un Calderón de la Barca—pueden todavía atraer a nuestro público con su vieja fuerza, tal vez desaprovechada.

Noviembre 1986

EL AÑO TEATRAL 1986

Año muy apretado de títulos y menos apretado de público, el que termina.

Muchísimas obras de los más varios géneros teatrales, aunque pocas novedades. Ha predominado el recurso a los grandes autores y a los espectáculos ya acreditados. Las aventuras, más bien escasas; aunque siempre hay alguna sorpresa para alentar la esperanza.

El año 1986 se marca por unos cuantos notables cincuentenarios: García Lorca, Pirandello, Valle-Inclán, Unamuno, Muñoz Seca. Y no han podido faltar los estrenos o reposiciones de homenaje o recuerdo.

Así, de García Lorca hemos podido ver la *Yerma* de Núria Espert; *Así que pasen cinco años*, de Atalaya; y numerosas obras menores: *El paseo de Buster Keaton*, dirigido por Lindsay Kemp, *La doncella, el marinero y el estudiante, La Escena del Teniente Coronel de la Guardia Civil, Diálogo del amargo, El Retablillo de Don Cristóbal,Amor de Don Perlimplin con Elisa en su jardín y La zapatera prodigiosa*. Lluís Pascual ha escenificado los *Sonetos del amor oscuro*, con la voz de Amancio Prada. Y hasta se ha puesto en escena *Poeta en Nueva York*.

De Pirandello, el *Enrique IV*, del que hablamos ampliamente en esta revista.

De Valle-Inclán, *Divinas Palabras, Las galas del difunto y La Enamorada del Rey*.

Muñoz Seca ha tenido también amplio recuerdo con *La Venganza de Don Mendo*, en versión musical de Enrique Llovet, A. Ussia y García Segura, protagonizada por Sazatornil, Luis Prendes y Rafaela Aparicio; *Los extremeños se tocan*, o *De paseo con Muñoz Seca*, de José María Rodríguez Méndez.

Homenaje especial a Buero Vallejo fue la reposición de *El Concierto de San Ovidio*. Y homenaje a Miguel Delibes, el estreno de *La hoja roja*, poco feliz transposición al teatro de su hermosa novela.

Jardiel, Tono y Mihura fueron recordados una vez más con *Un marido de ida y vuelta* y *Ni pobre ni rico, sino todo lo contrario*, débil resurrección de un humor que tanta importancia tuvo en su tiempo.

Al teatro clásico español se le ha rendido pleitesía con tres interesantes puestas en escena: *No hay burlas con el amor* y *El médico de su honra*, de Calderón, y una controvertida versión de *Los locos de Valencia*, de Lope de Vega, desde la óptica de Adolfo Marsillach.

El IV Festival internacional de Teatro nos ofreció una *Señorita Julia*, de Strindberg, en montaje de Ingmar Bergman, por la Compañía Dramaten, de Estocolmo, en sueco y con extremo realismo; *Las Troyanas*, en versión japonesa; *El Tío Vania*, de Antón Chejov (de quien se ha repuesto además *El Jardín de los cerezos*), *Planto in farsa* y *Fabuloso obsceno*, de Darío Fo; *Virtuosos de Fontainebleau*, de Els Joglars, etc., etc.

Otras reposiciones destacadas han sido *Madre Coraje y sus hijos*, de Brecht, *Los árboles mueren de pie*, de Casona, *El Rayo colgado*, de Nieva, *La Taberna fantástica*, como continuación del éxito con el que Alfonso Sastre resucitó el año pasado, *¿Quién teme a Virginia Woolf?* y algunas más.

Quiero recordar también el *Coriolano* de Shakespeare, con Julieta Serrano, y *Antígona*, de Espriu, en cuidada versión de Francisco Brines.

Se han estrenado con cierto éxito bastantes obras de autores extranjeros, como *Las amargas lágrimas de Petra von Kant*, de Fassbinder; *The Big Parade*, de Lindsay Kemp; *Ya nadie recuerda a Frederic Chopin*, de Roberto Cossa; *La última luna menguante*, de W. Hoffman; *Una jornada particular*, de Ettore Scola; y, sobre todo, *Paso a paso* de Richard Harris, con Aurora Bautista, Mari Carmen Prendes, Gemma Cuervo, Julia Martínez, Ana Marzoa, Isabel Mestres, etc.

Estrenos de autores españoles vivos han sido: *Tratamiento de choque*, de Alonso Millán, *Cuplé*, de Ana Diosdado, *Las prostitutas os precederán en el reino de los cielos*, de Martín Descalzo, *Las alumbradas de la Encarnación Benita*, de Domingo Miras, o *Los despojos del invicto señor*, de Lorenzo Fernández Carranza, Premio Lope de Vega de 1980, que provocó el escándalo del año por entender el autor que la puesta en escena mutilaba, tergiversaba y traicionaba el texto original.

Como vemos, poca vanguardia.

Quizá el Festival de Otoño de Madrid trajo las más avanzadas aventuras, aunque con escaso público. La *Historia terrible pero inacabada de*

Norodom Sihanouk, Rey de Camboya, por el Teéâtre du Soleil y *El Rail*, de Carbone 14, fueron las obras más destacadas.

Hay que resaltar también la labor de «El Tricicle», que terminó bien el año con su nuevo espectáculo *Slastic*, después de su anterior *Exit*. Un año de evidente esfuerzo «desde arriba» para que los de abajo no abandonen definitivamente la afición al teatro.

Diciembre 1986

LÁZARO EN EL LABERINTO

La responsabilidad profunda del hombre, entre el miedo y la ilusión de sinceridad, es de nuevo el tema que se plantea obsesivamente Antonio Buero Vallejo en su última obra *Lázaro en el Laberinto*, estrenada en el Teatro Maravillas de Madrid.

El egoísmo básico de cada cual enmascarado por las excusas, el autoengaño, los resortes de supervivencia en un mundo difícil.

La justificación de las conductas, en sus matices y sus contradicciones. La necesidad de una justicia que, desde fuera de los laberintos de la conciencia y del subconsciente, nos examine y nos absuelva o nos condene. «A todos debería de juzgarnos un Tribunal», repite más de un personaje.

El hombre se engaña, procura olvidar su cobardía, oculta sus traiciones, disfraza el sentimiento de culpabilidad con velos de duda, de amnesia, de equilibrio. Pero algo queda siempre no dominado, algo que aflora por conductos subterráneos, como esa llamada intermitente de teléfono que sólo percibe «Lázaro», y que está a punto de acallarse, pero acaba imponiéndose acusadoramente, dominando la atmósfera, como si el laberinto del oído de «Lázaro» se convirtiera en el gran Laberinto de la Humanidad.

Buero ha jugado antes con la ceguera, con la sordera, con la mudez, con la acronía o el daltonismo. Ahora su protagonista cree oír lo que no oyen los otros. Y este fenómeno se convierte en efecto teatral cardinal en su nueva obra, predominando sobre los insistentes diálogos a través de los cuales Buero quiere penetrar, profundizar, en el tema del miedo, de la autojustificación y de la fragilidad de los grandes ideales. Tema recurrente en un autor que pretende mantener su redoble de conciencia por encima de las circunstancias históricas y políticas.

La primera parte de *Lázaro en el Laberinto* está muy medida, cuidadosamente elaborada y tensada desde sus diversos ángulos. Un planteamiento en superficie donde lo anecdótico se entremezcla en dosis muy calibradas y se esboza el entramado moral de la historia. Buero procura ponerse al día, seguir la evolución del lenguaje coloquial, aunque a veces sintetiza expresiones en términos abstractos.

En la segunda parte intenta perseguir las ramificaciones de la idea central, desmenuzando situaciones, abordando facetas aparentemente distintas, para agotar las posibilidades de la anécdota y de las ideas laterales, deshojando la margarita para acabar utilizando todos los pétalos. Así, el final se va posponiendo, quizás porque Buero no renuncia a expresar matizaciones, quizás porque falta una opción rotunda y sintetizadora que obvie las explicaciones más explícitas.

El resultado es una meditación un tanto lenta sobre lo que se predica en la obra. Aparte expresiones políticas muy concretas que suenan a postizas—justificadas a posteriori por el trasfondo de los personajes que las emplean—el discurso tiene un carácter universal y moral, en el que se insinúa más intensamente que en otras piezas de Buero, una comprensión bondadosa hacia las debilidades humanas, siempre que éstas no quieran disfrazarse de «heroicas rebeldías indomables».

La dirección de Gustavo Pérez Puig es meticulosa y fría. En esa línea cumplen los intérpretes, aquejados a veces de cierto estatismo sobre todo en escenas mezcladas o en pasajes innecesarios o demasiado prolongados. Cándida Losada, Javier Escrivá, Beatriz Carvajal, Amparo Larrañaga, Miguel Ortiz y Antonio Carrasco son los principales actores. Acertada la escenografía realista de Manuel Mampaso.

Enero 1987

EL PÚBLICO

No cabe duda de que impresiona el Teatro María Guerrero convertido en una plaza o desierto de arena azul y centelleante, bajo la espléndida luminotecnia que mágicamente va creado ilusorias imágenes deslumbrantes y sombras imprecisas. Eliminado el patio de butacas, desde las primeras filas de los distintos pisos nos asomamos como a un inmenso coso o foso donde el público real ha sido sustituido por los actores de *El Público*, la «irrepresentable» pieza que Lorca consideraba su obra suprema. Eliminado el público para montar este lujo insostenible de representación que contemplan como agazapados sólo 304 privilegiados que no se sienten apenas «público».

Y esas coordenadas se imponen en el espectáculo. La belleza visual lograda se ve apenas enriquecida por los bellos textos que, como añadidura, nos recuerdan al mejor Federico García Lorca. La escena de los

Caballos Blancos, la irrupción del Caballo Negro, los golpes de abanico del Prestidigitador que hacen levantarse oníricamente los preciosos telones que cierran el lugar del escenario clásico y otras escenas felices nos deslumbran y a veces parecen bastar para la perfección de la obra realizada.

Pero hay algo más: Una determinada, demasiado determinada explicitación de los mensajes ocultos de la misteriosa obra de Lorca, una interpretación muy concreta de unos textos ambiguos cuya profundidad impresiona pero cuyo sentido escapa poéticamente. Esa versión en imágenes, esa opción de los realizadores escénicos, elimina el cuerpo básico del misterio, corta posibilidades, borra otros caminos que se intuyen oscuramente al leer la oscura y hermosa pieza de Lorca.

Por otra parte, el tema del teatro predomina sobre los otros temas de fondo, como el amor, el fenómeno homosexual o la identidad y realización del ser humano. Pero resulta incoherente, porque el teatro que se nos exhibe no es el teatro que Lorca anticipaba en *El Público*. No es el «teatro bajo la arena», el teatro de la calle donde el público ve su propia vida expuesta dramáticamente, «el espejo del público». La relación Autor-Público ha sido marginada por la relación Autor-Personajes, y a veces nos encontramos más cerca de Pirandello de lo que sería deseable.

Eso sí, no se han escatimado medios. El derroche es apabullante y nos hace volver a plantear la duda sobre la justificación de estos espectáculos millonarios para minorías, más que selectas seleccionadísimas, muestras únicas y excepcionales, «dos» de pecho de directores predilectos como Lluís Pasqual, por otro lado de talento tan probado que no necesitaría estos excesos.

La escenografía y vestuario son de Fabià Puigserver y, como la aludida luminotecnia espléndida, son los protagonistas del suceso.

Para mi gusto el espacio escénico es desmesurado. Adecuado para ciertos efectos estéticos, pero inconveniente para la concentración de la obra y de su acción, que a veces se pierde en el desierto azul, como se pierden en ocasiones los personajes y se relajan las relaciones entre ellos.

Un reparto interminable contribuye a la sensación de lujo; no se han ahorrado papeles. La interpretación es desigual: Alfredo Alcón, como «Director», está mejor que otras veces. Muy disciplinados, perfectos, los «Caballos blancos». El gran actor que es Manuel de Blas, como «Caballo Negro», tiene una entrada fantástica, pero sus extraordinarias modulaciones de voz acaban siendo excesivas, repitiendo una técnica amanerada que ya hemos constatado otras veces; debería vigilarse para dar toda su capacidad expresiva. Juan Echánove realiza una verdadera creación, espléndidamente fiel a Lorca, en su canción del «Pastor bobo»; es el momento más brillante y aplaudido de la representación.

169

Un bello espectáculo, en fin; un alarde excesivo de lujo, una pérdida del misterio de la obra de Federico, una versión que limita la emoción poética del texto por exceso de explicitación de una concreta interpretación de fondo que se nos antoja alicorta.

Marzo 1987

NO PUEDE SER . . . EL GUARDAR UNA MUJER

Ante todo nos preguntamos por qué la Compañía Nacional de Teatro Clásico ha puesto en escena ahora una obra mediana de un autor mediano, como es *No puede ser . . . el guardar una mujer*, de Agustín Moreto. No abundan las creaciones de nuestros autores vivos sin duda, pero obras mayores de los grandes clásicos aguardan una resurrección que merecen.

No puede ser . . . es una comedia barroca de enredo, con un tema manido, con sus viejos trucos, sus equívocos y su artificio, con su anclaje obligado en el Madrid del siglo XVII. Pero mantiene cierta tesis sobre la independencia de la mujer—su libre voluntad de guardarse o no, fuera de la tutela del hombre—que evidentemente han sido explotadas, en el sentido de hipertrofiar su liberalismo y su «modernidad» por el autor de esta versión, Alonso de Santos, y por Josefina Molina, responsable de la dirección escénica.

Ambos se han puesto de acuerdo para brindar al público de hoy mismo una pieza muy «puesta al día», muy fácil para los espectadores menos exigentes evitándoles todo esfuerzo para «entrar» en nuestro teatro clásico. Es la intención declarada de Josefina Molina. Y el propio Alonso de Santos muestra que ha tratado de mezclar dos tiempos, dos lenguajes, dos mentalidades: la de Moreto y la suya propia. Ha servido generosamente la misión que ha asumido, conseguir «una versión en la que, además de clarificar al máximo el texto, completara la psicología de algunos personajes demasiado esquemáticos y reforzara las situaciones que explican unas conductas que, de otro modo, quedarían en el aire». En una palabra: se ha entrado a fondo en la obra de Moreto, corrigiendo, enmendando y tal vez rectificando al autor original.

El texto y los adornos no verbales han sido, en efecto, manejados con gran libertad. El margen de ambigüedad de los planteamientos de Moreto, propio de la época, se adelgaza en una línea abiertamente «progresista». Ademanes, movimientos, situaciones y menudas peripecias

170

fuera del texto evidentemente contribuyen a convertir una obra popular del siglo XVII en una pieza cómica de buscado efectismo consumista. Los versos fáciles de Moreto se decantan con demasiada frecuencia hacia el prosaísmo gracias a la pronunciación y al tono del diálogo. Las propias voces de los actores ayudan a instalar el lenguaje de Moreto en las maneras del tiempo de *Bajarse al moro*.

La interpretación es mediocre, aunque cabe aceptar el esfuerzo de Antonio Valero en su polifacético papel de criado ingenioso y tercero con ingenio para todo enredo. Y la belleza de Ana Gracia la ayuda a imponernos su personaje. La dirección de los actores no parece haber sido la principal obsesión de Josefina Molina, posiblemente más preocupada por sacar a flote su postura sobre la ideología de la obra y por conseguir efectos cómicos añadidos.

Sin embargo, resultan muy adecuados los decorados, sencillos de realización y sugerentes en su fantasía, con gran movilidad y eficacia; la escenografía es de Julio Galán, que no ha tenido igual acierto con el vestuario, más bien mísero en comparación.

Teatro de todas formas, es cierto. Teatro lleno de resonancias y raíces tradicionales, así como de ecos cultos. Teatro popular, aunque a precios tan impopulaers que no extraña la desasistencia del público de pago.

En el triángulo honor-amor-humor que parece clave de la obra, predomina el humor. La tesis sobre la libertad de la mujer para guardarse a sí misma queda en segundo plano y no acaba de verse clara.

Mayo 1987

LAS BACANTES

El Teatro Español, que dirige Miguel Narros, ha puesto en escena *Las Bacantes*, un espectáculo de Salvador Távora inspirado en el texto de Eurípides, con «La Cuadra» de Sevilla y Manuela Vargas.

El propósito era entrar en el tema de *Las Bacantes* desde «una propuesta muy cercana a la forma de entender nuestro espíritu religioso y sus fanatismos»; desde las «fuertes raíces raciales» andaluzas; desde «el debate cultural Norte-Sur. Penteo frente al dios Baco. Lo pagano y lo religioso. Los impulsos ante la reflexión. El mundo del Sur, oriental, de lo dionisíaco, con el mundo rígido y estricto del Norte. Lo báquico y lo apolíneo, dos posturas que en cierta medida conviven en cada uno de nosotros, que llevadas a sus extremos son capaces de desencadenar la

171

tragedia provocada por los excesos del dios o los excesos del rey; ambos, sin duda, desmedidos». Son palabras de Salvador Távora.

Salvador Távora procede del Teatro Estudio Lebrijano, que dio un inolvidable *Oratorio*. Después Távora produjo *Quejío, Los palos* y otros espectáculos teatrales donde lo ritual y lo racial juegan los papeles más fuertes frente al Teatro literario.

Su última creación, estas *Bacantes* andaluzas, a golpes de flamenco y de procesión de Semana Santa, está en esa misma línea de destrucción de la palabra mediante imágenes y, sobre todo, ruidos.

Del texto de Eurípides no queda prácticamente nada: algunas referencias, una cierta interpretación de frases significativas, la historia. Una remisión global a la tragedia. Pero hasta las palabras residuales han sido refundidas y son pronunciadas más como ruidos que como voces. No me refiero a las «saetas» y cantes sobre los que se monta la parte musical del espectáculo, sino a los escasos textos hablados.

Manuela Vargas centra la danza con su expertos zapateados y sus gestos sombríos y broncos. El plato fuerte de la escenografía es una especie de noria en cuyos ejes fálicos se enganchan las bacantes y giran en los momentos cruciales de la tragedia.

Pero es el ruido el elemento predominante del espectáculo. Desde el rumor del vino que cae en una barrica durante casi todo el tiempo, hasta el estruendo de la megafonía que convierte en insoportables los «crescendos» de las canciones o los ladridos de la jauría de «perras rabiosas».

Al ruido, a la impresión del ruido, se ha confiado todo el efecto escénico. A veces, con la complicidad de la luz, como en el apoteosis final. El silencio repentino tiene, obviamente, sus oportunidades.

Fuera de eso, muy pocas novedades. Es una forma teatral que se repite, que no encuentra salidas de talento hacia adelante. Recursos manidos que tuvieron su fuerza hace diez o veinte años. Y mucho vacío para suplir la palabra hablada. Un vacío que no se llena con el ruido, ni con el ritual del simple gesto, aunque el gesto encarne la dignidad del flamenco. Ha faltado quizás imaginación, lo que se debe pedir cuando se pretende sustituir el texto literario por las imágenes.

Junio 1987

TRES IDIOTAS ESPAÑOLAS

Se está celebrando en Madrid la I Muestra Internacional de Teatro Feminista 1987, que va a presentar numerosos espectáculos de vario origen y distintas categorías. Así, *Netocka*, de Dacia Maraini, por el Teatro de la Magdalena, de Roma; *Tesnoforias*, de Aristófanes, por la Compañía de Manuel Canseco; *Bon jour*, de Jocelyne Carnichel, por el Atelier Théatr'elles de Montpellier; *Xogos de damas*, de Anxel R. Ballesteros; *El despertar*, de Darío Fo; *La Infanticida*, de Victor Català; y otros obras que tienen como denominador común la lucha de la mujer. No en balde los organizadores son «Vindicación Feminista» y el Partido Feminista de España.

La Muestra se ha abierto en el Círculo de Bellas Artes con *Tres idiotas españolas*, de Lidia Falcón. Un monólogo o mejor tres monólogos que exponen tres situaciones características del drama de la mujer española, y tres tipos de mujer que cubren un amplio abanico de caracteres.

Los tres «casos» son esencialmente distintos y pertenecen a tres categorías diferentes. El primero evoca la suerte— desgracia—de una pequeña burguesa de los años cincuenta enfocada exclusivamente a la caza de un buen partido y que quedará solterona, amargada e histérica. El segundo caso es el de una joven decidida a promocionarse profesionalmente y que acabará en la náusea de las oficinistas en masa o, a lo más, de la secretaria-objeto. El tercer supuesto es más universal—la protagonista podría igual ser española que argentina o francesa—y más sutil: contempla el fin de una «hippie» que huyendo del matrimonio, el orden y las convenciones, acaba igualmente sometida a los hombres y a los hijos esporádicos y víctima de su debilidad.

La obra procede de un libro de Lidia Falcón titulado *Cartas a una idiota española*, y su teatralidad no se desarrolla en torno a la acción, sino a la exposición sucesiva de esas tres situaciones confluyentes. El efecto teatral descansa entonces en la interpretación fundamentalmente, para dar al texto intemporal un desarrollo emotivo para el público.

Y la verdad es que el tema, aún en este esquema triple, sigue siendo tan trágico, tan patético, que el espectador se ve comprometido y conmovido. El efecto político buscado se consigue.

Y no por las frases generalizadoras—a veces bordeando lo mitinesco—sino por la evocación de situaciones reales, de la situación de la mujer en España. La definición ideológica queda atrás, ante esa evocación de la realidad.

Cierto que todo efecto teatral responde a una técnica precisa. Y en este espectáculo el método utilizado ha sido los resortes específicamente femeninos subrayados por la actriz, con un punto de exceso en el histerismo y la comicidad. Pero los personajes resultan tan tiernos como patéticos.

Gemma Cuervo realiza una acertada labor en general. Da convincente variedad a los diversos tipos que interpreta. Se pasa un poco en los llantos del primero, en los vómitos del segundo y en la dulzura del tercero—al que da la mayor hondura, por otra parte—, pero consigue enfrentarnos descarnadamente con las tres situaciones, sin monotonías, creando tres climas diferentes, tres perspectivas inquietantes sobre el panorama de la inseguridad de la mujer en nuestra sociedad.

También Gemma Cuervo es la directora de la obra. Se ha dirigido a sí misma, y tal vez sea ésta la clave de esos excesos aludidos. Difícilmente un actor es capaz de controlarse y limitarse cuando a la vez es el director de escena. A Gemma Cuervo le ha faltado una batuta que la disciplinase y la hiciera contenerse.

La obra pudo culminar con mayor eficacia. El alegato feminista se difumina en la experiencia teatral, se funde en ella. Un experimento interesante, en todo caso.

Julio-agosto 1987

ÚLTIMO DESEMBARCO

Ulises despierta en la playa de Itaca, donde le han dejado los feacios, después de su larga «odisea». No sabe que ha regresado a su patria. Viene cargado con toda la memoria de sus aventuras, tenso por su afán de recuperar su reino. La diosa Atenea se le presenta con figura de muchacho y le entera de la situación en Itaca.

Y es en ese punto del inicio del canto trece de la Odisea, donde Fernando Savater introduce un interludio mágico, una digresión fuera de texto, el planteamiento de un dilema, la elección entre dos grandes destinos: volverse al mar para inmortalizarse en la figura del eterno aventurero, errabundo y libre, o asumir su papel de Rey que vuelve, para afincarse, envejecer, morir. Le da a elegir entre la inmortalidad del héroe en la constante juventud del mar y la posesión de su final de hombre. ¡Vuelve al mar! le invita. «Pero Ulises es el primer héroe propietario de nuestra cultura y está dispuesto a comprar su tener, aun al alto precio de ir dejando de ser», se nos dice. Ulises rechaza la inmortalidad del mar y elige la posesión de la ancianidad.

174

Una alta dialéctica, inteligente y jugosa, constituye la nueva obra dramática de Savater, después de su inicial *Vente a Sinapia*. Como en ésta, nos hallamos ante un vivo juego intelectual en torno a ideas centrales.

Pero en *Último desembarco* los elementos anecdóticos y el aire de la vida tienen mayor presencia. El diálogo es más humano, más entrañado en lo cotidiano. El lenguaje, más sabroso amén de más preciso. Un lenguaje escueto, natural, que alcanza gran belleza cuando el tema del diálogo lo autoriza, y constituye acaso el mejor valor literario y teatral de la pieza.

En ésta pueden distinguirse dos períodos de tono y sentido muy diversos. En la primera parte, predomina la acción—aunque casi sólo evocada—, lo anecdótico, la circunstancia que se expone: el despertar de Ulises, las alusiones a sus aventuras, el encuentro con Atenea, la conversación con un Telémaco que no está interesado por el trono sino por la geometría, que quiere construir su propia vida personal en lugar de luchar por una herencia en que no cree; que no desea el regreso de su padre ya marginado por él. Es un Telémaco paradigmático de una nueva generación ajena a mitos, entusiasmada por el propio quehacer, por la propia obra; un Telémaco un tanto simplificado en su significación ideológica, de «nueva moral progresista». El aya centra la buena dosis de humor que refresca esta primera parte, acentuando el realismo del olvido, del paso del tiempo, de la cotidianeidad, del contraste entre los mitos y sueños áureos de Ulises y el prosaísmo de lo real: el choque de la textura homérica con los modos actuales. El quiebro de la concepción intelectual de Savater tiene aquí su máximo exponente.

Cuando Telémaco y el aya desaparecen y se quedan solos Atenea y Ulises con el panorama aclarado y los esquemas desnudos, se afila la dialéctica planteada. Ulises frente a su destino, frente a su imagen, frente a su mito. Ulises que no quiere ser inmortal. Que quiere saber, tener, culminar. Y por ello acepta la ancianidad y la muerte.

Pese a estos planteamientos que pudieran parecer áridos, el aire de la obra es ligero y fresco, se sigue con fácil interés, resulta vivaz y la belleza de la expresión literaria no carga el texto.

Decisiva es la certera dirección de María Ruiz, tanto en la imposición del ritmo de los diálogos y del escaso movimiento escénico como en el control de los actores.

La interpretación de Manuel de Blas es perfecta. Construye un Ulises vivo, humano, tan pronto mínimo como gigante, cargado de sus recuerdos, sus proyectos, sus seguridades y sus dudas. Domina la voz como en sus grandes momentos, sin pasarse, poderoso en el desarrollo de su envergadura de gran actor. Mayrata O'Wisiedo cumple también perfectamente su papel del aya Euriclea, imprimiendo el contraste de su naturalidad y contemporaneidad. Enrique Benavent y Alberto Delgado encarnan los personajes de Atenea y Telémaco de manera ajustada.

La escenografía y el vestuario se han encomendado a Guillermo Pérez Villalta. Su panorámica de Itaca es sugerente en su característico estilo y tiene gracia. Como el curioso chiringuito de la playa donde Atenea vende refrescos.

La obra en su conjunto resulta muy interesante y constituye una pieza literaria brillante y sencilla, aunque no remonte un gran vuelo sobre los profundos temas que contempla.

Noviembre 1987

MADRID 87

Creo que el año teatral 1987, en Madrid, ha sido al fin de cuentas bueno para los espectadores. Hemos visto espléndidas puestas en escena, hemos reencontrado piezas del teatro clásico presentadas en forma nueva, se han repuesto pasados éxitos, se han estrenado algunas nuevas comedias interesantes.

Quizá ha faltado una demostración de fuerza de un teatro de vanguardia de los autores españoles. Yo diría que no hemos visto siquiera una muestra suficiente de un teatro de autor propio de 1987.

Es verdad que comenzamos el año con el estreno de Buero Vallejo, *Lázaro en el Laberinto*, del que hablamos en estas páginas, y admiramos la obra de Fernando Savater *Último Desembarco*. Cierto que ha habido un estreno de Antonio Gala, *Séneca o el beneficio de la duda*, de la que es preferible no hablar. Noticia también el estreno de un joven autor de veintidós años, Ignacio García May, cuya obra *Alesio* obtuvo el premio Tirso de Molina 1986. O la segunda aventura escénica—poco afortunada—de Vargas Llosa con *La Chunga* puesta por Miguel Narros. O la comedia con pretensión social de María Manuela Reina, *El Pasajero de la Noche*. Incluso se destaca el «estreno en Europa» de una obra polémica sobre la «misteriosa» muerte del Papa Juan Pablo I, *El Candidato de Dios*, de Luis G. Basurto y se han desarrollado los habituales Festivales oficiales y ciclos teatrales diversos, como uno de carácter feminista, al que nos referimos en otro número de esta revista.

Pero no hemos visto que los autores españoles hayan podido alcanzar un nivel de novedad literaria y de actualidad cultural o social propias de este tiempo, de esta coyuntura del hombre en el gran cambio en que estamos debatiéndonos. Algo falla en la capacidad creadora de los escritores dramáticos de hoy; o en la mecánica compleja que determina la aparición pública de su teatro.

Hemos gozado de espectáculos estimulantes, como la exhibición de *El Público*, de García Lorca, en grandioso escenario y fascinante presentación; como la espléndida puesta en escena de *Antes que todo es mi dama*, de Calderón, por un Marsillach crecido, alternando con *Los locos de Valencia*, de Lope de Vega; como la cuidada exhibición de *Los enredos de Scapin*, de Molière; como otra vez *Bajarse al moro*, de Alonso de Santos; como el espectáculo de Tavora *Las bacantes*; como, otra vez, *Divinas palabras*; como *El Mikado*, de Dagoll Dagom . . .

Nos hemos entretenido con comedias extranjeras de éxito; ejemplo, *Materia reservada*, de Hugh Whitemore, con feliz interpretación de Amparo Baró, María José Alfonso, Fernando Delgado y Jaime Blanch, que merecía mayor detenimiento por su capacidad de conexión con el gran público de hoy. Y algunas otras de menor categoría.

Por retroceder en el túnel del tiempo, incluso hemos podido asistir —no los hemos hecho—a la representación de dos comedias de Alfonso Paso, *La zorra y Usted puede ser un asesino*. Incluso a una versión musical de *La Venganza de Don Mendo*, de Muñoz Seca.

Pero repetimos que 1987 no ha sido un mal año para el teatro, al menos para la realización escénica, para la «forma».

La creación dramática más certera ha venido de la mano de algún director, de algunos escenógrafos, de quienes han utilizado viejos textos para montar juegos y vivos espectáculos teatrales. Ellos han sido los verdaderos «autores» del año. Un fenómeno importante que se prestaría a más honda meditación sobre la evolución de nuestra cultura al agotarse este cansado siglo xx.

Diciembre 1987

ANTES QUE TODO, ES MI DAMA

La primera impresión que se tiene al presenciar el gozoso espectáculo que ha montado la Compañía Nacional de Teatro Clásico sobre la comedia de Pedro Calderón de la Barca *Antes que todo, es mi dama* en el Teatro de la Comedia de Madrid, se centra en que Adolfo Marsillach ha realizado una creación teatral original y certera, hasta el punto de que, en este caso concreto, casi caemos en la opinión de que el director de escena es verdadero autor, junto con el propio Calderón, de lo que se nos ofrece sobre el escenario.

Porque la característica comedia clásica de enredo, capa y espada, cuajada de un barroquismo desbordante de apariencias, equívocos y coincidencias efectistas, es en este caso teóricamente el objeto de otro espectáculo, de otra acción, de otra comedia.

El argumento primario del espectáculo consiste en que un equipo cinematográfico de los años treinta, en los inicios del cine sonoro, «cuando el cine era aún más teatro que cine», está rodando una película sobre la obra de Calderón. Así, dos especies de actores coinciden en el escenario: los que interpretan a los cineastas, con su cohorte de admiradores y adláteres, y los que interpretan a los cómicos que desarrollan ante las «cámaras» las diversas escenas de *Antes que todo, es mi dama*. Dos grupos de actores que la mayor parte del tiempo se concentran en sus respectivos ámbitos de acción—la actividad de equipo técnico cinematográfico y el cometido de la obra de Calderón—pero que se interfieren, coinciden y se entremezclan constantemente.

Así se crean varios planos o niveles dramáticos, varias esferas una dentro de otra, que permiten un juego intelectual muy rico y a la vez un ejercicio teatral múltiple.

Una forma ambigua y justificada de interpretar el teatro clásico en extremada distorsión, obteniendo el máximo de sus perfiles en perspectiva a distancia. Pero también una manera de potenciar y desarrollar las posibilidades de aquel teatro, colocándolo en una órbita que lo destaca por contraste y lo subraya con métodos paralelos y homogéneos con el sentido mismo que tenía en el siglo XVII.

Esta comedia barroca, de diversión, de acción, enredo y equívoco, sale ganando con la multiplicación del barroquismo, el equívoco y el juego que implica este truco—tan barroco—de su filmación «cutre» y tierna en los primeros tiempos del cine.

La confusión de personalidades, las coincidencias gratuitas, el efectismo de que el espectador conozca la verdad que ignoran los turbados y engañados personajes de la trama, características de esta comedia de enredo, falsas apariencias y secretamente equilibrada acción caótica, se desdoblan o triplican al engastarse todo ello en otro marco de iguales características profundas, como un espejo deformante reflejado en otro espejo igualmente deformante. Más barroquismo, más confusión de personalidades, más distanciamiento, más equívocos, más acción. Y todo ello complejamente justificado, hasta un paroxismo último en que la acción de los cómicos inérpretes de Calderón se funde con la película misma, ya filmada, proyectada y estrenada, con un final esperpéntico, delirante y granguiñolesco.

La concepción del espectáculo ha sido realizada con admirable perfección. El dominio del ritmo, de los actores, de los distintos planos, de los enlaces entre acción «clásica» y acción «moderna», son absolutos. Adolfo Marsillach ha creado una obra teatral magnífica, pletórica, enormemente divertida, que despierta la admiración y restaura de un golpe el gusto por el teatro, le primacía del teatro como espectáculo.

Escenografía, vestuario e iluminación están a la altura espléndida del mismo, con un gran acierto en el conjunto y un minucioso cuidado de los detalles, recreando en caricatura tanto el ambiente de los años treinta, como la representación «ante las cámaras», de la pieza de Calderón. Carlos Cytrynowski es el responsable.

Veinticinco actores, perfectamente disciplinados e identificados con sus papeles, se mueven constantemente sobre el escenario y por la sala con una asombrosa precisión. Sería quizás injusto no nombrarlos a todos. Los principales personajes de la comedia de Calderón son Angel de Andrés López, María Luisa Merlo, Vicente Cuesta, Silvia Vivó, José Caride y Fidel Almansa. Recitan los rotundos versos con el énfasis deliberado que exige y justifica el estar «actuando» no para el público de 1635, ni para el real de 1987, sino para un flamante equipo de cineastas de 1930. O para todos a la vez.

No se viola, con ello, los versos de Calderón, sino que se les saca un partido peculiar, sin merma de su brillantez, de sus claves ideológicas y de su facilidad.

Enero 1988

LOS OCHENTA SON NUESTROS

El año teatral comienza en Madrid bajo el signo mayoritario de la continuidad de las obras que tuvieron más éxito en el año o los años anteriores y copan los principales teatros de la capital. No obstante, enero termina con varios estrenos interesantes:

Alvaro del Amo, en su línea personal de inteligencia y exigencia, es el autor de *Motor*, un trabajo intelectual y sin concesiones en torno a la inquietante relación entre lo real y lo imaginario. Bajo la dirección de Guillermo Heras, los intérpretes Manuel de Blas, Jorge de Juan, Emilio Gutiérrez Caba, Lola Mateo, Amaia Lasa, Miguel Zúñiga, Jeannine Mestre, Carlos Moreno, Nieves Romero, Cristina Torres y Daniel Uribe sirven el pensamiento del autor, en el teatro María Guerrero, del Centro Dramático Nacional.

El grupo «Espacio Cero» ha puesto en escena en el teatro Alfil la obra *Fango* de la escritora cubana residente en Estados Unidos Irene Fornes, traducida del inglés por Antonio Fernández Lera, y dirigida por

María Ruíz, que ha querido destacar el humor sarcástico, al borde de lo implacable, de la obra. Son los intérpretes Chete Lara, Aurora Montero y Pepo Oliva.

Pero el estreno que más repercusión ha tenido en el público, por diversas razones que lo convierten en un cierto acontecimiento, es el del último drama de Ana Diosdado, *Los ochenta son nuestros*.

Coinciden en este estreno varias circunstancias extraliterarias, pero muy teatrales, que anticipan un aura de simpatía a la obra. Reúne a una serie de personas que representan la continuidad generacional de gentes de teatro muy queridas por el público madrileño. Desde la autora Ana Diosdado, hija de dos famosos actores—Enrique Diosdado y Amelia de la Torre—, hasta los intérpretes, todos jóvenes, que se presentan también como la última generación de unas dinastías emparentadas entre sí por diversos lazos de familia: Amparo Larrañaga, hija de Carlos Larrañaga, nieta de María Fernanda Ladrón de Guevara y sobrina de Amparo Rivelles; Luis Merlo, de la dinastía de Ismael Merlo y de María Luisa Merlo; Flavia Zarzo, hija de Manuel Zarzo; incluso el productor es Pedro Larrañaga, de la ya citada familia.

Si a esto añadimos que el director es el actor Jesús Puente en su primer trabajo directivo, y que otros actores proceden de la televisión, como Toni Cantó, Lydia Bosch o Iñaki Miramón, la característica ambiental queda confirmada.

Ana Diosdado ha querido trasladar al teatro su conocida experiencia como aireadora de problemas juveniles, enmarcados en la coyuntura social e histórica de esta década que termina. Los personajes son muchachos de diecisiete o dieciocho años, producto de su tiempo, hijos de unos padres marcados por la transición política y moral, que encajan o se rebelan en el marco que les viene dado. Los temas de la droga, la violencia, la injusticia, las rebeldías o la participación se entremezclan.

Es éste un teatro emparentado con la línea de conciencia social marcada ejemplarmente por *Llama un inspector*, con el problema básico de la culpabilidad colectiva, por acción u omisión, pero puesta al día con una rectificación por la vía de la distanciación, el humor y el bloqueo del tópico explicitándolo. La muerte de dos muchachos—un marginado y un privilegiado—víctimas de una misma reacción «ultra», sirve de contrapunto dramático a un ambiente de fiesta de fin de año.

El lenguaje coloquial es perfecto y el diálogo muy fluido, sobre todo cuando los personajes no se convierten en voceros del pensamiento moral de la autora. El ritmo se mantiene vivo, salvo un par de baches donde la teorización prima sobre la acción. Y hay una evocación sentimental del tiempo, a lo Priestley, que dulcifica nostálgicamente el final trágico.

Un gran trabajo de dirección, el de Jesús Puente. Admirable su dominio de los jóvenes actores, a los que maneja con exactitud, haciéndoles moverse y hablar justamente como deben hacerlo. Gran parte del rotundo éxito de la representación se debe a él. Y, desde luego, a la excelente, sorprendente interpretación de la mayoría de los actores. Destacan Luis Merlo, que demuestra una gran capacidad natural, Amparo Larrañaga, Iñaki Miramón y Lydia Bosch.

Los ochenta son nuestros, como hecho teatral, no supone innovaciones o nuevos experimentos escénicos, sino que se inscribe en un contexto cuajado de raíces, resonancias y aires propios de un teatro seguro y permanente que impulsa la afición de un público por el que sobrevive este género mayoritariamente.

Ana Diosdado ha acertado en esta línea y debe reconocerse así.

Febrero 1988

DOS ESTRENOS DE FRANCISCO NIEVA

En el panorama de la actual creación teatral en castellano, tan plano y explícito, la obra de Francisco Nieva representa lo más original, complicado e insólito. Su barroquismo, sus juegos y ambigüedades recargadas, han cuajado en producciones polémicas pero de una incuestionable intensidad taetral. Quizás *La señora Tártara* sea su logro más característico y celebrado.

Pues bien, ese mismo Francisco Nieva, animal exasperadamente teatral, barroco, desbordante y sofisticado, nos sorprende ahora con dos piezas en las que su juego es equívocamente inverso: hacer unos melodramas de corte romántico y aparentemente simple, en que la fantasía y la imaginación se disciplinan en la medida imitación de unos ambientes y un lenguaje tomados del siglo pasado.

Nieva lo explica como una forma más de rebeldía: «No me explico por qué razón Polanski se puede proponer hacer un melodrama romántico—en el cine—y un autor de teatro jamás». «No tienen ni idea de lo que pesa en los autores teatrales el no poder ser tan juguetones, tan eclécticos y tan gustosamente 'pasticheros' como un buen animal de cine en libertad. Debe existir un tribunal inflexible que le niega al autor de teatro jugar con formas anticuadas, ocuparse de aparecidos y hombreslobo».

Y esto es lo que se ha atrevido a hacer con su «melodrama de misterio» *No es verdad*. La narración de una historia romántica, con castillos medio abandonados, nobles arruinados y excéntricos y una condesa sangrienta que quiere convertirse en señora de los lobos a los que dominará para su venganza y su locura. Una verdadera novela gótica puesta en escena.

Sobre esta base, podría hacerse una parodia exasperada o una proyección quintaesenciada con perspectiva actual. Lo más sorprendente es que Nieva ha optado por una versión realista, utilizando el lenguaje tópico de la novela romántica sin demasiados desbordamientos ni notable ironía, añadiduras distanciadoras, como muy en serio; y el espectador igual puede creer que le toman el pelo o que le invitan a una desintoxicación literaria. Por eso, entra en el juego con cierta desconfianza y la perplejidad empaña la presunta emoción del misterio. Cine de terror muy al día, trasladado al teatro en forma sorprendentemente ingenua en apariencia. Sin la firma de Nieva todo quedaría en eso. El nos obliga a plantearnos la duda y las preguntas.

Te quiero, zorra es ya otra cosa. A decir del autor, se apoya en el drama realista de siglo XIX, en el teatro de Dumas hijo y de Labiche, para exponer un pensamiento y una moral más próxima a Georges Bataille que al autor de *La dama de las camelias*. Pero aquí sí que hay un patente filtro paródico, subrayado por la dirección y la interpretación, y el estallido del humor y la gracia de Francisco Nieva, en un juego ambiguo, divertido y un tanto perverso, aunque en un amable tono menor, que nos coloca en un plano moderno precisamente por la invasión del anacronismo. La caricatura del surrealismo o de la metamorfosis kafkiana no tiene excesos pretenciosos, por lo que la pieza resulta satisfactoria, para una antología de la comedia breve fantástica.

La Compañía de Francisco Nieva está compuesta al cien por cien por actores muy jóvenes, salidos de la Real Escuela de Arte Dramático, para montar un contrapunto de las «superproducciones» o espectáculos «passe partout» de alto nivel, derroche de medios económicos y efectismos visuales megalómanos. Busca un teatro de raíz literaria, donde el texto sea servido por un trabajo especializado de actor. En esa línea están los intérpretes que realizan una disciplinada labor, aunque en algunos casos—al encarnar personajes de ancianos, sobre todo—caen en el peligro de recordar las representaciones universitarias de fin de curso. Apuntemos sus nombres para el futuro: Consuelo Sanz, Blanca Guridi, Luis d'Ors, Harold Zúñiga, Manuel Gijón, Pilar Ruíz, Isabel Ayúcar y Juan Manuel Navas.

La dirección es de Juanjo Grande. La apropiada música, de Manuel Balboa. Y la sencilla escenografía, del propio Nieva.

Marzo 1988

LA MARQUESA ROSALINDA

En el teatro María Guerrero de Madrid se ha estrenado una nueva versión de *La Marquesa Rosalinda* de Ramón del Valle Inclán, en montaje del Centre Dramàtic de la Generalitat Valenciana, bajo la dirección de Alfredo Arias, quien realiza su primera puesta en escena en castellano, después de veinte años de prestigiosa labor teatral en París.

La dificultad de convertir en espectáculo la larga farsa sentimental y grotesca que escribió Valle-Inclán en versos sonoros, irónicos y lúdicos, en plena fiebre modernista, rubeniana y decadente hacia el año 1913, no puede orillarse y es loable la ambición de afrontar esa dificultad.

Ya lo intentó Narros en 1970 con la ayuda de Francisco Nieva, sin demasiado acierto. Quizás en el presente momento cultural pudo parecer más oportuno volver a plantearlo, al amparo de los nuevos modos y gustos escénicos y de la prodigalidad de los órganos oficiales de la Cultura triunfalista que disfrutamos.

Empieza el espectáculo en un espacio escénico altisonante, de una arrogancia un tanto patética. Un jardín del dieciocho sin atmósfera, apoyado en símbolos aislados. Enormes columnatas neoclásicas; fuentes con diversos juegos de agua; un cisne gigantesco que flota ondulante sin transmitirnos «la interrogación de su cuello divino»; un pavo real como un dinosaurio que no consigue ni por asomo sugerirnos que «el jardín puebla el triunfo de los pavos reales»; una gran verja tras de la cual no hay más que negrura o telones presuroros; una luna de guiñol; ambiguos pétalos de rosa insuficientes.

En ese inconsistente ámbito pretendidamente rubeniano, los personajes quieren epatar con sus contrastes anacrónicos y sus resortes arrumbados de los últimos lustros del teatro «progresista». El Abate está personificado por Queta Claver—¡ay nuestros recuerdos infantiles de la famosa vedette!—; la Dueña, por el fornido mocetón que es Paco Balcells; el Paje enamorado, por un niño de corta edad que recita y gesticula como un prodigio escolar; los cómicos de la legua parecen llegados por error de *Divinas palabras*; las Meninas cantan coplas no sé si de Estrellita Castro o de Concha Piquer.

Todos estos contrastes no ayudan a destacar la idea ni la palabra de Valle-Inclán, sino que la embrollan y no consiguen quebrar el tedio de un texto dicho irregularmente, vulgarizando el verso o impostándolo de modo que el juego suena a ripio y el tono oscila entre Rubén Darío y Muñoz Seca, al perder el distanciamiento y la ironía de Don Ramón.

El pulso no se mantiene siempre en un perfil lo bastante firme, y pesan las casi tres horas de monotonía engastada de chispazos, aciertos aislados y esfuerzos repentinos, con la voz casi en «off» de los versos de Valle-Inclán, cuyo brillo objetivo consigue muchas veces traspasar el embalaje y deslumbrarnos con acicates de belleza y de ingenio.

La interpretación es muy irregular en su estilo y calidad. Bien, Queta Claver. Rosa Nonell (Rosalinda) transida de trascendencia. Antoni Valero (Arlequín), rebajando el tono a un naturalismo que le lleva desde farfullar los versos como para sus adentros hasta fumarse un porro como distraidamente. Germán Cobos, sin embargo, pinta un Marqués de teatro de marionetas. Pepe López (Amaranta) una interpretación plana y lineal a un tiempo. Paco Balcells desmesura su papel de Dueña-Ogresa y todos los demás trazan sus siluetas de forma heterogénea, con contrastes que desafían la armonía.

Alfredo Arias no ha podido superar la prueba—difícil pero grata— de poner en escena brillantemente esta larga farsa que tal vez sería preferible siguiera aguardando en los libros en lugar de ser aireada y zarandeada en los escenarios.

Septiembre-octubre 1988

MADRID 88

La heterodoxa tradición de *El Ciervo* de contar el año teatral desde enero a diciembre, uniendo el final de una temporada y el principio de otra, con el largo y cálido verano en medio, consigue dar una impresión optimista del período tratado, pues al final de año, como principio de temporada, se acumulan los estrenos; mientras que en su primera mitad languidecen las continuaciones hasta abotagarse apenas entrado junio, sin el empujón del antiguo Sábado de Gloria, ya casi un recuerdo.

Así ha ocurrido en 1988. Durante los primeros meses hemos vivido de los restos de estrenos pasados y ahora, al escribir la crónica anual, asistimos a una traca de nuevos títulos que no podemos apenas tratar a fondo.

Ha sido un año de grandes puestas en escena de obras clásicas o ya muy conocidas. El protagonista en este terreno ha sido Marsillach, con tres granados espectáculos: *Antes que todo es mi dama*, de Calderón de la Barca; una *Celestina* más polémica, con la punta en la figura de Amparo Rivelles, nada encajada en el tipo físico tradicional de nuestra alcahueta universal; y *El burlador de Sevilla*, de Tirso de Molina, en versión demoledora de Carmen Martín Gaite; la escenografía en los tres espectáculos ha estado a cargo del brillante Carlos Cytrynowski.

Y mediado noviembre se estrena *El Alcalde de Zalamea*, en versión de Francisco Brines, bajo la dirección de José Luis Alonso, con lo que el teatro de nuestro siglo de oro queda bien servido.

Menos fortuna ha tenido la representación masiva de *La Marquesa Rosalinda* de Valle-Inclán; la resurrección de *El hombre deshabitado* de Rafael Alberti (propiciado por el Centro Nacional de *Nuevas* Tendencias Escénicas con más de cincuenta años de retraso); o la reposición de la pretenciosa *Vida del Rey Eduardo II de Inglaterra*, de Marlowe-Brecht-Biedma-Barral-Pasquall.

Otra reposición feliz ha sido *Largo viaje hacia la noche*, de Eugenio O'Neill, en una eficaz puesta en escena de Miguel Narros y William Leyton, con una muy ajustada interpretación de Alberto Closas, Margarita Lozano, Carlos Hipólito, José Pedro Carrión y Ana Goya. Un reencuentro satisfactorio con el buen teatro realista norteamericano, aun con sus servidumbres conocidas.

Para mí, la cumbre de este año ha estado en la interpretación de Jeanne Moreau, al poner en escena el texto de Herman Broch *El relato de la criada Céline*. Y, en general, otros trabajos interpretativos de actrices y actores españoles que—con los escenógrafos y directores—han sido los verdaderos creadores dramáticos del año.

Porque los nuevos textos no han sido especialmente significativos. Cierto que hemos conocido dos curiosas piezas cortas de Francisco Nieva, otra de Becquet—*Letra y música*—, una obra difícil y hermética de Alvaro del Amo—*Motor*—, y algunas muestras aisladas más que no han dejado demasiada huella.

Quizá sea interesante anotar una serie numerosa de comedias referentes al mundo femenino: aparte de la ya mencionada representación de *El relato de la criada Céline*, podríamos citar la pieza feminista *Cuando yo era niña solía gritar y chillar*, de Sherman Macdonald, en versión de Rosa Montero, con Encarna Paso como protagonista; *Entre mujeres*, de Santiago Moncada, con Ana María Vidal, Licia Calderón, Paca Gabaldón, Esther Gala y Sara Mora; *Las damas del jueves*, de Loleh Bellón, con María Asquerino, Lola Cardona y Gemma Cuervo; *Sorpresa*, con Mari Carrillo, Paloma y Teresa Hurtado y Carmen Martínez; o *Leyendas* de James Kirkwood, con las hermanas Julia e Irene Gutiérrez Caba.

Además, las comedias de Ana Diosdado *Los ochenta son nuestros* y *Camino de plata* han mantenido su fiel público. Y el musical *Carmen Carmen*, de Antonio Gala, con Concha Velasco, está alcanzando un amplio éxito. Así como *¡Ay, Carmela!*, de José Sanchis Sinisterra, con Verónica Forqué y Manuel Galiana, un brillante espectáculo dirigido por José Luis Gómez, Premio Nacional de Teatro 1988.

En resumen, grandes puestas en escena del teatro clásico, comedias divertidas y musicales y muchos nombres de mujer, son los elementos que han marcado el teatro visto en Madrid en 1988; un año más que ha aportado muy poco a la creación teatral literaria y que ha persistido en la atención a la escenografía y a la interpretación como puntos de apoyo en busca del éxito económico y en el mantenimiento de la afición del público más amplio.

Diciembre 1988

ORQUÍDEAS A LA LUZ DE LA LUNA

«Producciones Piamonte», un nuevo y ambicioso proyecto que reúne a destacados profesionales de las varias tareas del teatro, ha iniciado su labor escénica—después de diversas actividades formativas y teóricas—con el montaje de la obra de Carlos Fuentes *Orquídeas a la luz de la Luna*, «parábola cinéfilo-necrófila» extraordinariamente difícil de poner en escena porque, a través de un lenguaje aparentemente fluido y brillante, entremezcla y desarrolla un discurso ambiguo y complejo, que pasa del melodrama al teatro ceremonial, del realismo al absurdo, de la evocación cinéfila al juego de la identidad personal. Un texto duro, en que la presunta línea dramática vacila, avanza y retrocede, se pierde en un laberinto de pretensiones no definidas, abierto a interpretaciones múltiples, contradictorias o dudosas.

La anécdota: dos mujeres que pretenden ser—que acaso son—María Félix y Dolores del Río, en el ocaso de su vida de estrellas, dialogan, recuerdan, imaginan, luchan, se aman y se odian, encerradas en un ámbito ilusorio y fantasmagórico, el día en que les llega la noticia de la muerte de Orson Welles. El mundo engañoso del cine, de la popularidad, de la pantalla y de la doble vida de las «estrellas», filtrado por la intimidad de uno de los tangos más nostálgicos y de inolvidable tradición cinematográfica.

Las dos mujeres sueñan que son las dos famosas olvidadas; y lo son a veces de verdad; las suplantan y son suplantadas por ellas a capricho del autor. Este juego de la identidad de ambas da pie a Carlos Fuentes a una complicada escala de variaciones sobre el mismo tema, en que lo cinematográfico es sólo la excusa, el marco.

Un texto literariamente interesante, pero cuya fuerza teatral es muy discutible, precisamente por la arbitrariedad a que la ambigüedad se presta, y por las divagaciones de la leve acción.

Ponerlo en escena me parece una verdadera proeza. María Ruiz y Guillermo Heras, dos directores de demostrada categoría, han echado la casa por la ventana multiplicando imaginación, entusiasmo y una buena voluntad extraordinaria.

Han «teatralizado» el discurso literario echando mano de todos sus recursos, reforzándolo con efectos escénicos propios, con el movimiento de los actores, con los juegos de luces y sombras, con la música y el estruendo. Quizá en las últimas escenas, el clamor de luz y de ruido que arropa, potencia y borra las palabras, sustituyéndolas, fuera preciso para dar a éstas una culminación dramática que posiblemente el texto literario no tiene, pero la suplantación de la palabra impone el riesgo de su descrédito. La magia oculta la desnuda realidad y aquí la denuncia: el texto se desploma.

Por eso resulta más admirable el extraordinario esfuerzo de las dos espléndidas actrices que son Marisa Paredes y Julieta Serrano. Marisa Paredes se agiganta, se convierte en una auténtica fuerza de la naturaleza, mediante una transformación incluso física que la transfigura. Sin embargo, Eusebio Poncela no consigue el milagro de dar vida al imposible, confuso personaje que ha de interpretar: un «fan» cuya dudosa realidad supera el límite de lo teatralmente admisible.

Muy efectivo también el espacio escénico, de Gerardo Vera, espléndido en su amplitud y sugerencia, que abarca desde la Luna entre altos torreones ruinosos con palmeras hasta el patio de butacas de un cine demolido, por entre cuyos despojos se mueven los fantasmales personajes.

Teatro de equipo, de creación escénica, donde el prestigioso autor del texto queda ampliamente superado por la autoría del espectáculo como obra autónoma.

El Centro Dramático Nacional ha patrocinado sin escamotear medios este acontecimiento cultural en el Teatro Nacional María Guerrero.

Enero 1989

PARES Y NINES

Después del acierto de *Bajarse al moro*, cuyo éxito significó una notable marca en el panorama teatral de estos últimos años, por todo lo que contenía de frescor, de viveza y de novedad en el tratamiento de la realidad actual, con su justa mezcla de visión social, ternura y comicidad, en un ritmo rápido y creciente, se esperaba con tanta curiosidad como buenos deseos la nueva comedia de Alonso de Santos. Se trataba de comprobar si el acierto anterior iba a resultar esporádico o por el contrario constituía el descubrimiento de un filón, de una corriente que iba a explotar su autor más a fondo.

La expectación en la noche del estreno tenía por eso un sentido más serio que el del acontecimiento social que ciertamente era. Creo que la esperanza no se vio defraudada, aunque predominó el deseo del público de que fuera verdad el éxito. El público habitual del teatro necesita la ascensión de nuevos autores, como a veces exige su caída. La revitalización del género lo impone así.

Pero los nuevos autores no acaban de cuajar. Mientras se agotan las localidades para los espectáculos montados sobre los textos clásicos—los casos de *El Alcalde de Zalamea* o *La Celestina* son significativos—las obras actuales no consiguen sostenerse, salvo excepciones basadas en elementos no rigurosamente teatrales. El fenómeno necesitará un tratamiento autónomo.

La última comedia de Alonso de Santos, *Pares y Nines*, contiene el lenguaje y la frescura de *Bajarse al Moro*, la materia prima; y también un trasfondo social y moral interesante. Pero le falla el esqueleto argumental, la estructura, el nivel de exigencia incluso. Ya el título parece descubrir la falta de ambición.

La comedia tiene gracia, se instala en un contexto vivo, reúne el suficiente número de efectos cómicos para no decaer, provoca muchas veces la risa y mantiene un constante aliento de humor. Sin embargo la situación queda bastante plana y el itinerario imaginativo es reducido.

El tema de la soledad y del amor está centrado casi exclusivamente en la experiencia del varón, como víctima de la ausencia o de la liberación de la mujer. El marido abandonado y el amante de su ex-mujer vienen a reunirse, a apoyarse. El primero acoge en su hogar solitario al segundo, cuando éste resulta a su vez abandonado. La relación entre ambos es lo más sólido de la trama. El marido paciente y desengañado, ya aparentemente de vuelta de todo, protege al amante desesperado y pueril, le mima como a un niño. Los dos personajes tienen originales perfiles y constituyen un buen elemento teatral. Frente a ellos, dos mujeres: una jovencita superficial que vive al día en la cresta de la última ola, apenas un esquema, y la ex-esposa que no aparece físicamente pero está permanentemente presente en escena en la memoria, el deseo y la frustración de los dos hombres. Su ausencia es el eje de la situación teatral y su oscura personalidad llena ese hueco, como la fuerza invisible de un imán oculto. Es «La Mujer» y su evocación tiene suficiente medida como para superar ampliamente el tópico.

Pero la comedia obtiene su triunfo sobre todo por la interpretación y la dirección. Gerardo Malla es el inteligente director y además interpreta extraordinariamente bien el papel del marido maduro, vivido, resignado y serenado. Rafael Alvarez «El Brujo» encarna al personaje del amante neurótico, débil, indefenso y anonadado. Sus recursos cómicos se concentran en los tonos de su voz especialmente, en los cambios de acento, en sus altibajos repentinos, aunque también en el desmañado aire de sus cuerpos cansados, flojos, como de peleles frente a la presencia vivaracha de la jovencita saltarina (Eufemia Romón) y ante el poder de la mujer ausente cuya fuerza predominante les abruma.

Por todos estos valores latentes, creo que *Pares y Nines* sigue probando la categoría de Alonso de Santos, su capacidad para crear en cualquier momento obras de mayor envergadura, en las que desarrolle su indudable talento y su potente concepción teatral.

Febrero 1989

AMADO MONSTRUO

Después de los estrenos de los grandes nombres (*Música cercana*, de Buero Vallejo, o *Las guerras de nuestros antepasados*, de Miguel Delibes), se estrena en la Sala Olimpia de Madrid la versión teatral de la novela de Javier Tomeo *Amado Monstruo*, que fue primero adaptado al teatro en Francia por el «Centre Dramatique Nationale de Languedoc», obteniendo el Premio Georges Leminier concedido por el Sindicato Francés de Críticos.

La adaptación teatral que acabamos de ver en Madrid es de Joëlle Gras, Jacques Nichet y J.J. Préeau, colaboradores también de la versión francesa. Toda la ficha artística es gala: escenografía, vestuario, iluminación, composición musical, diseño gráfico, realización y dirección.

Se presenta como un espectáculo producido por el Festival de Otoño de la Comunidad de Madrid, los Festivales de Tardor de Barcelona y las Diputaciones de Zaragoza y Huesca, con la colaboración de la Association

Française d'Action Artistique y el Centro Nacional de Nuevas Tendencias Escénicas. Igualmente es mixta la «Producción Ejecutiva»: Pentación, S.A. y Teéatre des Treize Vents.

Es preciso tomar un respiro después de una presentación tan larga, pero tan significativa. Y enseguida añadir que nos hallamos ante un espectáculo verdaderamente perfecto en su concepción y realización.

Les medidas de tiempo y espacio son exactas; la composición de las imágenes y las dosis de luz y sombra, exactas; la modulación de las voces y las variaciones de sus tonos, exactas también.

Y no quiero decir que tanta exactitud lleva a la frialdad o la contención. Se impone como condición esencial. La inexorable precisión es aquí un elemento dramático cuyo objeto es la emoción.

Hay emoción, patetismo y ternura, como hay dureza, comicidad y humor. He aquí el acierto.

Se nos presenta como un combate sobre un ring imaginario, en el que uno de los contendientes está inmóvil sentado en una silla y el otro se traslada a veces de una parte a otra del escenario o permanece inmóvil también en largos momentos de silencio. El combate es verbal.

Yo lo veo más bien como un interrogatorio policial o judicial, en que el inquisidor utiliza todos los trucos y modos clásicos y el confesante se encoge bajo la luz de tercer grado, a la defensiva, tenso como un muelle comprimido. La idea de confesión, en un múltiple sentido, se hipertrofia al final. La actitud del confesante, ocultando sus manos con la chaqueta como si ocultara las esposas, apoya la idea del interrogatorio policial.

Y sin embargo, se trata de un cuestionario para ingresar en un Banco. El Jefe de Personal examina al solicitante. Pero lo examina como si estuviera torturándole, sacándole una confesión profunda, vital. La aparente trivialidad de la situación, sometida a una forma dramática, de otro contexto, agiganta el trámite y los proyecta sobre coordenadas más trascendentes. La lejana sombra de Samuel Becket planea sobre la puesta en escena.

Este planteamiento teatral es el principal valor del espectáculo, tanto en su vertiente patética como en su desarrollo cómico. La voz tonante y amenazadora habla de «garbanzos», «conejo», «macarrones», palabras que en sí mismas resultan hilarantes en su simpleza e incluso en su sonido. Inquiere con exigencia policiaca la hora exacta en que el aspirante se tomó unos huevos o se sentó a leer. Tiende trampas o amenaza con silencios angustiosos.

La metáfora es clara y su dimensión teatral acaba imponiéndose.

El tema central original—la madre como dominadora—me parece concebido con menos altura; resulta simplista en su tesis, aunque evoca una cuestión importante y trae resonancias de indudable efecto. Los últimos momentos de la representación cuando se desvelan los secretos de ambos personajes, aceleran la historia y ponen un buen acento final sobre las anécdotas en que las previas categorías se fundan.

La interpretación es excelente: José María Pou da la figura impecable del alto empleado que esconde una intimidad tan patética como la de la pobre criatura a la que examina. Vicente Díaz realiza una labor científica y precisa, con el manejo de gestos, miradas, inflexiones de voz y apenas tres o cuatro ademanes súbitos, cuando descubre sus manos.

La labor de los directores—Jacques Nichet y Jean Jacques Préau— es admirable.

Noviembre 1989

MADRID 89

Repasando los títulos y los nombres propios que se han ido sucediendo en los teatros de Madrid a lo largo del año 1989, pudieran deducirse conclusiones contradictorias, encontrarse pistas divergentes.

Podría hablarse, por ejemplo, de la persistente atracción hacia el teatro de los escritores no puramente dramáticos. Como si hubiera un vacío para llenar, un espacio falto de autores nuevos y se acudiera a valores de otro campo. Algo así como la parábola evangélica de los convidados a las bodas. Han salido a los caminos en busca de comensales, porque hay muchos huecos en la mesa.

No sé si es el caso del novelista Carlos Fuentes, con su obra *Orquídeas a la luz de la Luna,* tan literaria y difícil, que se estrenó con gran acierto al principio del año como primera salida al ruedo de «Producciones Piamonte»: una buena labor de dirección de María Ruiz y Guillermo Heras, y todavía mejor trabajo de los excelentes actores Marisa Paredes, Julieta Serrano y Eusebio Poncela.

También el novelista Javier Tomeo ha pasado al teatro su novela *Amado Monstruo,* a la que me referí en el número anterior de *El Ciervo.* Un trasplante logrado, sin el menor rechazo del medio, por los expertos cirujanos galos.

El Coronel no tiene quien le escriba, de Gabriel García Márquez, puede ser el ejemplo más extremo. El trasplante aquí no ha sido tan perfecto.

Pero es que además se ha puesto en teatro otra novela de Miguel Delibes *Las guerras de nuestros antepasados,* que en escena conserva el intimismo, la sencillez y la humanidad del texto narrativo, gracias sobre toda a la buena interpretación de José Sacristán y la dirección imaginativa de Antonio Giménez Rico.

191

Y se ha repuesto también *Cinco horas con Mario*, una de las mejores obras de Delibes, todavía interpretada por Lola Herrera y dirigida por Josefina Molina.

Mishima, amor y muerte trae al escenario el profundo aliento del escritor japonés, en versión de Luis Federico Viudes, por la Compañía de Mari Paz Ballesteros, bajo la dirección de José Blanco Gil.

Y de Marguerite Duras se estrena *Agata*, por el Grupo Espacio Cero, bajo la dirección de Macarena Pombo.

Si a esto añadimos la excelente obra de José Bergamín *La risa en los huesos*, podemos cerrar con buen broche este apartado. Al Centro Nacional de Nuevas Tendencias Escénicas debemos este estreno, servido con imaginación y brillantez y acertadamente dirigido por Guillermo Heras.

Siguiendo otro derrotero, podemos hablar de la insistencia en los títulos de probado éxito, como:

—*Las Criadas*, de Jean Genet, por la Compañía La Gotera, bajo la dirección de Jaroslaw Bielski y escenografía de Mizak.

—*La Loca de Chaillot*, de Jean Giraudoux, bajo la dirección de José Luis Alonso, que ya dirigió la anterior versión, con un excelente reparto encabezado por Amparo Rivelles quien no nos ha hecho olvidar la radiante interpretación que antes hiciera Amelia de la Torre.

—*Maribel y la extraña familia*, de Miguel Mihura, y *Usted tiene ojos de mujer fatal*, de Jardiel Ponela, principales reposiciones de nuestro mejor teatro de humor. La segunda, desgraciadamente, no ha sido demasiado generosa con su genial y desordenado autor.

En teatro clásico, el plato fuerte ha sido la versión de *Hamlet*, de Molina Foix, que ha intranquilizado a los Shakespearianos con la frase: "Ser o no ser, ésta es *la opción*». José Luis Gómez, Berta Riaza, Ana Belén (Ofelia) y Alberto Closas encabezan el repato, bajo la dirección de José Carlos Plaza y los auspicios del Centro Dramático Nacional.

El vergonzoso en palacio, de Tirso de Molina, en adaptación correcta de Francisco Ayala, dirigida abusivamente por Adolfo Marsillach y protagonizada por los decorados apoteósicos de Cytrynowski. Los actores, casi objetos en el contexto, zarandeados por el movimiento y los fuegos de artificio. Y Tirso, apenas entrevisto. La Compañía Nacional de Teatro Clásico nos da así otra muestra de lo que entiende por la presentación actual de nuestros clásicos.

Hay que citar también la discutida puesta en escena de *Comedía sin título*, de Federico García Lorca, dirigida por Lluís Pascual, con su final sorprendente y catastrófico. De Lorca se han repuesto además *Así que pasen cinco años*, dirigida por Miguel Narros, y otras obras menores.

sorprendente y catastrófico. De Lorca se han repuesto además *Así que pasen cinco años*, dirigida por Miguel Narros, y otras obras menores.

Finaliza el año con el estreno de *El hombre del destino*, de Bernard Shaw, dirigida por María Ruiz e interpretada por Eusebio Poncela, Carmen Elias, Félix Rotaeta y Pere Ponce, con escenografía y vestuario de Andrea d'Odorico. Aún no la hemos visto.

¿Y los autores teatrales vivos?

Bueno Vallejo ha sacado a la luz su puntual aportación: *Música lejana*, un alegato contra la riqueza ilícita, búsqueda de la actualidad social mezclada como siempre en Buero con una cala en la profundidad del alma humana. Francisco Nieva y Gustavo Pérez Puig han contribuido, como escenógrafo y director, al éxito mantenido de nuestro primer dramaturgo.

Dentro del teatro social ha de encuadrarse la dura y realista visión del mundo sin salida de la droga *Líbrame, Señor, de mis cadenas*, de Antonio Onetti, impresionante en su implacable, inmisericorde veracidad. *La cinta dorada*, de María Manuela Reina, es una comedia con pretensiones de reflejar también ciertas obsesiones colectivas de hoy, con una aportación en superficie.

Y luego están las comedias ligeras de los Alonso Millán, Santiago Paredes y demás autores del género, que este año han tenido su cumbre en la obra de Alonso de Santos *Pares y Nines*, bastante graciosa visión de la soledad del varón frustrado.

En fin: Un año que nos recuerda mucho a los anteriores.

Diciembre 1989

LAS MOCEDADES DEL CID

Política y Teatro. El estreno de la versión de *Las Mocedades del Cid* que Pérez Puig ha estrenado en el Teatro Español, primer teatro municipal de Madrid, se inscribe en un contexto tan político y tan teatral a la vez que ni el público ni la crítica se sustraen a ese doble condicionante.

Al arrebatar al PSOE el dominio del Ayuntamiento de Madrid, el equipo del CDS y el PP hizo cesar a Miguel Narros al frente de la Dirección del Teatro Español y puso en su lugar a Pérez Puig, un veterano de tiempos que parecían olvidados. Miguel Narros, con todo lo que representa, ha echado raíces profundas y lealtades extensas, que se han resentido con el cambio. Todo un concepto del teatro, en temas, autores y formas de expresión, cesa aparentemente con él.

La primera muestra de la nueva etapa del Español resulta significativa: Gustavo Pérez Puig ha elegido nada menos que *Las Mocedades del Cid*, de Guillem de Castro, que se estrenó en Madrid hace cuarenta años, y es casi una obra emblemática de un teatro y de una temática muy del gusto de aquella época.

Casi todos los críticos de Prensa y Radio han acusado el golpe y han dirigido los más duros comentarios contra el estreno; se ha llegado a echar en cara al Alcalde la elección de una obra «obscenamente anacrónica», «de violencia nacionalista», «un canto patriótico, belicista, autoritario y racista».

Una especie de guerra—casi recuerda el desigual enfrentamiento Lorca-Pemán de tiempos de la República—se ha desencadenado, y el público parece haber entrado al trapo. Después de la última obra de Nieva, con sus característicos adictos, atesta el Teatro Esapñol una muchedumbre de gentes más bien maduras, sensatas y de cierto«tempo lento», que apoyan con sus frecuentes aplausos el espectáculo.

Claro que *Las Mocedades del Cid* no es *El Divino Impaciente*. Pero resulta significativo que la mayor ovación estalla cuando se eleva apoteósicamente a los cielos el Santo Patrón de España, tras quitarse su disfraz de leproso y profetizar la gloria histórica del Cid, cuando éste le ofrece «la desnuda limosna de su mano», como cantaron Rubén Darío y Barbey, «en versos que bien valen su prosa».

La obra de Guillem de Castro no es baladí, aunque no llega a su admirado Lope ni a Calderón. Cuando nada menos que Corneille la recreó en su tragedia *Le Cid*, dieciocho años después de haberla escrito Castro en 1618, algo tendría en su tiempo que la haría emblemática del espíritu español, de moda en la Europa del siglo XVII. «Piden sus versos oro y bronce eterno», escribó de él Lope de Vega.

La cuestión de la venganza y la justicia—clave medieval—se condiciona con el tema barroco de la honra, y hoy se podría dislocar con el enfoque desde el feminismo y, forzando la Historia, el antirracismo. Pero me parece que es llevar las cosas demasiado lejos hacer ahora semejante planteamiento.

El personaje de Ximena, complejo en sus varias vertientes, es literalmente más rico que el de El Cid, tanto en su nivel primario—la hija que remedia la muerte de su padre casándose con quien lo ha matado—como en el psicológico que Corneille multiplicó: la disyuntiva entre el amor y la venganza filial en un medio social implacable. La figura del Cid, en estas coordenadas casi hagiográficas, es plana en su perfección y exaltación.

Pérez Puig ha optado por una línea monocorde y un tanto estática, en que la representación se funda casi exclusivamente en la palabra textual. La inactividad de los personajes sobre el escenario, en pie y parados casi siempre, salvo el Rey Fernando en su trono, sin otro movimiento corporal que los dos combates a espada, casi a cámara lenta, añade estatismo al espectáculo. Los decorados—combinaciones sobre la arquitectura de una iglesia románica despiezable y reciclable, más unos árboles lunares y unas proyecciones de nubes en movimiento—así como la música— perfectamente deslindada de la imagen y del desarrollo del texto—contribuyen a esa sensación de lectura del texto en un vacío distante.

La escenografía es de Gil Parrondo, ganador de dos «Oscars» de Hollywood por sendas películas; y la música, de Antón García Abril.

La versión de José M. Rincón es simplificadora para facilitar la comprensión. Los versos—¿«oro y bronce»?—de Guillem de Castro se escuchan con precisión. No se pierde ni una sílaba. Acaso demasiado asequibles, resultan coloquiales, con poco vuelo. Las expresiones más conocidas y sonoras son pronunciadas con una soltura de «telefilme».

La interpretación de José. M. Rodero destaca, desde luego, por su excelente eficacia. Con sus matices de voz, mínimos gestos y ademanes interrumpidos, da la máxima hondura posible al tipo del padre inflexible del Cid, cuarenta años después de interpretar el papel del protagonista. Lástima que no recite todo el texto.

Juan Carlos Naya compone perfectamente la figura estatuaria del héroe casi adolescente; parece un actor apreciable, además de su prestancia física. Lo mismo puede decirse de Ana Torrent (cuyos ojos de niña interpretando la película *Cría cuervos* se han vuelto más profundos e inquietantes) quien encarna una Ximena que, por razón del físico de la actriz, resulta especialmente presa de la contradicción. Arturo López dibuja un Rey Fernando paciente y un punto irónico, que contrasta con la rigidez de su entorno. Manuel Gallardo, Miguel Ayones, Victoria Rodríguez y Manuel Torremocha dicen los principales papeles restantes.

Las Mocedades del Cid invita a una marcha atrás en el tiempo— tres siglos o cuarenta años—que ciertamente se presta a discusiones más próximas a la política que al teatro.

Junio 1990

MADRID, 1990

El año teatral 1990, ya demasiado gris, se ha oscurecido súbitamente más aún con el suicidio de José Luis Alonso, uno de los mejores directores de la escena española. Su muerte ha comovido profundamente a las gentes de teatro y ha hecho recordar sus excelentes puestas en escena, muchas de ellas memorables.

Pese a su declive personal han estado en cartel este año varias de sus cuidadas creaciones: *El Alcalde de Zalamea, La Dama Duende, Rosas de Otoño*. Con él se extingue todo un estilo dramático, sensible y estético, riguroso y extremamente eficaz, que no consiguieron marginar los nuevos modos de los directores más jóvenes.

La Dama Duende ha sido su estreno póstumo. La adaptación del texto de Calderón la ha hecho Luis Antonio de Villena, así como fue Francisco Brines el autor de la excelente versión de *El Alcalde de Zalamea*. En cuanto a *Rosas de Otoño*, de Benavente, ha supuesto también un gran esfuerzo de adaptación del texto de nuestro único Premio Nobel de Teatro, a los gustos actuales, con la ayuda de dos actores populares como Amparo Rivelles y Alberto Closas.

Sí: un año más de reposiciones, reestrenos y búsquedas en el teatro clásico. Desde *Las Mocedades del Cid* de Guillén de Castro, hasta el *Don Juan Tenorio* con que el mismo director, Pérez Puig, cierra el año volviendo a la tradición.

Más importante ha sido la representación de *El Caballero de Olmedo*, de Lope de Vega, quizá la más original y genial «crónica de una muerte anunciada»: la del brillante caballero que marcha sereno hacia su propia muerte, hacia Olmedo desde Medina, y en el camino escucha la estremecedora canción que relata su fin: «De noche le mataron / al caballero / la gala de Medina, / la flor de Olmedo».

El mantenimiento en cartel del espectáculo de Marsillach *El vergonzoso en Palacio* ha completado este repaso a nuestro siglo de oro.

De Shakespeare, se ha repuesto, en el Centro Dramático Nacional, el *Hamlet* de Vicente Molina Foix y José Carlos Plaza; un *Richard III* presentado por el Royal National Theatre y dirigido por Richad Eyre; y un *King Lear* dirigido por Deborah Wagner, todo ello dentro del Festival de Otoño.

De los autores modernos, ha habido poco importante. La obra inacabada de Jean Genet *Ella*, en torno al tema del Poder, representado en el Papa, ha servido a Angel Facio para construir deformándola, un espectáculo ridiculizante. Como ha dicho un crítico poco sospechoso, Haro Tecglen, Facio «la cree blasfema, y le encanta», lo acentúa con chistecillos vulgares, escatológicos, recogidos del repertorio español, buscando la carcajada.

También Els Joglars han traído al Festival de Otoño otro espectáculo con Papa protagonista: *Columbi Lapsus*, con alusión a Juan Pablo I.

El Festival de Otoño ofrece además *Quimera y Amor de Don Perlimplín con Belisa en su jardín*, de García Lorca, por José Luis Gómez; el *Ramayana* del Teatro de Bali; *Les Liaisons Dangereuses*, de Christopher Hampton; *Azaña, una pasión española*, de José María Marco y José Luis Gómez; y otros espectáculos cuidados.

El Centro Nacional de Nuevas Tendencias Escénicas ha estrenado una original *Orestiada* de Alvaro del Amo y abre ahora su Sala Olimpia al Festival Iberoamericano de Teatro.

Pero si descendemos al plano de lo cotidiano, a la busca del teatro de a pie, el que se estrena sin especiales patrocinios y muestra la cara viva de la creación dramática actual, poco encontramos en el año que acaba.

En el terreno de la comedia, los habituales juguetes de Alonso Millán; las tramas con más pretensiones pero menos fuste de María Manuela Reina; o algún intento de crítica social cómica, como *El Señor de la patrañas*, de Jaime Salom.

De los autores dramáticos extranjeros, se han estrenado dos obras que me parecen importantes: *Combate de negro y de perros*, de Bernard-Marie Koltés, muerto en 1989 a los cuarenta años, una valiente trasposición del mito de Antígona a la problemática africana actual; y *El búfalo americano*, de David Mamet, dirigida por Fermín Cabal, que muestra la otra cara de la moneda de la prepotencia imperial norteamericana: el submundo de los derrotados, los valores mínimos de los soñadores sin fortuna.

Creo que esto es cuanto recuerdo del año teatral 1990.

Diciembre 1990

¿EXISTEN AÚN AUTORES DE TEATRO?

En el panorama teatral español—aunque quizá debiera hablar sólo del teatro en Madrid—, los estrenos ostentosos de los clásicos, las subvenciones millonarias a representaciones suntuarias o montajes «faraónicos» de obras antiguas, el fenómeno de las adaptaciones consideradas como creaciones originales, los reestrenos polvorientos potenciados por los organismos públicos, los Festivales donde se traen las Compañías extranjeras más costosas, el afán de los directores por conseguir que su trabajo se considere obra de autor, y tantos otros rasgos característicos de este período casi agónico de la creación dramática, llevan a muchos a afirmar que «no hay autores vivos».

¿Qué puede esconderse detrás de esa afirmación? Quizá el interés por basarse en valores seguros, huyendo del riesgo de descubrir otros nuevos. Quizá la desconfianza hacia las experiencias que marcaron hace años un quiebro en la línea tradicional. O el desaliento producido por la atonía de la cultura española durante estos últimos tiempos. Falta de fe en la vitalidad de la creación dramática, también, ante otras formas en alza.

Lo cierto es que la función del autor de teatro actualmente sufre una confusión peligrosa. La intrusión del adaptador por una parte y del director por la otra, en el campo propio del autor teatral son sintomáticas. De la ambición del director de escena hablé en otro número de *El Ciervo*. El caso del adaptador es más complejo y más doloroso porque el adaptador suele ser también un escritor. Es triste que un escritor de teatro tenga más posibilidades de trabajo como adaptador—y mucho más rentable—que como autor de obras originales.

Recortado así su ámbito, desplazado por el director, el adaptador, el programador oficial, el subvencionador, el crítico o el editor, no tiene más remedio el verdadero autor de teatro, hoy en día, que librar una lucha desesperante, al parecer a contracorriente.

La dureza de su situación ha provocado sin embargo una reacción última, una escapada hacia adelante.

Los autores vivos españoles, hasta ahora aislados, suspicaces y no demasiado solidarios, han decidido unirse, asociarse y contraatacar para defender sus derechos y su función propia. Se ha constituido la Asociación de Autores de Teatro, al amparo de la Asociación Colegial de Escritoers, y está demostrando en sus pocos meses de existencia una actividad alentadora: salidas a los medios de comunicación, manifiestos, reuniones, proyectos. Su tono denota un cambio de actitud que merece nuestra atención.

Algunas frases de su primer comunicado pueden resultar ilustrativas: «Estamos vivos», «Reclamamos el simple nombre de autores», «Nuestros responsables culturales parece que aman lo muerto por encima de lo vivo». «Cobrar derechos de autor por adaptar lo que escribieron otros, se ha convertido para muchos autores de teatro en un medio de vida, por culpa de ese concepto de cultura de pudridero que existe actualmente en España». «El desprecio y la ignorancia hacia el autor se evidencian y concretan en el Consejo Superior de Teatro, en el que hay críticos, actores y tramoyistas, pero ni un solo actor». «Actualmente el Teatro en nuestro país necesita de una profunda reflexión para entender su crisis y ayudar a solucionarla. No tendría sentido defender al autor si no existe un teatro donde él pueda contribuir con su arte».

Me parece muy esperanzadora esta reacción de los autores de teatro, sobre todo al constatar que en la Asociación se han unido prácticamente todos los escritores teatrales, desde sus presidentes Antonio Buero Vallejo y Lauro Olmo hasta los más noveles.

Alguien dirá que la mejor defensa de los autores es escribir buenas obras, vivas y actuales. Pero, en el contexto en que han de moverse y producir sus creaciones, el aislamiento es una trampa mortal. Hace falta propiciar una toma de conciencia colectiva, un cambio en la política cultural, unas vías de salida que sólo con la solidaridad y la unión de todos los autores pueden prosperar. De ahí la importancia del nacimiento de esta Asociación que quiere dar fe de vida, prueba obvia de la existencia de autores de teatro.

Octubre 1991

TEATRO DE OTOÑO

El Festival de Otoño, sin escarmiento, repite los mismos errores de otros años. Costosos grupos extranjeros, versiones minoritarias, excepciones ocasionales. Se destaca estos días el trabajo evanescente de Núria Espert en *Maquillaje*, de Hisashi Inove, dirigida por Koichi Kimura; una versión de *Eco y Narciso*, de Calderón, o una *Antígona*, según Sófocles, vertida y dirigida por Dirk Opstaele.

Un público más bien seleccionado sigue las escasas representaciones. Es un teatro para la crítica, el testimonio, la apariencia pública y para algunos devotos, expertos y exquisitos.

Pero el Otoño, con su larga tradición teatral, al margen del Festival, tiene su público peculiar, el que alimenta la afición y mantiene la costumbre de «ir al teatro». Es un público también otoñal mayoritariamente, pero que va arrastrando a otras generaciones. Llena los locales donde puede aplaudir a actrices ya otoñales, a viejos actores consolidados, obras reconocidas, acontecimientos de la familia del escenario.

Obras como *El zoo de cristal*, de Tennessee Williams, *La señorita de Trévelez*, de Arniches, o sobre todo *Rosas de Otoño*, que va por su «tópico segundo año de éxito», con Amparo Rivelles y Alberto Closas, que mantiene a flote los restos de naufragio de Jacinto Benavente.

O como *La Dama del Alba*, de Alejandro Casona, donde la liviana frontera entre lo real y lo irreal se convierte en frontera entre el teatro del pasado y los espectadores de hoy.

En el segundo caso, sobre el hecho de la reposición se superpone el acontecimiento actoral: la reaparición de la gran actriz María Jesús

Valdés, que dejó el teatro hace varios lustros, en plena juventud, para casarse, y regresa ya crepuscular. Muchos hemos querido volver a ver esta vieja y envejecida leyenda de Casona, para reencontrar a María Jesús Valdés; no sólo por curiosidad ante el fenómeno de la actriz retirada al silencio tantos años—¿se conserva el arte interpretativo cuando no se practica? ¿Vive con el actor como un don innato de su persona? ¿Sigue el desarrollo de su madurez? —; no sólo por la curiosidad de conocer el envejecimiento de aquella mujer que nos deslumbró en su juventud, sino por la nostalgia de reencontrarnos a nosotros mismos, los que fuimos entonces, en nuestra intimidad de espectadores de teatro.

María Jesús Valdés, aquella grácil danzarina de *La dama duende*—la última pieza que le ví representar—es ahora una señora mayor, como colmada de experiencias personales, más bien abreviada de talla y redondeada, pero tan encantadora y aparentemente feliz, con sus hermosos ojos brillantes y su sonrisa plácida. La actriz se aferra a ciertos ademanes y resortes académicos, muy consciente de sus brazos y su figura; pero sí, conserva entera la gracia preternatural de la interpretación. Es una Dama del Alba muy humana, muy viva, acaso demasiado, puesto que representa a la Muerte.

Junto a ella, otra actriz que en la madurez se ha agigantado y encarna el humanísimo personaje de la vieja criada Telva con un realismo y una fuerza sorprendentes: Queta Claver. Quién nos iba a decir, cuando éramos adolescentes y hablábamos en los patios del Colegio de la guapísima *vedette* de revista a quien algunos habían ido a ver subrepticiamente, que más de cuarenta años después proseguiría en las tablas convertida en una gran actriz.

Este teatro de otoño, que nos pone melancólicos porque nos restaura engañosamente la juventud, con los actores cuyo envejecimiento nos salva del tiempo, es el teatro de fondo, el que quizá no reinvente ni renueve los experimentos dramáticos, al margen de Festivales y exquisiteces de nuevas tendencias, pero que sí mantiene y hace reverdecer otoñalmente el gusto por ser espectador.

Noviembre 1991

LA MUERTE DEL ACTOR

Cuando muere un actor de teatro, su obra muere con él. Sólo queda en la memoria de quienes presenciaron sus interpretaciones. Es la más efímera creación artística. Porque ni siquiera la salvan sus grabaciones cinematográficas o sonoras que nos ofrecen una versión en otro idioma y siempre deforman o traicionan la interpretación teatral, única cada vez, completa en sí misma e irreproducible. Cuando el autor de teatro está representando su papel en escena, se está produciendo un hecho histórico, único, que puede fallar en cualquier momento, como el salto de un trapecista. Aunque no hable, aunque no actúe, su figura imanta la escena; y esa presencia desaparece en la versión televisada, donde la cámara aisla las imágenes y suele fijarse sólo en el personaje que habla, destrozando el conjunto.

Distinta es la creación del actor de cine, porque su obra no se centra en la peripecia de su actuación en carne y hueso, sino consiste en lo que queda plasmado en el celuloide. Distinta también es la creación del cantante, cuyo objeto principal y suficiente es el sonido e incluso muchas veces actúa para una concreta grabación, siendo en realidad ésta y no los trabajos previos, el fin perseguido.

Cuando un actor de teatro muere, su obra interpretativa se desvanece, se pierde, imposible conservarla en su auténtica entidad. De hecho, así ocurre al fin de cada representación.

Por eso la muerte del actor, del gran actor, nos causa una pérdida personal irreparable, un vacío en nuestras posibilidades de goce y de cultura. Nunca más podremos disfrutar de su actuación, como de la compañía de un ser querido.

La desaparición de José María Rodero, el actor máximo de nuestro teatro, nos deja de esa manera desposeídos. Y la de él más que la de otros, porque en verdad él sólo fue actor de teatro. El último gran histrión, se le ha llamado.

Rodero no pretendía identificarse con sus personajes de modo que, asumidos éstos, su representación pudiera llegar a ser espontánea. Era un meticuloso artesano que hacía con su arte un trabajo profesional acabado. Mantenía siempre su propia personalidad aun incorporando las máscaras menos próximas a ella. Dibujaba previamente esa máscara, la pintaba, la retocaba, la perfeccionaba como un Leonardo, hasta que la consideraba acabada y se la vestía.

Le recordaré siempre en un momento concreto: al terminar la representación de *Los emigrados*, de Mrozeck, cuando salió a saludar. Durante dos horas se había puesto la máscara del hombre inculto, basto, machacado por la vida, abotargado, embotado, y sin embargo portador de unos valores elementales, sólidos, realistas. Su interlocutor era Agustín González. Aquella máscara la llevaba pegada a los huesos de la cara, cubría con un velo sus ojos, anquilosaba sus músculos faciales, sus gestos y sus «tics». Cuando salió a saludar, presenciamos el hecho dramático: la máscara se le desprendió, como dolorosamente, y de ella resurgió el rostro inteligente, cultivado, angustiado, de José María Rodero. Ese momento único provocaba la más profunda emoción ante el portentoso fenómeno de la creación interpretativa. El renacer de la persona del actor al desprenderse de su personaje. De repente advertimos lo extraordinario de la representación que habíamos aplaudido prematuramente. Habíamos aplaudido al actor. Ahora nos poníamos en pie alucinados por su persona.

Y que es algo irrepetible e irreproducible lo hemos constatado al contemplar por televisión una grabación de la misma obra, tomada cuando la interpretó con Manuel Galiana. Nada tenía que ver con lo que presenciamos en vivo. La versión televisiva no era siquiera teatro, no podía compararse con la emoción con la que mirábamos y le escuchábamos, tensos y suspendidos, como si en cualquier instante el actor se fuera a romper. (Y de hecho se rompió un día, durante una de las representaciones de aquella obra: el soporte físico sobre el que luchaban su rostro de persona y la máscara del personaje no pudo soportar el esfuerzo: le estalló una vena y estuvo a punto de morir, salvándose por una delicada operación quirúrgica que le dejó su marca en un ojo.)

Y lo mismo cuando interpretó a Calígula, o a Enrique IV, a un ciego o a un caballo. Siempre un trabajo individual, personalísimo, riguroso. Siempre el resultado de una copia artística y sublimada de la realidad.

Era el actor total, que resistía triunfante frente al teatro de grupo, frente al teatro del director de escena, frente al teatro espectacular; que hacía inútil la decoración o la gran escenografía.

Su última interpretación, en *Las mocedades del Cid*—de que hablé en estas páginas—, fue un adiós consciente, medido y profundo. Verle inventando ademanes o miradas no explícitas en el texto, era como caer en un abismo íntimo, rodeado de figuras planas.

Hemos perdido para siempre el privilegio de presenciar la interpretación del mejor actor del teatro español. Su obra de creación ya sólo queda en nosotros.

Diciembre 1991

MADRID 1991

Acaba el año teatral 1991 en Madrid poniendo nuevos acentos sobre los aspectos reivindicativos y los planteamientos internos de los profesionales del teatro, lo que no deja de afectar al fenómeno y a la circunstancia de la creación misma.

El año 1991 ha sido el año en que los autores dramáticos se han asociado colegialmente para la defensa de sus derechos dentro de la Asociación Colegial de Escritores. Manifiestos, declaraciones públicas, programas de acción, se han ido sucediendo en los últimos meses.

También se han agrupado los actores en diversas uniones y asociaciones y en la primera Entidad de Gestión creada al amparo de la nueva Ley de Propiedad Intelectual.

En noviembre, la Junta Federal de la Unión de Actores del Estado Español propuso una gran movilización, un «toque de alarma ante el Gran Año», con manifestaciones ante la sede de la Comunidad de Madrid, del Ministerio de Cultura y del Ayuntamiento de la Capital, manifiestos en los teatros, etc. En Asamblea Consultiva posterior, 210 actores han votado en favor de la huelga general para el 12 de diciembre, sin ningún voto en contra.

Hablan de «defensa de la cultura», más que de reclamaciones económicas, de «invasión consumista de productos culturales», de «reivindicación ética», de que «la política cultural española está llevando el teatro a la agonía». Achacan a los organismos oficiales el abandono de su función protectora, la disminución de las subvenciones, la reducción en un 24,5 por ciento de la ayuda económica al teatro, preferencia por las representaciones suntuosas de «fachada cultural» para mayor gloria de los organizadores, etcétera.

No se trata de actuaciones aisladas o coyunturales, pues responden a un movimiento de fondo, producto de un malestar general acumulado de los distintos sectores que hacen posible el teatro, o quizás de una crisis histórica, inherente a la evolución cultural y social y a su proyección sobre la creación y la representación dramáticas.

En todo caso, cualquiera que sea la trascendencia que se le conceda, el fenómeno es patente y significativo, por lo que no puede pasarse por alto para flotar sobre un panorama más aséptico, al esbozar una crónica sintética de lo que ha sido el año 1991 en el ámbito del teatro.

En cuanto a los estrenos producidos, prefiero esta vez no descender a detalles y títulos.

El teatro que hemos visto este año en Madrid no ha sido especialmente novedoso. Es evidente que el principal centro de creaciones escénicas es Barcelona. Los espectáculos más interesantes en ese sentido de creación sobre el escenario nos lo han brindado «El Tricicle», «Els Comediants», «La Fura dels Baus», «Els Joglars» y demás grupos que llegan desde Cataluña a una capital de España donde radican importantes centros oficiales teóricamente irradiadores de cultura teatral, pero que en la práctica poco se han lucido este año.

Ni el Centro Nacional de Nuevas Tendencias Escénicas ni ningún otro de los organismos creados al efecto han tenido grandes aciertos. Y los esfuerzos privados madrileños, como el de «Proyecto Piamonte» y

203

algunos otros, sólo han conseguido mantenerse, a causa de las escasas facilidades con que cuentan, entre otras razones.

Hemos tenido, sí, un Festival de Otoño interesante, con buenas representaciones, y algunos estrenos brillantes. Contra lo que se pudiera creer, los autores vivos han ofrecido una producción casi caudalosa, sobre todo en el terreno de la comedia. Los espectáculos de los teatros oficiales han continuado en su línea habitual. El teatro clásico ha seguido siendo manipulado en forma excesiva, como en el caso de la *Raquel* de García de la Huerta, cuyo sentido original se ha tervigersado escandalosamente, en favor de una intención política oportunista, con descalabro del derecho moral del autor, aunque muerto.

Pero al margen de grupos de experimentación y al margen también de los espectáculos «oficiales», en que la dirección y la puesta en escena son protagonistas, hay un hecho que no puede pasar inadvertido: el regreso de una afición—pudiéramos llamarla conservadora—que llena los teatros donde se representan obras medias y que se entusiasma y aplaude a contrapelo de los críticos y de las corrientes renovadoras.

Así, la bipolarización se extrema: de una parte, el éxito de los grupos más creativos y cáusticos, en un medio específico. De otra, el éxito de obras más tradicionales con un público creciente, tal vez a tono con las corrientes sociales hoy predominantes en la ciudad.

Diciembre 1991